ミクロ経済学・入門

新版

ビジネスと政策を読みとく

柳川 隆・町野和夫・吉野一郎 [著]

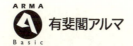

新版へのはしがき

　経済学を学び，仕事や生活に活かしたいけれど，どうも経済学の本は微分などを使った数式が多くてなじみにくい，と思ってはいませんか？　反対に，数式が出てこない経済学の本を読んでおもしろかったけれど，どうも経済学の考え方が身についていない，と感じてはいませんか？　本書は，そうした悩みを持つような読者を念頭において書かれたもので，ミクロ経済学の考え方を身につけ，個人，企業，政府のいろいろな経済活動の理解と問題解決に応用できる能力を養うことができるように努めています。

　本書が刊行されてから7年が経過し，著者らはより新しい話題を提供するとともに，本書の良さをさらに強化したいと考えて新版を作成することにしました。とくに，今回の改訂でなされた大きな変更は豊富な **Web 付録**を作成したことです。Web 付録がこれほど充実した経済学の教科書はめずらしいのではないかと自負しています。

　新版での変更点も含めて，本書には次のような特徴があります。

　第1に，ミクロ経済学の入門書でありながら，書名の副題にあるように，**現実のビジネスや（公共）政策におけるさまざまな問題を理解する＝「読みとく」ことができる**ようになるために，幅広くビジネスや政策に関する応用ミクロ経済学のテーマを取り入れています。ミクロ経済学への入門が本書のめざすところですが，ビジネスや政策の問題を理解しようとするなかで，ミクロ経済学の理解が深まってくると考えています。

　第2に，**数式の展開に頼らずに経済学の理論を説明**しています。経

済学を学ぶ際に本当に大切なのは，言葉で理解し，表現できることです。言葉で説明できてはじめてエッセンスが身につき，いろいろな問題の解決に応用できるようになります。初版のなかでやや難しいと思われる内容はWeb付録に移し，新版では経済学の初心者にいっそうわかりやすいものにしました。しかし，他方で，経済学の理論は数式を用いて表現すると簡潔になることは確かです。そこで，新版ではWeb付録において初版では扱われていなかった数学的な説明も加えました。本書で図表を用いたり言葉で述べたりしたところを，Web付録で改めて数式を用いて説明しています。Web付録を用いることにより，入門レベルの読者だけでなく，中級レベルをめざしたい読者にもより活用してもらえるようになりました。

　第3に，ミクロ経済学をより深く理解するために，**豊富なケース・スタディ**（*Case Study*），**コラム**（*Column*），「**ココをチェック！**」，**練習問題**を取り入れています。***Case Study***では現実のビジネスや政策の事例を取り上げて，ミクロ経済学の視点で考えることを通じて，応用力を身につけることをめざしています。*Column*では，各章・節の叙述の背景となる知識を説明しています。新版では***Case Study***や*Column*を大幅に更新し，より新しい話題を提供しました。他方で，初版で教材として用いていただいた***Case Study***や*Column*もあるだろうと考え，新版で差し替えたものはWeb付録に取り入れました。新版では，各節の終わりに「**ココをチェック！**」という確認問題のコーナーを設け，各節で学んだ重要な内容をつかみやすくしました。解答は本文中にありますので，知識を確かめてもらいながら一歩ずつ学んでいってほしいと願っています。また，新版では章末の**練習問題**を見直すとともに，問題数をわずかながらも増やしました。単純な問題から応用的な問題までありますので，基礎力や応用力を高めてもらうのに役立つと思います。なかには答

えが簡単にはみつからない問題も含まれていますので，時間のあるときにじっくり取り組んでもらえれば幸いです。さらに，Web付録では数学を用いた追加の練習問題と，それを解くために必要な数学の知識を学ぶための付録を用意しました。これらは本書の内容をより深く理解するとともに，公務員試験等の準備にも有益なものになっています。

このようにWeb付録は，本書の使い方，本書の数学的説明（Web App）と最低限必要な数学入門，数学を使った追加の練習問題とその解答・解説（書籍内の章末練習問題も含む），初版で掲載していたケース・スタディ（Web Case）とコラム（Web Column），さらなる学習ガイド，で構成されていますので，本書と同時に，あるいは本書を読み終えてから使っていただければ幸いです。

本書が2008年に刊行されてから学生諸君をはじめとして多くの読者を得たこと，とりわけ出版直後から時間を経て次第に販売部数が増加し，着実に一定数の読者が得られたことは望外の喜びでした。この間，教科書や参考書として用いていただいた先生方に心よりお礼申し上げますとともに，読者がミクロ経済学を学ぶのに本書が役立ったことを願っています。そして新版を今後も引き続きご愛顧いただけたら幸いです。

最後になりますが，有斐閣の尾崎大輔さんには，新版の制作にあたり企画から実施まで，大変お世話になりました。こうして，より魅力的な新版の刊行に至ったのも尾崎さんの力によるところが大きいです。この場を借りて深く感謝いたします。

2015年2月

著者一同

Web 付録のリスト

本書の Web 付録をまとめたサポートページは，以下の URL です。
http://yuhikaku-nibu.txt-nifty.com/blog/2015/02/post-9063.html
（「付加データ　ミクロ経済学・入門　新版　有斐閣」で検索）

- **Web App (Appendix)**：本書の解説のさらに詳しい説明，数学を用いた説明，追加的なトピックの説明を行っています。それぞれ，本書との対応関係も明示されています。
- **Web Case**：本書の初版で掲載した *Case Study* を，Web 上で公開しています。
- **Web Column**：本書の初版で掲載した *Column* を，Web 上で公開しています。
- **章末練習問題の解答**：本書の章末にある練習問題の解答・解説を行っています。
- **数学を用いた練習問題と解説・解答**：書籍内の問題に加えて，数学を用いた練習問題を追加で掲載しています。解答と解説も Web 上に掲載しています。
- **経済学で使う数学・入門**：数学を用いた練習問題を解くために必要な数学の入門的な解説です。問題とあわせて，本書の内容をより深く理解するためにご利用ください。
- **さらなる学習ガイド**：本書の巻末で行っている文献ガイドよりもさらに詳しく，次のステップへの学習ガイドを行っています。
- **講義用スライド素材の提供**：本書内で用いている図表を中心に，本書をご授業等でご採用頂いた先生方に，講義用スライド素材を提供しています。詳しくは，本書サポートページをご覧ください。

著者紹介

柳川　隆（やながわ・たかし）　　　　【第 1, 3, 8, 13, 14 章】
　1959 年生まれ
　1993 年，ノースカロライナ大学 Ph.D.
　現　職：摂南大学経済学部長・教授，神戸大学名誉教授
　主　著：『産業組織と競争政策』勁草書房，2004 年。
　　　　　『競争の戦略と政策』（共編）有斐閣，2006 年。
　　　　　『プラクティカル産業組織論』（共著）有斐閣，2008 年。
　　　　　『エコノリーガル・スタディーズのすすめ──社会を見通す法学と経済学の複眼思考』（共編）有斐閣，2014 年。
　読者へのメッセージ：企業人として，政策形成者として，あるいは消費者，労働者，国家の主権者として，ミクロ経済学の知識や考え方は，さまざまな場面で有益な指針を与えてくれます。そうしたことを実感できるように，本書を通じてミクロ経済学を学んでいただきたいと願っています。

町野　和夫（まちの・かずお）　　　　【第 4, 7, 11, 12, 15 章】
　1957 年生まれ，株式会社三菱総合研究所，北海道大学大学院経済学研究院・公共政策大学院などを経て現職。
　1996 年，ノースカロライナ大学 Ph.D.
　現　職：北海道武蔵女子大学・北海道武蔵女子短期大学学長，北海道大学名誉教授
　主　著：「法政策と経済学──法政策の目的に関するゲーム理論的考察」『新世代法政策学研究』5 号，2010 年。
　　　　　"Preliminary Study on 'Affluence Indicators' in Hokkaido" in K. Matsushima *et al.* (ed.) *Social Capital and Development Trends in Rural Areas*, Vol. 9, MARG, 2014.
　読者へのメッセージ：シンクタンクでビジネスや政策の現場を経験し，大学で経済理論を研究しています。実務家としては理論のあまりのシンプルさに学ぶ誘因を殺がれ，理論を学ぶ学生としては現実の複雑さ曖昧さにとまどうばかり，というのが私自身の実感でした。本書を通じてそのギャップを少しは埋められたのではないかと思います。

吉野　一郎（よしの・いちろう）　【第 2, 5, 6, 9, 10 章】

1961 年生まれ

1988 年，ロンドン・スクール・オブ・エコノミクス M.Sc.

現　職：前名古屋商科大学経済学部教授

主　著：『競争の戦略と政策』（分担執筆）有斐閣，2006 年。

"Distorted Access Regulation with Strategic Investments: Regulatory Non-commitment and Spillover Revisited,"（共著）*Information Economics and Policy*, **24**: 120-131, 2012.

"Overusing a Bypass under Cost-based Access Regulation: Underinvestment with Spillovers,"（共著）*Journal of Regulatory Economics*, **47**: 29-57, 2015.

読者へのメッセージ：将来，ビジネスや会社の経営に才能を発揮していこうと考えている方，あるいはすでに実績をあげている方のいずれにとっても，ビジネスの視点とは異なる視点を持つことはとても大切なことだと思います。本書でミクロ経済学を学ぶことで，市場メカニズムのあり方という一貫した観点から経済を見ることもできるのだな，と少しでも納得してもらえればそれでよいと考えています。

目　次

新版へのはしがき …………………………………… i
Web 付録のリスト …………………………………… iv
著者紹介 ……………………………………………… v

第 I 部　市場の機能と限界　～ミクロ経済学の基礎を学ぶ～

第 1 章　ミクロ経済学とは　2

1 ミクロ経済学の対象と課題 …………………………………… 2
家計（消費者）・企業・市場・政府（2）　　ミクロ経済学の課題（4）　　完全競争市場と不完全競争市場（5）　　本章の内容（5）

2 消費者の行動と需要曲線 …………………………………… 8
支払許容額と需要（8）　　需要曲線（9）

3 企業の行動と供給曲線 …………………………………… 11
企業の行動（11）　　企業の費用構造（12）　　収入・費用・利潤と最適生産量の決定（14）　　供給曲線（16）

4 市場の均衡 …………………………………… 17
市場の需要曲線（17）　　市場の供給曲線（18）　　市場均衡（19）

5 経済厚生 …………………………………… 20
効率性と公平性（20）　　余剰分析（21）　　消費者余剰（23）　　生産者余剰（24）　　完全競争市場の効率性（25）

6 比較静学 …………………………………… 28
需要曲線のシフト（28）　　供給曲線のシフト（29）　　均衡の変化（30）

第2章 消費者の行動　32

1 消費者の行動とは ……………………………………… 32
需要曲線と合理的な消費者 (32)　家計と消費者 (33)

2 効用の最大化 …………………………………………… 34
消費からの効用とは (34)　効用最大化仮説 (35)　無差別曲線 (37)　消費の限界代替率 (39)

3 最適消費計画と個別需要曲線 ………………………… 41
予算制約線 (41)　最適消費計画の決定 (42)　個別需要曲線の導出 (45)

4 右下がりの需要曲線 …………………………………… 47
価格変化と実質所得の変化 (47)　代替効果と所得効果 (47)　右下がりの需要曲線 (49)　交差代替効果 (50)

5 家計の労働供給 ………………………………………… 51
労働供給の決定 (51)　労働供給曲線 (52)

第3章 企業の行動　56

1 企業の行動とは ………………………………………… 56

2 企業の技術選択 ………………………………………… 57
技術的限界代替率 (57)　等費用線 (60)　技術選択 (61)

3 総費用曲線といろいろな費用概念 …………………… 63
短期と長期 (63)　長期の総費用・限界費用・平均費用 (63)　短期の総費用曲線 (65)　短期の限界費用・平均費用・可変費用 (66)　短期と長期の総費用曲線 (68)

4 生産量の決定 …………………………………………… 71
収入曲線と利潤 (71)　利潤最大化生産量 (73)

5 供給曲線 ………………………………………………… 74
短期の限界費用曲線と供給曲線 (74)　操業停止点と短期の供給

曲線 (74)　　長期の供給曲線 (75)

6　企業の労働需要 ……………………………………… 77
労働需要とは (77)　　労働需要曲線 (78)　　財の供給と労働の需要 (79)　　資本の需要 (80)

第4章　市場均衡と経済厚生　　82

1　市場メカニズムの特長 ……………………………… 82
価格による安定的な自動調整メカニズム (82)　　数量による調整 (83)　　労働市場の均衡 (84)　　総余剰の最大化 (85)

2　市場メカニズムとパレート効率 …………………… 88
交換経済における一般均衡分析 (88)　　交換経済における価格調整メカニズム (90)　　パレート効率性：厚生経済学の第1基本定理 (92)　　市場メカニズムと分配：厚生経済学の第2基本定理 (93)　　生産の効率的資源配分 (94)

3　資源配分の効率性と国際貿易 ……………………… 96
比較優位 (96)　　2国の生産フロンティアと貿易 (98)

4　効率性と公平性 ……………………………………… 100
パレート効率性の限界 (100)　　「望ましい」分配と現実の分配政策 (101)

5　市場メカニズムがうまく機能しない場合 ………… 102
市場の失敗 (102)　　価格調整のスピードと労働市場 (105)

第5章　不完全競争の市場　　108

1　不完全競争市場とは ………………………………… 108
完全競争と不完全競争 (108)　　独占市場と寡占市場 (109)

2　独占市場と企業行動 ………………………………… 110
独占企業の経営者の問題 (110)　　独占企業の利潤 (111)　　限界

収入 (112)　　独占企業の最適生産量 (114)　　価格差別 (117)

3　寡占市場 ……………………………………………………… 119
寡占市場とは (119)　　ベルトラン市場 (122)　　クールノー市場 (123)　　クールノー均衡 (126)

4　不完全競争市場の何が問題なのか ……………………… 128
独占のどこが問題なのか (128)　　寡占のどこが問題なのか (129)

第Ⅱ部　組織における戦略と情報　～ビジネスを読みとく～

第6章　ゲーム理論
戦略的思考と行動
132

1　ゲーム理論とは …………………………………………… 132
ゲーム的状況 (132)　　ゲームのルール (133)　　利得行列とゲームの木 (135)

2　ナッシュ均衡と合理的戦略 ……………………………… 138
ナッシュ均衡の考え方 (138)　　囚人のジレンマとナッシュ均衡 (139)　　部分ゲーム完全均衡 (140)　　後ろ向き帰納法 (141)

3　長期的な継続関係と協調 ………………………………… 142
無限回繰り返しゲーム (142)　　評判の確立 (144)

4　戦略的行動 ………………………………………………… 147
駆け引き (147)　　コミットメント (149)

第7章　不確実性と情報の非対称性
151

1　不　確　実　性 …………………………………………… 151
不確実性をどう扱うか (151)　　期待効用とリスク態度 (154)　　リスク・プレミアムと保険 (157)

2　エージェンシー問題とインセンティブ契約 …………… 159
情報の経済学とは (159)　　エージェンシー問題 (160)　　インセ

ンティブ契約（162）　インセンティブ契約の実際（163）

3 逆選択とオークション ･････････････････････････････････ 165
逆選択（165）　逆選択への対応策（166）　オークション（168）
非対称情報解消のマイナス面（175）

第8章　企業組織と市場　　177

1 企業の境界 ･･ 177
2種類の企業の境界（177）　企業の水平的境界（178）　企業の
垂直的境界（179）　垂直統合の代替策（180）

2 企業の水平的境界 ････････････････････････････････････ 180
規模の経済と不経済（180）　範囲の経済と不経済（182）

3 取引費用と垂直統合 ･･････････････････････････････････ 183
市場の取引費用（183）　関係特殊投資とホールドアップ問題
（184）　垂直統合によるガバナンス（186）　市場取引の利点
（187）

4 ハイブリッド型取引 ･･････････････････････････････････ 187
ハイブリッド型取引とは（187）　提携と合弁事業（190）　フラ
ンチャイズ制（191）

第9章　企業の内部組織　　195

1 企業の内部組織の問題とは ････････････････････････････ 196
ブラックボックスとしての企業（196）　誰が利潤最大化に熱心
なのか（197）　株主とは（197）　経営の委託（199）

2 情報の非対称性と内部組織 ････････････････････････････ 201
エージェンシー問題（201）　インセンティブ契約（202）

3 経営者への規律づけ ･･････････････････････････････････ 203
経営者を監視する制度（203）　物言う株主による監視（207）

第10章 企業の市場戦略　210

1 価格競争と製品差別化 …… 211
垂直的差別化と水平的差別化（211）　広告と垂直的差別化（212）

2 設備投資競争 …… 214
設備投資のタイミング（214）　参入阻止行動（215）

3 ネットワーク外部性 …… 218
直接的・間接的ネットワーク外部性（218）　技術規格の統一（219）

4 不確実性と企業行動 …… 222
市場不確実性（222）　環境的（技術的）不確実性（223）

第Ⅲ部　政府の機能と限界　〜政策を読みとく〜

第11章 外部性と公共財　228

1 外部性の問題と対応策 …… 228
外部性とは何か（228）　外部性によって引き起こされる問題（229）　政府による対応：ピグー税（230）　交渉による対応：コースの定理（233）　その他の対応策（235）

2 共有資源の問題と対応策 …… 238

3 公共財の問題と対応策 …… 240
公共財とは何か（240）　公共財の最適供給量（241）　リンダール・メカニズム（243）

4 公共財供給の実態：財政の支出構造 …… 246
国と地方の財政支出（246）　社会保障とセーフティ・ネット（248）

第12章 税制，社会保障制度と分配　253

1 税の基本知識 …………………………………………… 254
税の役割（254）　日本の財政の現状（255）　主な税の特徴（256）

2 望ましい税制とは ……………………………………… 260
税制の評価基準（260）　税の経済への負担：ミクロ経済学的分析（263）　一般消費税の効率性と公平性（265）　財政赤字と世代間の公平性（268）

3 社会保障 ………………………………………………… 270
社会保険（270）　公的扶助（生活保護）と社会福祉（272）

4 ナショナル・ミニマム，再分配，補償原理 ………… 273
ナショナル・ミニマムと再分配（273）　社会的厚生関数とアローの一般不可能性定理（274）　ロールズの正義論とセンの潜在能力（275）　補償原理による再分配（278）

第13章 競争政策　282

1 競争政策とは …………………………………………… 282
競争政策の役割（282）　産業組織論とSCPパラダイム（284）
囚人のジレンマと競争政策（286）

2 カルテル ………………………………………………… 289
カルテルの形成と維持の不安定性（289）　長期的な関係と暗黙の協調（290）　カルテルと市場集中（292）　カルテルの罰則と抑止（293）

3 企業結合と私的独占 …………………………………… 296
企業結合（296）　私的独占（298）

4 不公正な取引方法 ……………………………………… 301
不公正な取引方法とは（301）　再販売価格維持（302）

第14章 規制政策　　305

1 自然独占への政策 …………………………………… 306
　自然独占とは（306）　　自然独占に対する政策（307）

2 伝統的な経済的規制 …………………………………… 308
　最適な価格規制（308）　　実際の価格規制（310）　　価格以外の規制（311）　　平均費用価格規制の限界（312）

3 規制改革① 〜インセンティブ規制〜 ……………………… 313
　インセンティブ規制とは（313）　　ヤードスティック規制（313）　　プライス・キャップ規制（314）

4 規制改革② 〜参入促進〜 ……………………………… 315
　参入促進政策（315）　　オープン・アクセス（317）　　規制緩和とネットワーク間競争（320）

5 民営化 ……………………………………………… 321
　民営化の経緯（321）　　フランチャイズ制と上下分離（322）

6 社会的規制 …………………………………………… 326

第15章 公共政策とミクロ経済学の新たな展開　　328

1 公共政策のミクロ経済学 ……………………………… 328
　効率性と公平性，再考（328）　　公共選択論と新たなミクロ経済学的視点（331）　　新しい政治経済学（333）　　新しい政治経済学の課題（336）

2 「政府の失敗」と分権化，新公共経営 ………………… 337
　政府介入の正当性と「政府の失敗」（337）　　地方分権（339）　　民営化（341）　　新公共経営（342）　　NPO（344）

3 公共政策と新たなミクロ経済学の人間像，制度観 …… 345
　行動経済学（345）　　進化ゲーム（347）　　制度改革と制度の進化（348）

文献ガイド ………………………………………………… 353
索　引 ……………………………………………………… 355

Column 一覧

① 少子化と代替効果・所得効果（53）
② 経済学上の利潤と会計上の利益（76）
③ 需要の価格弾力性（115）
④ ハーフィンダール＝ハーシュマン・インデックス（129）
⑤ 利得の現在割引価値と部分ゲーム完全均衡（145）
⑥ ペナルティキックの駆け引き（147）
⑦ 勝者の呪い（174）
⑧ 物言う株主と株式持ち合い（207）
⑨ 日本の会社経営者の報酬（209）
⑩ ブランドの確立とブランド価値（213）
⑪ プラットフォームとネットワーク外部性（221）
⑫ 欧米での格差論（ピケティの『**21**世紀の資本』）（279）
⑬ 競争政策の **3** つの学派（286）
⑭ 合併ガイドラインの改定（298）
⑮ 集積の経済学（340）

Case Study 一覧

① 発電のコスト（69）
② 計画経済の余剰分析（86）
③ 独占市場と潜在的競合者（118）
④ 市場で寡占化する要因（120）
⑤ 電波オークション（173）
⑥ 自動車産業と自動車部品産業の関係（188）
⑦ フランチャイズの現状（192）
⑧ メモリー市場における設備投資戦略（216）
⑨ 自然災害と事業継続計画（224）
⑩ 排出量取引，その後の動向（236）
⑪ 課徴金減免制度と談合の抑止（295）

- ⑫ 航空市場の略奪価格問題（300）
- ⑬ 電力市場の改革（318）
- ⑭ 日本とイギリスの国鉄民営化（324）

●以下では，初版から Web 付録へ移動したものに限り列挙しています。その他 Web 付録について詳しくは，本書サポート・サイトをご覧ください。

Web App 一覧
- ① 純粋交換経済における価格調整メカニズムの詳細
- ② 利得の現在割引価値の総和の導出
- ③ 交渉ゲーム
- ④ リスク・プレミアムと保険の詳細
- ⑤ インセンティブ契約の応用例
- ⑥ ホールドアップ問題と所有権アプローチ
- ⑦ 経営者の委託の合理性
- ⑧ ピボタル・メカニズム
- ⑨ ロールズの正義論とセンの潜在能力の詳細
- ⑩ 進化ゲームの詳細

Web Column 一覧
- ① 無差別曲線と 2 つの財
- ② ファインマンとあるギャンブラーの話
- ③ セルゲイ・ブブカの駆け引き
- ④ 格差社会

Web Case 一覧
- ① 日本企業の海外進出事例
- ② 日本の中古車販売の実態
- ③ 自動車生産におけるモジュール化
- ④ コンタクトレンズ市場
- ⑤ トヨタ自動車のレクサスによる差別化戦略
- ⑥ オンライン音楽配信市場
- ⑦ 京都議定書と排出権取引

⑧ 航空市場の規制緩和
⑨ 山間地での効率的な公共財供給

第 I 部

市場の機能と限界
～ミクロ経済学の基礎を学ぶ～

Contents
第1章 ミクロ経済学とは
第2章 消費者の行動
第3章 企業の行動
第4章 市場均衡と経済厚生
第5章 不完全競争の市場

　第I部では，ミクロ経済学の基礎について学びます。経済学的な考え方を知り，ミクロ経済学の入門的な知識——市場の機能と限界——を身につけてもらうことを望んでいます。
　市場は競争の状態により完全競争市場と不完全競争市場に分けられます。第1章から第4章までは完全競争市場を扱います。第1章は，完全競争市場が果たす資源配分の機能についての概要です。市場を構成する財・サービスの売り手の行動（供給）と買い手の行動（需要）を説明し，需要と供給が等しくなる均衡で価格と取引量が決まることを説明し，均衡では総余剰という効率性の基準からみて社会的に望ましいことを明らかにします。第2章から第4章は第1章の内容を深めます。第2章は，財・サービスを需要し，生産要素を供給する消費者の行動を，第3章は逆に，財・サービスを供給し，生産要素を需要する企業の行動を詳しく説明します。そして，第4章では，市場均衡の社会的な評価（経済厚生）について説明し，市場の機能が効率的な資源配分を達成することと，市場の機能に限界（市場の失敗）があることを明らかにします。最後に，第5章は，不完全競争市場について扱います。独占と寡占の市場における企業行動を説明し，完全競争市場の結果と比較します。

第1章 ミクロ経済学とは

> ***Introduction*** ミクロ経済学の2つの重要な課題について，最も単純なケースである完全競争市場を取り上げて説明します。第1の課題は経済主体の行動と市場での資源配分の説明です。家計（消費者）の財・サービスの需要と企業の財・サービスの供給がどのように決まるかを説明し，市場取引における価格や資源配分（財・サービスの生産量とそのための生産要素の投入量）がどのように決まるかを説明します。第2の課題は，市場均衡における資源配分の評価です。資源配分についての価値判断をする際の基準について説明します。本章で示す最も重要な命題は，「完全競争市場が効率的な資源配分をもたらす」という望ましい性質を持っていることです。現実の市場は通常は完全競争市場ではありませんが，完全競争市場の分析はさまざまな資源配分の状態を比較する場合の1つの重要な基準となります。
>
> ***Keywords*** 需要，供給，均衡，資源配分，完全競争，プライス・テイカー，比較静学，効用，支払許容額（支払意思額，限界効用），利潤，限界費用，平均費用，限界収入，価格メカニズム，経済厚生，効率性，公平性，余剰，総余剰，消費者余剰，生産者余剰，死荷重

1 ミクロ経済学の対象と課題

家計（消費者）・企業・市場・政府

経済学は大きく，マクロ経済学とミクロ経済学に分けられます。マクロ経済学が一国全体の所得や物価水準といった経済全体の

動きを説明するのに対して，ミクロ経済学は個別の経済主体の行動と市場での取引を説明します。

経済主体とは，経済活動を行う単位であり，大まかに家計（消費者）・企業・政府に分類することができます。第2章で詳しく述べられるように，家計は，通常は生産要素である土地，資本，労働といったサービスを提供し，生産に貢献するそれぞれの対価として地代，配当・利子，賃金を得ます（家計による資本の提供は，株式や債券の購入，あるいは預貯金として行われます）。そして，その所得から生産された財・サービスを購入して消費を行い，残りを貯蓄します（財とは有形のモノ，サービスとは無形の役務のことです）。本書では家計の消費活動について述べる場合には，消費者と呼ぶことにします。これに対し，企業は，各種の生産要素のサービスを購入して生産活動を行い，財・サービスを生産します。これにより得られた収入から原材料費を支払った残りが，この企業の生産活動から生み出された付加価値になります。付加価値は，生産活動に用いられた土地，資本，労働の生産要素に，それぞれの対価である地代，配当・利子，賃金として分配されます（資本への分配の一部は企業内に留保されるのが通常です）。

需要と供給の出会うところが市場です。**需要**とは財・サービスを購入しようとすることであり，**供給**とは財・サービスを販売しようとすることです。生産された財・サービスの市場では消費者の需要と企業の供給が出会い，生産要素の市場では家計の供給と企業の需要が出会います。財・サービスの市場では，需要と供給の大きさが等しくなる**均衡**（きんこう）の状態で財・サービスの価格が決まり，生産要素の市場の均衡では生産要素サービスの価格が決まります。

政府は，市場取引の基盤整備と調整を行います（本書で政府というときには，行政だけでなく立法や司法を含む広義の政府を指します）。

基盤整備の基本としては、立法や司法、あるいは警察や国防があります。立法は強制的な法規をつくることにより、市場取引のルールを整備するとともに、行政による規制の根拠を与えます。司法、警察、国防は、私有財産や契約を保護します。市場取引の調整とは、市場取引が社会的に不満足な状態を生み出すときに、政府が自ら経済活動を行ったり、企業行動や所得分配に介入したりすることです。政府の役割を市場の基盤整備にのみにおく考え方を夜警国家といいます。20世紀の後半には、政府の調整機能を重視した福祉国家の考え方が生まれましたが、1980年頃からは再び、市場の役割を重視し、政府の調整機能を小さくすべきであるという考え方が広がってきています。

ミクロ経済学の課題

ミクロ経済学の最も基本的な問題は、家計（消費者）がどのように生産要素を供給し、生産された財・サービスを需要するか、また企業がどのように生産要素を需要し、生産された財・サービスを供給するかを分析するとともに、市場で財・サービスおよび生産要素の価格と取引量（需要量と供給量）がどのように決定されるかを分析することです。これにより、経済全体に存在する希少な資源がどのように用いられるかという**資源配分**が明らかになります。

ミクロ経済学にはもう1つの課題があります。市場で実現する資源配分が社会的に見てどのように評価できるかを分析するとともに、資源配分を改善すべき場合にはそのための政策を検討することです。そのために、まず資源配分の評価の基準を明らかにし、その価値判断の基準に照らし合わせて、市場で実現する結果が社会的に見て望ましいか否かを判断します。そのうえで、もし望ましい成果が市場で実現していなければどのような政策を行うべきかを考察します。資源には限りがあるため、できるだけ人々にとって望ましい

資源配分が求められます。

完全競争市場と不完全競争市場

市場は，完全競争市場と不完全競争市場に分けることができます。**完全競争**市場とは，次の4つの条件を満たす市場のことです。

第1に，取引される財・サービスが同質的であることです。これは，財・サービスの品質が均一なことであり，標準化された汎用品としての財・サービスのことです。飼料用とうもろこしなどの農産物，金やレギュラー・ガソリンなどの鉱工業製品が同質的な財・サービスの例です。

第2に，需要者と供給者の数が十分に多いことです。市場に多数の売り手と買い手がいると，誰も価格に影響力を行使することができず，市場で成立する価格で販売・購入せざるをえません。このように，価格を与えられたものとして行動する経済主体のことを**プライス・テイカー**（価格受容者）といいます。

第3に，情報が完全であることです。完全情報とは，売り手と買い手がともに財・サービスの価格や品質について十分な知識を持っていることです。

そして，第4に，参入と退出が自由であることです。これは，企業が市場に新たに参入して生産活動を行ったり，市場から退出して生産活動をやめたりすることが自由に行えることです。

完全競争の4つの条件のいずれか1つが崩れると，その市場は不完全競争市場となります。これについては第5章などで説明していきます。

本章の内容

第1章の第2節から第6節にかけて行われる完全競争市場の分析の概要を紹介しておきましょう。まず，第2節では，経済主体の1つである消費

者がどのように財・サービスの需要量を決定するかを説明します。消費者は消費から得られる満足度（効用）を最大にするように財・サービスを消費すると考えます。そして，完全競争市場において財・サービスの価格が与えられたときに消費者がどれだけの数量を需要するかという対応関係である需要曲線を導出します。

　もう1つの主な経済主体は企業です。第3節では完全競争市場において企業がどれだけの数量の財・サービスを供給するかについて説明します。企業は利潤を得るために生産活動を行うと考えます。利潤は収入から費用を差し引いたものですから，初めに，収入と費用が生産量とどのような関係を有しているか，次に，利潤を最大にする生産量がどのように決まるかを説明します。さらに，市場での価格が変化すると利潤を最大化する生産量がどのように変化するかを調べることにより，供給曲線を導きます。供給曲線とは，市場で与えられる価格と，企業が利潤を最大化する生産量との対応関係です。

　消費者行動の理論で導出された需要曲線は1消費者のものですが，第4節では，これをもとに市場全体の需要曲線を導出します。同様に，企業の行動の理論で導出された1企業の供給曲線をもとに市場全体の供給曲線を導出します。そして，市場が均衡する価格と生産量がこれらの需要曲線と供給曲線の交点により求められることを説明します。

　第5節では，市場均衡で成立する資源配分の社会的な評価について説明します。価値判断を行う視点には大きく分けて効率性と公平性の2つがあります。効率性の基準とは，利用可能な資源と技術が無駄なく効率的に用いられているか否かを判断するものです。公平性の基準とは，社会構成員の間の扱いが公平であるか否かを判断するものです。第5節ではこのうち，効率性に関する議論を行

います。まず価値判断の基準を提示し，それに基づいて市場均衡の効率性を評価します（公平性については第4章や第12章，第15章で述べられます）。そして，完全競争市場の均衡において，資源配分の効率性が実現するという，経済学における最も重要な命題の1つを紹介します。

現実の市場が完全競争市場の条件を満たすことは稀です。それでも完全競争市場についてまず学ぶことの意義は，完全競争市場であれば効率的であるということを示せることにあります。そして，完全競争の仮定のいずれかが崩れると市場がどのような非効率性を生み出すかを示すための比較の基準となります。

最後に第6節では，均衡の変化を説明します。家計の需要曲線は，家計の所得や他の財の価格がある大きさであることを仮定して導いたものです。そこで，たとえば，家計の所得が変化すれば，ある財の需要は同じ価格のもとでも変化するでしょう。また，企業の供給曲線も，生産量と費用の関係が変わると変化します。たとえば，賃金が上昇して費用が増えると，生産する財の価格が同じでも利潤を最大にする生産量は変化することが予想されます。そこで，ある均衡状態において一定の大きさをとると仮定されているさまざまな条件（これを与件といいます）が変化するときの均衡の変化を調べましょう。このように，与件の変化に伴う均衡の変化を調べることを**比較静学**といいます。

> **ココをチェック！［1-1］**
> 完全競争市場を分析することの意義はどこにありますか？

2 消費者の行動と需要曲線

支払許容額と需要

　本節では，消費者が財・サービスをどれだけ需要するかを説明し，それをもとに需要曲線を導出します。消費者がある財・サービスを消費するために購入するのは，その財・サービスの消費を通じて**効用**（消費から得られる満足）を得るためです。第2章で詳しく見るように，消費者は所得の許す範囲でさまざまな財を購入し，効用を最大にするよう，それぞれの財をどれだけ買うかを決めると考えます。いま，ある消費者が1週間にケーキを買う個数を図1-1の横軸に，そしてケーキを1個買うごとに最大限支払ってもよいと考える金額を縦軸のように表すことができるとしましょう。この金額は**支払許容額**（あるいは**支払意思額**）とよばれます。この縦軸に表される金額は，このケーキを追加的に1単位多く消費することから得られる効用の大きさを金銭で表したものであり，**限界効用**ともいいます。

　図1-1において，この消費者は最初の1個のケーキを買うのに最大300円まで支払ってもよいと考え，2個目を買うのに最大200円まで支払ってもよいと考えています。このように，通常，消費者の購入量が増加するにつれて，支払許容額は減少していくと考えられます。ケーキをたくさん買うほど，追加的な1個のケーキから得られる効用が小さくなるうえ，他の財を買う予算が減るためです。

　さて，図1-1のように支払許容額が与えられたとすると，需要量はどのような大きさになるでしょうか。消費者は効用を最大にするには，支払許容額と実際の価格を比較して何個買うかを決定すれ

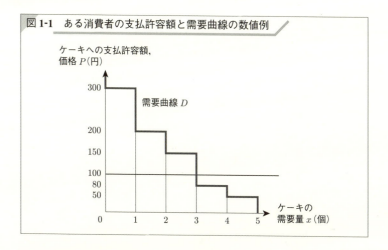

図 1-1 ある消費者の支払許容額と需要曲線の数値例

ばいいです。たとえば、ケーキの価格が1個当たり100円ならば、この消費者は3個買うでしょう。1個目には300円支払ってもよいので価格が100円ならば買うほうがよいと考えます。2個目も200円まで支払ってもよいと考えるのに価格が100円であるので買います。同様に3個目も買います。しかし、4個目は、80円しか支払う意思がないのに100円支払わなければならないので、買わないほうがよいことになります。したがって、この消費者はケーキを3個買うことになります。

需要曲線　それでは、図1-1から、この消費者のケーキの需要曲線を導出しましょう。需要曲線とは、価格が与えられたときにその価格のもとで効用を最大にする需要量を表す対応関係です。その大きさを求めるため、先の例で価格が100円以外の値をとるときに購入量がどのようになるかを調べてみましょう。たとえば150円までならば、たとえ価格が上昇しても消費量は変わらないでしょう。そのときには3個目までは支払許容額が価格より高いか等しいため、3個の消費をするか

第1章 ミクロ経済学とは　9

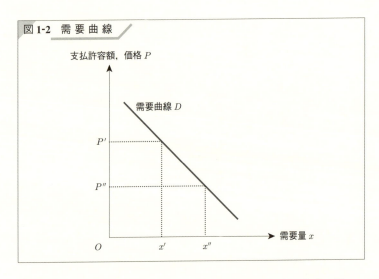

図1-2 需要曲線

らです(厳密には,支払許容額がちょうど150円ならば,3個目は買っても買わなくてもその消費者にはどちらでもよいことになります)。しかし価格が150円より高くなり,200円までの値をとるならば消費量は2個に減少するでしょう。3個目は購入しないほうがよくなるためです。さらに価格が上昇して200円より高く300円以下になれば1個の消費になるでしょう。そして,価格が300円より高くなれば,もはやまったく購入しなくなるでしょう。

縦軸に価格をとり,横軸に対応する需要 (demand, D) の大きさをとったグラフが需要曲線です。需要曲線は,図1-1の棒グラフの外側を結んだ線になることがわかります。ただし,価格が300円より高くなれば需要はゼロです。それが,図1-1の太い実線で表される需要曲線 D です。価格が与えられると,その価格で水平線を描き,需要曲線 D と交わるところで需要量が決まることになります。

次に,図1-2のように,財・サービスが水や小麦のようにリッ

トルやグラムのような連続した数で表される場合の需要曲線を導出しましょう。図1-2の右下がりの線はある消費者の支払許容額を表しています。価格をPで表し、その水準がP'であるならば、消費者は支払許容額が価格より大きいかぎり購入し、最終的に両者が等しくなるx'単位まで購入するでしょう。また、価格がP''に下落すれば需要量はx''に増加するでしょう。このように、縦軸に支払許容額をとり、価格を同じく縦軸にとると、支払許容額を表す線を通じて財・サービスの需要量を知ることができます。すると、以上の説明から支払許容額を表す線が需要曲線になることがわかります。

> **ココをチェック！[1-2]**
> 消費者はどのようにしてある財の需要量を決めますか？

3 企業の行動と供給曲線

企業の行動　　企業は家計とは逆に財・サービスを供給します。企業が生産を行うのは**利潤**を得るためであり、利潤を最大化するように生産量を決定します（企業が本当に利潤の最大化を目的として行動するかについては、第9章で考えます）。本節では、完全競争市場における企業の供給曲線を導出します。利潤とは収入から費用を差し引いたものですから、利潤を最大にする生産量を求めるには、生産量と費用の関係、および生産量と収入の関係を明らかにする必要があります。そのうえで、市場において財・サービスの価格が与えられたときに、利潤を最大にする生産量を求めることができます。さらに、財・サービスの価格がさま

表1-1　さまざまな費用概念の数値例

生産量（箱）	総費用（万円）	平均費用（万円）	限界費用（万円）
0	0	—	5
1	5	5	10
2	15	7.5	15
3	30	10	20
4	50	12.5	25
5	75	15	33
6	108	18	—

ざまに変化したときの利潤を最大にする生産量を求めれば，最終的に供給曲線，すなわち，価格と企業の利潤最大化生産量の関係を導出できます。

企業の費用構造　　企業の生産に必要な費用に関するいくつかの概念について説明しましょう。いま，ある野菜を作る企業があり，土地や種，農薬などにかかる諸費用を無視し，生産をするには働き手を雇うための人件費だけがかかるとしましょう（設備など，生産量に関係なくかかる固定費用については第3章で扱います）。表1-1の第1列は1カ月間の生産量 x（箱）を，第2列はそれに対応する総費用すなわち人件費 C（万円）を表した数値例で，図1-3はそれをグラフ化したものです。

生産量を1単位増やすときに必要な費用を**限界費用**（marginal cost, MC）といい，記号では $MC = \Delta C / \Delta x$ と書きます。記号 Δ（デルタ）は微少な変化量を表し，Δx は生産量の変化分，ΔC は費用の変化分を表します。表1-1の数値例では第4列で表されます。ここでは Δx は1箱，ΔC は生産量を1箱増やすために必要な費用です。たとえば，生産量が1箱から2箱へ増加するときに費用は5万円から15万円へと10万円増加するので，限界費用は10万円となります。

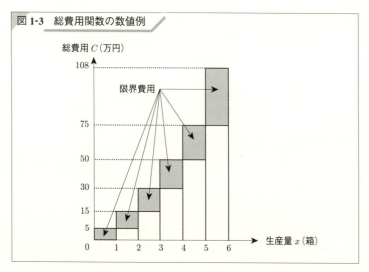

図 1-3　総費用関数の数値例

　生産量を増やそうとすると，初めは肥沃な土地を利用できますが，次第に肥沃でない土地を利用するようになるため，同じだけの労働を投入しても次第に追加的な生産量が低下していきます。そのため，生産量を1箱増やすための人件費すなわち限界費用が徐々に大きくなります。このことを**限界費用逓増**といいます。数値例では限界費用が逓増しており，生産量が1箱から2箱，2箱から3箱へと増加するごとに，限界費用がそれぞれ10万円，15万円へと次第に大きくなっています。

　限界費用は，図1-3の棒グラフにおけるグレーに塗った部分によって表され，ある生産量の総費用はそれまでの生産量における限界費用の合計になることがわかります。たとえば3箱を生産するときの総費用30は，3箱までの限界費用の合計（5 + 10 + 15）に等しくなります。図1-4の棒グラフは限界費用をグラフにしたものです。

　また，生産量1単位当たりの費用を**平均費用**（average cost, AC）

第 1 章　ミクロ経済学とは

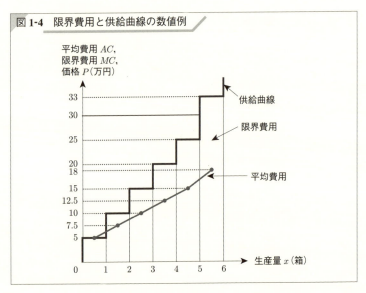

図 1-4 限界費用と供給曲線の数値例

といい，記号では $AC = C/x$ と書きます。数値例では表1-1の第3列のように求められ，図1-4のグレーの折れ線グラフはそれを図示したものです。

　上の例では，生産量を1箱，2箱，…，と計りましたが，次に生産量を，グラムなどの連続した数で表せるとしましょう。図1-5は，限界費用が直線で表される例です。この図では，限界費用が逓増しています。もし野菜の生産量を増やしても，同程度に肥沃な土地を利用できる場合には，生産量の大きさに関係なく限界費用が一定になり，限界費用のグラフは水平な線となります。単純化のため，本書では通常どちらかの例を用いることにします。

収入・費用・利潤と最適生産量の決定

　この項では，完全競争市場でどのように企業が利潤を最大化する生産量を決定するかを見ることにしましょう。利潤 π は収入（＝価格 P × 生産量 x）から費用 C を差し引いたもので $\pi = Px - C$

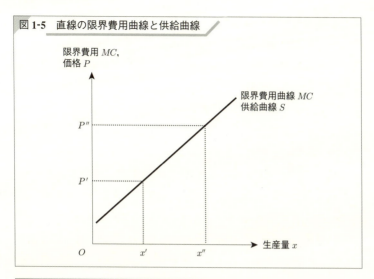

図 1-5 直線の限界費用曲線と供給曲線

表 1-2 収入・費用・利潤の数値例

生産量（箱）	収入（万円）	総費用（万円）	利潤（万円）	限界費用（万円）
0	0	0	0	5
1	30	5	25	10
2	60	15	45	15
3	90	30	60	20
4	120	50	70	25
5	150	75	75	33
6	180	108	72	—

と書けます。完全競争市場では企業は価格を決定することができないプライス・テイカーとして行動するため，企業はこの所与の価格のもとで生産量を決定することはできますが，価格を決めることはできません。表1-2は，表1-1の数値例をもとに，価格が30万円の場合の収入と利潤を，総費用と限界費用に加えて記したものです。この表から，利潤が最大となる生産量は5箱であることがわかります。このように，収入と費用から利潤を計算し，利潤が最大

となる生産量が求められますが，この結果は，価格と限界費用を比較することでも求められます。生産量を1単位増やしたときの収入の増加を**限界収入**（marginal revenue, MR）とよびます。完全競争市場では所与の価格で企業はいくらでも販売できると想定されているので，限界収入は価格に等しくなります。一方，限界費用とは生産量を1単位増やしたときの費用の増加ですので，価格が限界費用より大きいかぎり，生産量を増やすことによって，収入の増分が費用の増分より大きくなるために利潤を増やすことができます。今の例では，生産量を4箱から5箱へと増やすときの限界費用は25万円であり，価格30万円より小さいので生産量を増やすと利潤が増えます。しかし生産量をさらに6箱へと増やすときには限界費用が33万円となり，逆に価格より大きくなるので，生産量を増やさないほうがよくなります。

このことを別の視点からみると，企業は価格が限界費用と等しいか上回っていないと供給しません。その意味で，限界費用は，企業が財・サービスを供給する際に最低限要求する金額になります。

それでは図1-5のように，限界費用曲線が連続した数の場合を見てみましょう。このとき，限界収入すなわち価格が，限界費用を上回っているかぎり，生産量を増やすことによって利潤が増加します。したがって，利潤を最大化する生産量は，価格が限界費用と等しくなるところで決まることになります。もし，価格がP'に等しい大きさの場合，供給量はx'になります。

供給曲線 次に供給曲線を求めることにしましょう。供給曲線とは価格が与えられたときにどれだけの生産量を企業が供給したいかを表す，価格と供給量の対応関係です。

図1-4の例に戻りましょう。価格が30万円のときには生産量は

5箱でしたが、それでは、さまざまな価格が与えられたときに生産量はいくらになるでしょうか。価格が限界費用より大きいかぎり生産量を増加させたほうが利潤は増加することから、図1-4でさまざまな価格で水平線を引き、限界費用の棒グラフと交差したところが、その価格での最適な供給量です。したがって、図1-4で、供給曲線は限界費用の左上の外側を結んだ線（太い実線）となることがわかります。

また、図1-5のように限界費用曲線が連続の値をとる場合には、価格と限界費用が等しくなるところで最適な供給量が決まるので、限界費用曲線が供給曲線となります。

> **ココをチェック！[1-3]**
> 企業はどのようにしてある財の供給量を決めますか？

4 市場の均衡

市場の需要曲線　第2節では、個々の消費者の需要曲線を求めましたが、それをもとにして市場における需要曲線を導出することができます。ある市場に消費者がh人（hは十分大きい数）いるとし、x_jを消費者j $(j = 1, 2, \ldots, h)$、の需要量とします。とくに、消費者1を消費者A、消費者2を消費者Bとし、$x_A + x_B$を消費者Aと消費者Bの需要量の合計とします。ここで、この財・サービスの価格がP'であるとします。図1-6(A)のように、消費者Aの需要量がx'_Aであり、消費者Bの需要量がx'_Bであるならば、両消費者の需要量の合計は$x'_A + x'_B$となります。このように、市場の需要曲線は、個別消費者の需要曲線

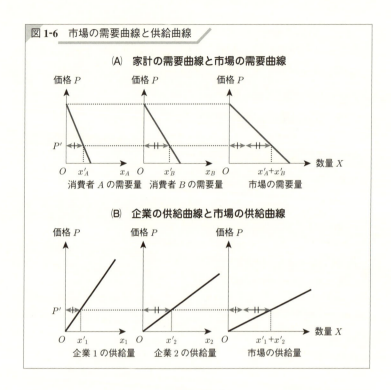

を横に加えて求めることができます。したがって、価格がたとえば P' であるときに、h 人の消費者からなる市場の需要量 X は、各消費者が需要する量 x_j の合計で表されます。

市場の供給曲線　　第3節では個別企業の供給曲線を導出しましたが、市場の供給曲線も市場の需要曲線と同様に導出することができます。いま、ある市場に企業が n 社（n は十分大きい数）存在するとします。x_i を企業 i $(i=1, 2, \ldots, n)$、の生産量としますと、価格が与えられたときの企業1と企業2の供給量の合計は $X = x_1 + x_2$ です。たとえば、図1-6(B)のように、価格が P' のときに、企業1が x_1' の生産量を、企

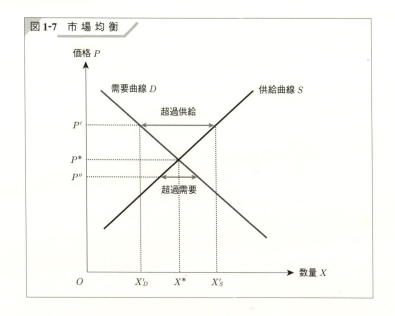

図1-7 市場均衡

業2がx'_2の生産量を供給するならば，合計して$x'_1 + x'_2$の供給量が生じます。このように，市場全体の供給曲線は，個別企業の供給曲線を横に加えて求めることができます。したがって，価格がたとえばP'であるときに，n社の企業からなる市場の供給量Xは，各企業が供給する量x_iの合計で表されます。

市場均衡　それでは，市場において需要と供給が出会い，どのような取引が成立するかを考察しましょう。図1-7のような需要曲線Dと供給曲線Sからなる市場を考えましょう。魚市場のような卸売市場で，セリ人がいる市場を想定してください。いま，セリ人が価格を仮にP'にして需要と供給を募ると，需要がX'_D，供給がX'_Sになります。この価格では供給が需要より多くなります。供給が需要を上回る大きさを超過供給といいます。セリ人は超過供給が存在するときには，その価格で

取引を成立させると売れ残りが生じるので取引を成立させず，価格を下げて改めて需要と供給を調査します。それでもなお超過供給が存在するならばさらに価格を下げ，P''の価格のように，逆に需要が供給を上回り，超過需要が存在するようになれば，今度は価格を上げます。このようにして需要と供給が等しくなる価格がみつかれば，そこで取引を成立させます。この状態を均衡とよびます。図1-7では価格P^*が均衡での価格（均衡価格），X^*が均衡での取引量で，この大きさの需要量・供給量が取引されることになります。

ここでは，市場でのセリ人の存在を前提に説明をしましたが，セリ人が存在しなくとも，需要と供給のギャップにより価格が瞬時的あるいは相当程度に早く変動する市場では同様の議論があてはまります。完全競争に近い市場ではこのような議論で現実の取引を近似できるでしょう。超過供給のときには価格が下がり，超過需要のときには価格が上がるという形で需要と供給が調整されるメカニズムを**価格メカニズム**といいます。

> **ココをチェック！[1-4]**
> 価格メカニズムとはどのようなものですか？

5 経済厚生

効率性と公平性　これまでは，消費者の需要や企業の供給がどのように決まるか，また市場ではどのような価格や取引量が成立するかという，現実に起こる出来事を説明しようとしてきました。これに対し，この節では市場での取引の結果を何らかの基準により評価しようとします。

経済厚生とは経済活動の成果の望ましさを測るものであり，大きく分けて効率性と公平性の2つの基準で測られます。**効率性**とは，利用可能な資源と技術が無駄なく用いられているか否かを判断するものであり，**公平性**とは，社会構成員の間の扱いが平等であるか否かを判断するものです。効率性が社会構成員全体で分けることのできる富（パイ）の大きさを測るのに対し，公平性は富の分け方（分配）を問題にします。このうち，経済学では主として，効率性に関しての議論を行います。これは，効率性が高まると，社会構成員全体で享受することのできるパイが大きくなるので，社会全体としても好ましいと考えるからです。社会全体で富が大きくなると，その増加分を用いて，たとえば所得の再分配などを通じて，社会の不平等も改善することができます。これに対し，公平性については，社会構成員の間でどのような状態が公平かについての価値判断の相違があり，公平性を基準にした政策で意見の一致をみることが難しくなります（公平性については，主に第12章で考えます）。

余剰分析

この項では効率性を測る尺度として用いられる**余剰**の概念について説明します。余剰概念は，各経済主体がどれだけ市場取引から便益を得たかを金銭の単位（円）で測ろうとするものです。余剰は経済主体別に，消費者余剰と生産者余剰に分かれ，さらに政府の政策を考慮するときには政府の余剰を加えます。政府の余剰は財政収支で測られ，黒字であればプラス，赤字であればマイナスに評価されます。政府が市場に介入して補助金を出すときにはその金額は国民が負担すべき借金となるのでマイナス評価となり，逆に課税するときには税収は国民が分け合える財・サービスの原資となるのでプラス評価として考えられます。これらの余剰の合計を**総余剰**（あるいは社会的余剰）とよび，総余剰が大きいほど社会的に望ましいと考えます。

この総余剰の大小で経済厚生を測るという評価基準によると，消費者余剰1単位と生産者余剰1単位は同等に評価されており，また，異なる消費者や企業の間でも1単位の余剰はそれぞれ同等に評価されます。したがって，消費者 A，消費者 B，企業1，企業2の余剰1単位は社会的にいずれもすべて同じ比重で評価されます。経済的に豊かな人が1万円分の得をして経済的に貧しい人が1万円分の損をしても，大企業が1万円分の得をして中小企業や貧しい消費者が1万円分の損をしても，社会的にはまったく同等に評価することになります。こうしたことへの異論は当然起こりえます。しかしこうした問題は公平性についての問題であり，解決は所得の再分配に委ねることができると考えられます。

　たとえば，消費者余剰が200万円で生産者余剰が200万円，したがって総余剰が400万円となる場合と，消費者余剰が100万円で生産者余剰が400万円，したがって総余剰が500万円となる場合を比べましょう。後者のほうは消費者余剰が100万円小さいですが，生産者余剰が前者よりも200万円大きいため，総余剰は100万円大きくなっています。したがって，後者の場合に，生産者からたとえば150万円の余剰を租税などで取り上げ，消費者に再分配すれば，消費者にとっても生産者にとっても前者より望ましい結果となります。また，豊かな人と貧しい人の間での公平性についても，同様の余剰の再分配が可能です。そうしたことから，経済学の分析では，適切な再分配政策を前提として，効率性については総余剰で測ることが一般的です（それ以外にもパレート効率性という概念があり，第4章で述べられます）。

　以下では，消費者余剰，生産者余剰の順にそれぞれどのようなものかを説明しましょう。

消費者余剰

消費者余剰とは，ある財・サービスの市場で消費者が取引をすることによりどれだけ便益を高めたかを表す1つの指標です。

再び図 1-1（9頁）を見てください。ケーキの価格が 100 円ならば，消費者は 3 個買います。このとき，1 個目を買うのに 300 円まで支払ってもよいと考えていたのに実際には 100 円しか支払わなくてもよいため，消費者は 200 円の得をした（便益を得た）と考えることができます。同様に，2 個目は 200 円まで支払ってもよいと考えていたのに実際は 100 円の支出ですんだので 100 円の得をし，さらに 3 個目は 150 円まで支払うつもりが 100 円ですむならば 50 円の得をしたと考えることができます。したがって，3 個を消費するときに，合計して $200 + 100 + 50 = 350$ 円の得をした，すなわち余剰が発生したと考えられます。あるいは，3 個を購入するときに，最大限 650（$= 300 + 200 + 150$）円までは支払ってもよいと考えていたのに，実際は 300（$= 100 \times 3$）円しか支払っておらず，その差額 350 円が，この市場で取引をしたことにより当該消費者に生じた便益の大きさを表すと考えられます。このように，消費者が財・サービスの購入のために支払ってもいいと考えていたが実際には払わずにすんだ額の合計，すなわち，（支払許容額の総額）－（実際の支払金額）を消費者余剰と定義します。

図 1-8 を用いて，市場における社会全体の消費者余剰を見ておきましょう。たとえば，消費者が価格 P^* で X^* の量の消費をしたとすると，そのときに生じる消費者余剰は，支払許容額の合計である需要曲線の下部の台形 AOX^*E の面積から，実際の支払金額を示す四角形 P^*OX^*E の面積を差し引いた大きさ，すなわち $\triangle AP^*E$ となります。同様に価格 P' で消費量が X' となるときの消費者余剰は $\triangle AP'F$ です。これらを比較すると，消費者にとっ

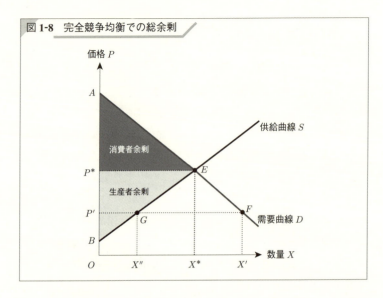

図 1-8 完全競争均衡での総余剰

て、より低価格でより多くの消費ができることが望ましいということがわかります。需要曲線が右下がりであるかぎり価格の下落は需要の増加を意味するので、低価格であるほど消費者余剰は大きくなります。

生産者余剰

次に、**生産者余剰**について見てみましょう。生産者が取引により得たと考える便益の大きさとはどのようなものでしょうか。図1-4 (14頁) をもう一度見てください。この企業は価格が5万円以上であれば1箱目を供給してもよいと考えています。したがって価格のうち5万円を上回る分は企業が得た便益と考えることができます。価格が30万円の場合には、企業は5箱供給しますが、このとき、1箱目から25 ($=30-5$) 万円の余剰、2箱目から20 ($=30-10$) 万円の余剰、3箱目から15 ($=30-15$) 万円の余剰、4箱目からは10 ($=30-20$) 万円の余剰、そして5箱目からは5 ($=30-25$) 万円の

余剰が発生します。したがってこれらの余剰を合計すると75（＝25＋20＋15＋10＋5）万円となり，これを生産者余剰とよびます。すなわち，企業にとっての生産者余剰は，（実際に受け取る金額）－（供給に際して最低限要求する金額）と定義されます。前者の金額は収入のことであり，後者の金額は限界費用曲線の下部の面積です（あるいは，完全競争市場では供給曲線の下部の面積です）。そして，第2節で説明したように固定費用がなければ限界費用の合計は総費用に等しいことを思い起こすと，生産者余剰は，（収入）－（総費用），すなわち利潤となることがわかります。固定費用がある場合については第3章の練習問題3-3（80頁）で扱います。

再び図1-8を用いて，市場における社会全体の生産者余剰を見ておきましょう。たとえば，生産者が価格 P^* で X^* の量の生産を行ったとすると，そのときに生じる生産者余剰は，収入となる金額を示す四角形 P^*OX^*E の面積から限界費用曲線の下部の台形 BOX^*E の面積を差し引いた大きさ，すなわち $\triangle P^*BE$ となります。同様に，価格 P' で生産量が X'' となるときの生産者余剰は $\triangle P'BG$ です。これらを比較すると，企業にとって，より高価格でより多くの供給ができることが望ましいということがわかります。供給曲線が右上がりであるかぎり価格の上昇は供給の増加を意味するので，高価格であるほど生産者余剰は大きくなります。

完全競争市場の効率性

総余剰が最大になるという意味で社会的に最適（効率的）な状態に達する条件を求め，それが完全競争均衡において実現することを示しましょう。

まず，総余剰が最大となる条件を求めましょう。総余剰は（消費者余剰）＋（生産者余剰）＋（政府の財政黒字）（または －〔政府の財政赤字〕）で表されます。総余剰を別の表現にすると，〔（需要曲線の下の面積）－（消費者の支出）〕＋〔（企業の収入）－（供給曲線

の下の面積)] ＋ (政府の財政黒字)(または －〔政府の財政赤字〕) となります。ここで, (政府の財政黒字) ＝ (政府の収入) － (政府の支出) であり, (消費者の支出) と (政府の支出) の合計と, (企業の収入) と (政府の収入) の合計は常に等しいことから, (消費者の支出) ＝ (企業の収入) ＋ (政府の財政黒字)(または〔－ (政府の財政赤字)〕となります。これより, (総余剰) ＝ (需要曲線の下の面積) － (供給曲線の下の面積) となることがわかります。したがって, (19頁の図1-7の X'_D のように) ある生産量のもとで需要曲線の高さが供給曲線の高さより高いときには, 生産量が増えることが望ましく, 逆に, (図1-7の X'_S のように) 需要曲線の高さが供給曲線の高さより低いときには生産量が減ることが望ましくなります。社会的に最適な状況は両者の大きさが一致するところ, すなわち需要曲線と供給曲線が交わるところで実現されます。

　このことは以下のように考えるとわかりやすいでしょう。「需要曲線の下の面積」は消費者の支払許容額の合計を表し, ある生産量における「需要曲線の高さ」は消費者の追加的な1単位の消費への支払許容額を表します。これに対し,「供給曲線の下の面積」は限界費用の合計を表し, ある生産量における「供給曲線の高さ」は追加的な1単位の生産の限界費用を表します。ある生産量のもとで需要曲線の高さのほうが供給曲線の高さよりも高いときには, 追加的な1単位の生産物に対する消費者の評価が生産コストより高くなります。このときには社会的に生産が行われることが望ましいということになります。逆に供給曲線の高さのほうが需要曲線の高さより高いときには, 生産を減少させることによる費用の削減のほうが, 消費者の満足度の低下よりも大きいため, 生産が削減されることが望ましくなります。したがって, 社会的に最適なのは需要曲線と供給曲線の高さが等しくなるときとなります。

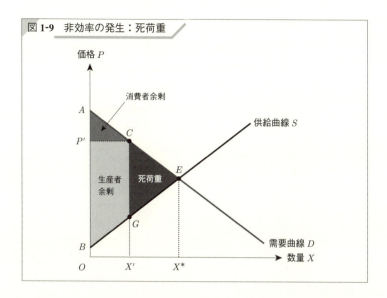

図1-9 非効率の発生：死荷重

　すでに私たちは完全競争市場において，需要曲線と供給曲線が交わるところで市場均衡が達成されることを知っています。このことから，「完全競争市場で社会的な効率性が実現される」ことがわかります。

　完全競争均衡における総余剰を図示しておきましょう。図1-8（24頁）で均衡での価格は P^* で取引量が X^* になります。消費者余剰は $\triangle AP^*E$ で，生産者余剰は $\triangle P^*BE$ です。よって，総余剰はその合計で $\triangle AEB$ の面積になります。

　さて，もし完全競争均衡から外れたところで取引が行われたときには総余剰はどうなるでしょうか。たとえば，図1-9のように，何らかの理由で価格が均衡価格より高い P' に上昇し，取引量が X' に低下するとしましょう。このとき，消費者余剰は $\triangle AP'C$，生産者余剰は台形 $P'BGC$ となります。その結果，完全競争均衡のときと比べて総余剰は $\triangle CGE$ だけ小さくなります。この余剰の

第1章　ミクロ経済学とは　　27

損失のことを**死荷重**といいます。価格が上昇したときに，取引されている X' 以下の生産量に関しては，1単位当たりの消費者余剰は小さくなり，生産者余剰は大きくなりますが，総余剰は変わりません。総余剰の減少である死荷重は，価格が限界費用を上回り，社会的には生産されることが望ましいにもかかわらず生産されない量 $(X^* - X')$ があることにより生じています。

> **ココをチェック！[1-5]**
> 完全競争均衡が効率的となるのはなぜですか？

6　比較静学

需要曲線のシフト　消費者は支払許容額と価格を比較して財・サービスを購入するか否か，また購入するときにはいくつ買うかを決めます。そのため，消費者の支払許容額が変化すれば需要量が変化し，需要曲線が変化（シフト）します。支払許容額が高まる理由とそのときの需要曲線のシフトを考えてみましょう。

第1に，支払許容額を変えるのは消費者の嗜好の変化です。ケーキが好きになるとケーキへの支払許容額が高まるでしょう。図1-10は個々の消費者の支払許容額が高まる場合の市場全体の需要曲線が D から D' へと上方シフトすることを表しています。支払許容額が高まると，支払許容額を表す需要曲線が上方にシフトします。第2に，所得の増加でしょう。所得が増加すると通常は支払許容額が高まり，需要曲線も上方シフトするでしょう。もっとも，財・サービスによっては支払許容額が低まり，需要曲線が下方シフ

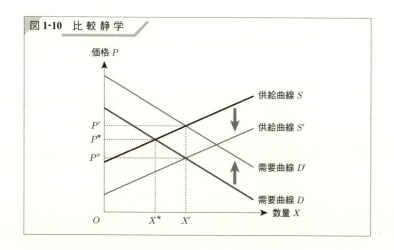

図 1-10 比較静学

トするものがあるでしょう。たとえば、所得が増えると、より高級な牛肉への支払許容額が高まると同時に、より低級な牛肉への支払許容額は低まることが起こりえます。所得が増えると高級な牛肉を高くても買いたくなると思う反面、低級な牛肉は安くても買いたくなくなるという状況です。第3に、他の財の価格上昇です。他の財の価格が上昇すると他の財の購入量を減らし、その代わりに相対的に安くなった財の購入を増やそうとするでしょう。たとえば、お米が不作の年にお米の価格が上昇すると、お米の購入を減らし、その代わりにパンやパスタの購入を増やそうとするでしょう。もっとも、他の財（お米）の価格が上昇すると一定の所得で購入できる財（お米やパンやパスタ）の量が減少することになりますから、実質的に所得が減少するという効果も持ちますので、場合によってはパンやパスタへの支払許容額が低下し需要量が減少することもあります。こうしたことについて、詳しくは第2章4節で学びます。

供給曲線のシフト

企業は限界費用と価格を比較して財・サービスを生産するか否か、また生産するとき

にはいくつ生産するかを決めます。そのため,企業の限界費用が変化すれば供給量が変化し,供給曲線が変化(シフト)します。限界費用曲線が低下する理由と,そのときの供給曲線のシフトを考えてみましょう。第1に,技術が進歩すると限界費用が低下するでしょう。図1-10は個々の企業の限界費用が低下する場合の市場全体の供給曲線がSからS'へと下方シフトすることを表しています。第2に,生産要素の価格が低下すると限界費用も低下するでしょう。たとえば,賃金率が低下すると人件費が低下するので限界費用が低下し,供給曲線が下方にシフトします。第3に,政府が財・サービスに課税すると,企業にとっては費用が増加するのと同じ効果を持ちますので,供給曲線が上方にシフトします。

均衡の変化　図1-10では,需要曲線がDからD'にシフトしたときに,価格がP^*からP'へ上昇し,取引量がX'に増加することを示します。家計の支払許容額が高まると,家計の購入量が増加するとともに価格が上昇します。また,供給曲線がSからS'にシフトしたときに,価格がP^*からP''に低下し,取引量がX'に増加することを示しています。技術進歩が生じると取引量が増加するとともに価格が下落します。

> **ココをチェック！[1-6]**
> 需要曲線と供給曲線がシフトするのはなぜですか？

練習問題

1-1 農産物を家族自らがつくって販売する農家は家計でしょうか、それとも企業でしょうか。

1-2 ある人が1週間に購入するステーキに対する支払許容額（円）が次の表のように与えられるとして、以下の問いに答えなさい。

1枚目	2枚目	3枚目	4枚目	5枚目	6枚目	7枚目
2000	1500	1000	800	600	500	400

(1) この人のステーキに対する需要曲線を描きなさい。
(2) ステーキの値段が900円ならば、この人はステーキを何枚購入しますか。
(3) (2)のときの消費者余剰を求めなさい。

1-3 どのようなときに、図1-9（27頁）のように市場価格が均衡価格より高くなりうるのかについて考えてみなさい。

1-4 市場の供給曲線が水平であるときに、市場均衡において生産者余剰がゼロとなることを確かめなさい。

1-5 図1-10（29頁）で、需要曲線がDからD'に、供給曲線がSからS'に同時にシフトしたときに、新しい均衡での価格P'''のP'およびP''との大小関係を、また新しい均衡での取引量X''のX'との大小関係をそれぞれ述べなさい。

1-6 図1-10で、需要曲線がDからD'にシフトしたときに、消費者余剰、生産者余剰、総余剰は、増加する、減少する、増減は不明、のいずれになるか答えなさい。また、供給曲線がSからS'にシフトするときについても同様に答えなさい。

1-7 図1-10を用いて、「価格が上昇すると需要が減少する」ことと、「需要が増えると価格が上昇する」ことを説明しなさい。

第1章 ミクロ経済学とは

第2章 消費者の行動

Introduction 本章では，消費者の需要曲線を最適消費計画の選択という観点から説明します。そこで，「最適である」とは所得制約下で効用を最大化することだということをまず確認します。次に，消費者の最適な消費計画の選択を理解するための道具として，無差別曲線と予算制約線という2つの概念を導入します。そのうえで，最適消費計画がどのようにして決定されるのかを説明します。本章においてしっかり理解してもらいたいことは，最適消費計画の選択の結果としての需要曲線が，どのような場合に右下がりの曲線となるかということです。右下がりの需要曲線とは，ある財の価格が安くなれば消費者はより多くその財を購入するということです。これは現実と照らし合わせてみても受け入れやすい結果だと思われますが，この点について深く考えてみましょう。最後に，家計の労働供給の決定についても最適消費計画の選択と同様の方法で説明できることを簡単に紹介します。

Keywords 効用，消費の限界代替率，予算制約線，個別需要曲線，市場需要曲線，需要量，代替効果，所得効果，正常財（上級財），劣等財（下級財），ギッフェン財，交差代替効果，労働供給曲線

1 消費者の行動とは

需要曲線と合理的な消費者

第1章では，市場経済における主要な経済主体として消費者と企業の2つが存在し，各消費者の行動の結果を集計することで

財・サービス市場の需要曲線が得られ，各企業の行動の結果を集計することで財・サービス市場の供給曲線が導かれることが説明されました。そこでは，各消費者の需要曲線が財の価格の上昇に対して消費量が減少する，すなわち右下がりの曲線となることを，支払許容額が消費の増加に伴って減少するであろうと仮定して説明されました。このような仮定を単に現実的・経験則的にもっともらしく見えるからそれでよいではないかと受け入れてしまうのではなく，ミクロ経済学ではさらに，どのような条件が成立した場合にこのような仮定を妥当なものとして受け入れることができるのかを論理的に掘り下げて考えていきます。

この章の主要な課題は，所得制約のもとで消費から得られる効用を最大化しようとする，合理的な消費者の行動の結果として導かれる需要曲線が右下がりとなるのはどのような条件が満たされた場合であるのかを明らかにしていくことです。

家計と消費者

消費というのは，第1章で説明された家計の重要な一面ですが，家計は消費者としてだけではなく，労働時間と余暇時間の配分の決定，稼いだお金を今日どれだけ使ってどれだけを将来の消費のために貯蓄するか，さらには子どもを何人産むか等まで多様な意思決定を行っています。このような家計の選択は，消費者行動が財・サービスへの需要をもたらしたのに対して，労働サービスやお金といった生産要素の供給をもたらします。また，労働とお金のどちらについても家計は供給だけでなく，需要もします。たとえば，家を建てようとする家計は，銀行でローンを組みますが，これはお金を需要しているのです。あるいは，株で大儲けして資産が豊富な家計は，自分では労働をせずにお手伝いさんを雇ったりしますが，これは労働サービスを需要しているのです。

消費において所得が制約となっているように，労働においては時間が，また貯蓄においては今年だけでなく来年以降の所得の可能性が制約となるので，ミクロ経済学では家計が直面するこれらの幅広い問題も所得制約下での効用最大化行動として説明しようとします。つまり，消費者行動を理解すれば，家計の活動の多くはその援用によって理解できるという立場です。

　そこで，本章ではまず第2節で，消費から得られる満足としての効用とその最大化を無差別曲線によって説明します。次に，第3節では無差別曲線と予算制約線によって財の最適消費計画を説明して，消費者の個別需要曲線を求めます。第4節では，財の価格と最適消費量の関係から個別需要曲線が右下がりの曲線となるための条件を説明します。本章では消費以外の家計の選択である貯蓄の問題は扱いませんが，第5節で労働供給の決定を効用最大化の観点から説明します。

> **ココをチェック！[2-1]**
> 合理的な消費者とはどのような消費者ですか？

2　効用の最大化

消費からの効用とは　さて，ランチを買おうとしている消費者を考えましょう。この消費者は，サラダとスープを昼食にしようと考えています。サラダは100g単位で，スープは10ml単位で量り売りしてくれるとしましょう。そこで，サラダ（財X）の購入量をxとし，スープ（財Y）の購入量をyとして，以下では購入量の組合せ(x, y)を消費計画とよぶことにしま

す。たとえば，サラダ 200 g とスープ 200 ml のランチは (2, 20) として表されます。一般に，消費者にとってはサラダを多めにしてスープを抑えるかその逆にするか等々，消費計画はいくつもあります。さらに，当面この消費者はお金に余裕があるのでどのような消費計画も購入可能であるとしておきます。

ミクロ経済学では，消費者は任意の 2 つの異なる消費計画を与えられたら，どちらかの消費計画のほうが望ましいと判断するか，あるいはどちらも同程度に望ましいと判断することができると仮定します。そして，この望ましさの判断に消費から得られる満足度としての**効用**の大小を対応させます。たとえば，2 つの消費計画 A と B に対して，この消費者が A を B より望ましいと判断したとすると，この消費者が消費計画 A から得る効用は消費計画 B から得る効用より大きいというのです。

ここで，効用に具体的な数を対応させたとしても，あくまでも 2 つの消費計画の望ましさの判断における順序を効用の大小として対応させているだけで，その数の大きさは関係ないということに注意してください。これは，たとえば自然数の世界 $1, 2, 3, \ldots$，において，2 は 1 の 2 倍だとか，3 は 2 の 1.5 倍だとかという量の視点と，2 は 1 より大きく，3 は 2 より大きいという順序の視点があるなかで，後者の順序の視点だけに注目しようということに対応しています。このように，順序の視点だけに注目した効用を**序数的効用**といいます。これに対して量の視点も含めた効用は**基数的効用**とよばれます。

効用最大化仮説

消費者がいくつもある消費計画のなかから 1 つだけ選ぶことができているとするならば，その消費者は最も望ましいと判断した消費計画を選んでいるはずです。効用を使って言い換えると，消費者は最も効用の大きな

（あくまでも順序の意味で）消費計画を選んでいるはずだとなり、ミクロ経済学ではこれを消費者行動における効用最大化仮説とよびます。

この仮説は、「1つだけ選ぶことができる」ことを単に言い換えただけのようですが、実際に選ぶことができるためにはいくつかの条件が必要で、仮説はその条件を明確にしたうえで成立しているのです。その条件として、前項で挙げたどのような2つの消費計画でも効用の大小で順序（同じも含む）がつけられるという仮定に加えて、もう1つの仮定の成立が必要です。それを理解するために、たとえば、ランチの選択におけるサラダとスープについて、3つの消費計画A(10, 10), B(5, 20), C(20, 5)があるとしましょう。消費者は第1の仮定より、AとB、AとC、さらにBとCの効用での比較ができます。いま、AとBではBの効用のほうが大きく、BとCではCの効用のほうが大きく、AとCではCのほうが効用が大きいとします。この場合は、効用を最大化する消費計画は明らかにCです。しかし、AとBではBであり、BとCではCであるのに、AとCではAだったらどうでしょうか。AとB、およびBとCの効用比較からするとCが効用を最大化するように思えますが、AはCより効用が大きいのでAが効用最大化かとも思えますし、だったらAより効用の大きなBが……、と循環してしまい効用最大化をする消費計画は選べなくなります。つまり、効用最大化によって消費計画が選べるためには、2つの消費計画の間の効用比較がこのような循環を起こさないという仮定も必要となるのです。

以下では、ランチを購入しようとしている消費者は、これらの仮定を満たすような効用での順序づけができるとします。

表2-1 ランチの消費計画の効用とその比較

効用が小		効用が中		効用が大	
サラダ	スープ	サラダ	スープ	サラダ	スープ
1	12	1	24	1	36
2	6	2	12	2	18
3	4	3	8	3	12
4	3	4	6	4	9

無差別曲線　表2-1に大，中，小の効用の各々に対して4つの消費計画を対応させたものを示してみました。この表の数値で示されるような効用の順序を持った消費者についていくつかのことがわかります。

第1に，この消費者はサラダもスープも好きであるということがわかります。なぜなら，両方の消費量を増やせば効用は大きくなっています。また，どちらか一方の単位数を一定にした場合でも，もう一方の消費量が増えれば効用はやはり増大することが確認できます。

第2に，少し注意して見なければいけませんが，一方の財の消費量を増加させたときに，効用の値を一定に保つためには，もう一方の財の消費量を減らさなければならないことがわかります。

このような情報を一目で把握できるようにするには，図2-1のようなグラフを描いてみると便利です。図2-1では3本の折れ線グラフが描かれていますが，各々が表2-1の効用の順序に対応しています。図2-1に描かれている各折れ線グラフを無差別曲線とよびます。各無差別曲線は効用での比較において同じだと判断される消費計画を示しています。表2-1で与えられた数値データをこのような無差別曲線にのせて表現してみると，数値データが持って

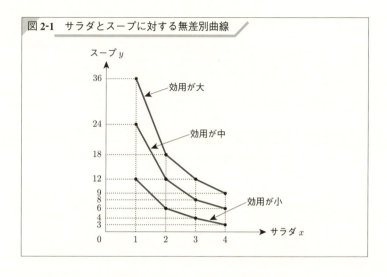

図 2-1　サラダとスープに対する無差別曲線

いた性質が一目で理解できます。両財の消費量を増やしていくと効用値が増加することは、無差別曲線の効用値が原点から右上方面に遠いほど大きくなっていることで示されています。また、一方の財の消費量を増やしたとき、効用の大きさでの順序に変化が起きないようにするにはもう一方の財の消費量を減らさなければならないことは、無差別曲線が右下がりの曲線になっていることで表されています。

　逆に、無差別曲線を描いてみてはじめて気づくことがあります。それは、無差別曲線が原点に対して凸な形状をしているということです。これは、別の表現をするならば、無差別曲線の傾き（正確にはその絶対値です）がサラダの消費量の増加に伴って、だんだんと緩やかになっているといえます。この無差別曲線の凸性は数値データのどのような性質を表現しているのでしょうか。その答えは、次項で説明する限界代替率によって得ることができます。

消費の限界代替率 ある財の消費を1単位増やしたときに、同じ大きさの効用を生み出すには他の財の消費を何単位減らせばいいか、という比率を**消費の限界代替率**（以下、限界代替率）といいます。

表2-1の数値例で見ると、効用を保ちながらサラダを1単位から2単位に増加するためには、スープは12単位から6単位に減らさなければなりません。この消費計画 $(1, 12)$ から消費計画 $(2, 6)$ に変えることに伴う限界代替率は、$-(\Delta y/\Delta x) = -[(6-12)/(2-1)] = 6$ として求められます。これは、この消費者は、サラダの消費量を1単位からもう1単位増やすためにはスープを6単位だったら減らしてもよいと考えることを意味しています。別の言い方をするならば、この消費者にとって追加分としての2単位目のサラダの効用は6単位のスープに相当するのです。したがって、サラダ1単位の追加に対して、6単位のスープをあきらめることで効用値はそのまま変化しないわけです。

ここで、注意しなければならないことは、限界代替率はどの消費計画からの変更を考えるかでその値が異なるということです。図2-2では効用が小の無差別曲線における限界代替率を考えています。このとき、点Aから点Bへ移動するときの限界代替率は6、点Bから点Cへは2、点Cから点Dへは1となります。実は、限界代替率はサラダの消費量の増加に伴って小さくなっていますが、これは、無差別曲線の傾きが段々と小さくなることに対応しています。このように、限界代替率が、大きな値から単調に小さくなっていくことを限界代替率逓減といいます。

先に、日々の生活で合理的な消費選択をしているはずの消費者が、いくつもある消費計画のなかから効用を最大化するものをみつけることができるための2つの仮定を説明しましたが、限界代

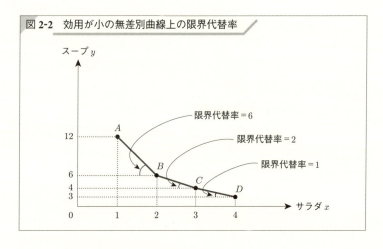

図 2-2 効用が小の無差別曲線上の限界代替率

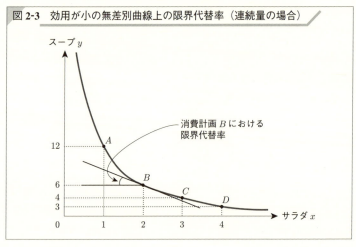

図 2-3 効用が小の無差別曲線上の限界代替率（連続量の場合）

替率逓減の仮定は，効用を最大化する消費計画を1つだけ選ぶことができるために必要となります。というのも，この限界代替率逓減の仮定は前項で触れた無差別曲線の形状が原点に対して滑らかに凸であることに対応しているからです。図2-2の無差別曲線

も，原点に対して出っ張った形状をしていますがまだ滑らかとは言えません。そこで，表 2-1 では，各財の消費単位を 100 g, 10 mℓ で考えていますが，これをもっと細かくして 1 単位を 1 g, 1 mℓ として連続量の世界の眼鏡で見ると，図 2-2 で表された無差別曲線は図 2-3 のような原点に対して凸な滑らかな曲線として表されます。このとき，たとえば，消費計画 $(2,6) = (200\,\text{g}, 60\,\text{mℓ})$ を消費計画 $(201\,\text{g}, 59\,\text{mℓ})$ に変更する場合の限界代替率は，無差別曲線の $(2,6)$ における接線の傾きにほぼ一致します。次節では，こうした原点に凸な滑らかな無差別曲線を消費者が持っているならば，最適消費計画を 1 つだけ選ぶことができることを説明します。

> **ココをチェック！ [2-2]**
> 無差別曲線が右下がりになるのはなぜですか？

3 最適消費計画と個別需要曲線

予算制約線

前節では，消費者はお金に余裕があるのでどのような消費計画でも買えるとしましたが，実際には所得の制約があります。消費者はこの所得制約と市場で決まる財の価格のもとで定まる実現可能な消費計画の集合をまず明確にしなければなりません。このような集合は予算集合とよばれますが，消費者は予算集合の上で効用を最大化するのです。そこで，ランチに使える所得を M として，サラダの価格を P_X，スープの価格を P_Y とすると，予算集合に入っている消費計画 (x,y) は，必ず予算制約 $P_X x + P_Y y \leq M$ を満たします。しかし，この消費者がサラダもスープもとても好きでどれだけ食べても飲んでも

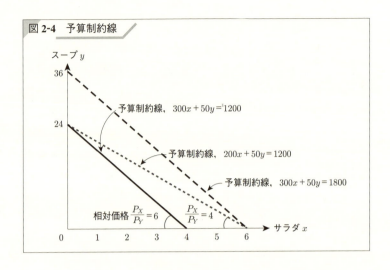

図 2-4 予算制約線

もっと欲しい（少なくともある程度の予算の大きさでは）と感じるならば、実質的な予算集合は、**予算制約線** $P_X x + P_Y y = M$ の上の消費計画となります。図2-4に、$M = 1200, P_X = 300, P_Y = 50$ の場合の予算制約線が描かれています。予算制約線の傾きはサラダとスープの交換比率としての相対価格であり、ここでは $P_X/P_Y = 6$ となっています。つまり、サラダを1単位減らすことで同じ予算内でスープを6単位増やすことができます。

予算制約線は、相対価格が変化しないで所得額だけが増える場合、右上方に平行移動します。また、所得額が変化しないで、どちらか一方の価格、たとえばサラダの価格が300円から200円に下がって相対価格が4に変わった場合は、予算制約線は、図2-4の $200x + 50y = 1200$ で示される直線に変化します。

最適消費計画の決定　ここまでで最適消費計画は予算制約線上にあることはわかりました。それでは、予算制約線上のどこにあるのでしょうか。その答えは、最適消費計画と

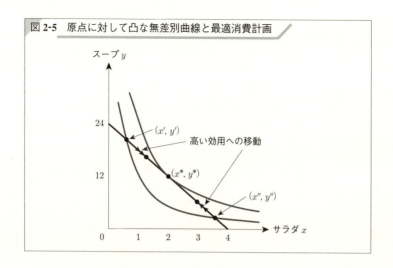

図 2-5 原点に対して凸な無差別曲線と最適消費計画

なる消費計画の限界代替率は，相対価格に等しくなっていなければならないという条件によって示されます。このことを理解するために，図2-5に原点に対して凸な滑らかな無差別曲線の上でこの条件を満たす消費計画 (x^*, y^*) と予算制約線上ではあるけれどもこの条件を満たさない消費計画 (x', y'), (x'', y'') を示しておきました。

予算制約線上にある消費計画でありながらその点で無差別曲線と予算制約線が接していない場合は，予算制約線上を少し移動するだけで効用をより大きくすることができます。たとえば，(x', y') の場合，その点での無差別曲線の傾き（絶対値），すなわち限界代替率，が予算制約線の傾き（の絶対値），つまり相対価格がより大きくなっています。このことは，スープを1単位減らして浮いたお金を全部使ってサラダの購入を増やしたとすると，予算を保ちながらより高い無差別曲線上の消費計画に変更可能であることを示しています。同様に，(x'', y'') の場合は，サラダを減らして浮いたお金を全部使ってスープを増やすことでより高い効用を得ることができま

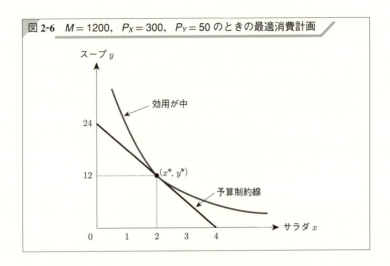

図 2-6　$M=1200$, $P_X=300$, $P_Y=50$ のときの最適消費計画

す。

しかし，予算制約線と無差別曲線の接点となっている消費計画 (x^*, y^*) では，予算制約線上をどちらに移動してもより高い効用の無差別曲線に移ることはできません。このように，相対価格と限界代替率が一致するという条件を「効用最大化の条件」とよびます。先に限界代替率逓減の仮定は，効用を最大化する消費計画を1つに決めるために効いてくると述べましたが，これは所与の価格 P_X, P_Y と所得 M で定まる予算制約線と原点に対して凸な無差別曲線が一点で接することを可能とするからです。

さて，図 2-6 に表 2-1 (37頁) に対応する消費者の最適消費計画を具体的に示しています。図では，価格と所得が，$P_X=300$, $P_Y=50$, $M=1200$ として与えられた場合に，$(x^*, y^*)=(2, 12)$ となっていることを示しています。つまり，1200円の予算のとき，サラダが 100 g で 300 円，スープが 10 ml で 50 円ならば，この消費者は 200 g のサラダと 120 ml のスープでランチをすることがわか

ります。図では，最適消費計画 (2, 12) でこの消費者の効用の「中」に対応する無差別曲線と予算制約線が接していることが示されています。

個別需要曲線の導出

以上のように，財 X と財 Y の効用についてのいくつかの仮定を満たす消費者は，与えられた所得と財の価格のもとで，最適消費計画を決めることができます。そこで，所得 $M = 1200$ と，財 Y の価格 $P_Y = 50$ をそのままにしておいて，財 X の価格 P_X を変化させた場合の財 X の最適消費量 x^* がどのように変化するかを見てみましょう。

図 2-7 では，$P_X = 600$ の場合の最適消費計画が (1, 12) であり，$P_X = 300$ の場合には (2, 12)，$P_X = 200$ の場合には (3, 12) となることを示しています。このとき，図 2-8 には，各価格に対応する最適消費量 x^{*1}, x^{*2}, x^{*3} を示して，それをつないだ曲線を描いています。このような，予算と他の財の価格が一定のもとでの，ある財の価格と消費者の最適消費量の関係を示した曲線を，この消費者のこの財に対する**個別需要曲線**とよびます。個別とつけるのは，これを他の消費者の個別需要曲線を価格ごとに数量方向に水平に足し合わせて得られる**市場需要曲線**と区別するためです（図 1-6，18 頁参照）。また，個別需要曲線が示す各価格に対する最適消費量を**需要量**とよびます。

個別需要曲線は，所得が増えて予算集合が拡大したり，他の財の価格が変化すればそれに伴って変化します。とくに，所得が増えれば一般的には需要曲線は右方向に移動します。このことは，42 頁の図 2-4 で示しているように，相対価格 6 のもとで所得が 1200 円から 1800 円に増えれば，予算制約線が右上方の予算制約線 $300x + 50y = 1800$ に平行移動しますから，その結果として最適消費計画が右上方の計画に変化することに対応しています。

第 2 章 消費者の行動

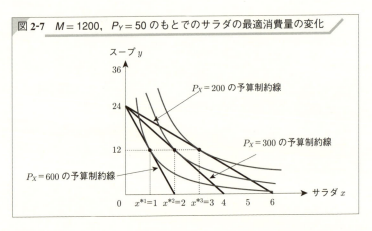

図 2-7　$M = 1200$，$P_Y = 50$ のもとでのサラダの最適消費量の変化

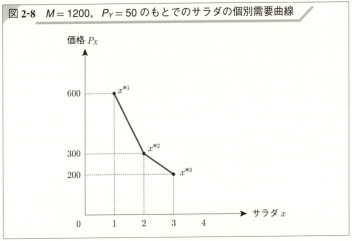

図 2-8　$M = 1200$，$P_Y = 50$ のもとでのサラダの個別需要曲線

> **ココをチェック！[2-3]**
> 最適消費計画はどのように決まりますか？

4 右下がりの需要曲線

価格変化と実質所得の変化

第3節では，与えられた所得と各財の価格のもとで消費計画を選択するという日常的な消費者行動が，効用の最大化という視点ではどのように説明できるのかを明らかにしました。また，所得 M と財 Y の価格 P_Y が一定のもとでの財 X への需要量 x^* と P_X の関係が右下がりの需要曲線として描けることを説明しました。このような右下がりの需要曲線は経験に照らし合わせても納得できるのではないかと思われますが，本節では無差別曲線を用いて，右下がりの需要曲線が正当なものとなるための条件についてもう少し深く考えてみます。

さて，一定の所得を食費として生鮮食品とそれ以外の食品に使っている消費者について考えてみましょう。いま，天候不順で生鮮食品の価格だけが上昇するとしましょう。もし，この消費者が価格変化後に以前と同じだけの食品を買おうとすると，彼はお金が足りないことに気づきます。所得が同じままであれば，以前と同じ効用水準を維持することはできないのです。このように，「ある財の価格の上昇が最適消費計画において実現できる効用水準を引き下げてしまうという意味で所得の実質的な減少をもたらす」という見方が，右下がりの需要曲線を考察する上で重要な役割を果たすことになります。

代替効果と所得効果

ある財の価格の上昇が所得の実質的減少をもたらして，それが効用の低下として実感できるということから，ある財の価格の変化がその需要量に及ぼす

第2章 消費者の行動

効果を2つに分けるというアイデアが出てきます。1つは，価格変化前の最適消費における効用水準を維持できるように所得補助が与えられたと想定した場合の需要量への効果で，**代替効果**とよびます。もう1つは，価格変化のもたらす実質的な所得変化を通じた（つまり，所得補助という想定を取っ払った場合の）効果で，**所得効果**とよばれます。

代替効果は，親から仕送りを受けている学生が，生鮮食品の価格の高騰で生活が苦しくなったから（けれども，栄養水準という効用水準は落としたくない）仕送りの増額をお願いすると仮想したとして，増額を認めてもらうためにできるだけ控え目の金額にするにはどうすればよいか考えるときに出てくる効果です。このとき学生は，要求額を抑えるためには，割高になった生鮮食品の消費量を生鮮以外の食品への消費に代替すればよいことに気づくでしょう。これが代替効果です。

表 2-1 (37頁) の消費者の例に戻って考えてみましょう。所得 $M = 1200$，財 Y の価格 $P_Y = 50$ のもとでの財 X の需要量は $P_X = 300$ の場合は2で，$P_X = 600$ の場合は1でした。図 2-9 では，P_X が 300 から 600 へ変化することに対応する財 X のこの需要量の変化を2から x^S への代替効果と x^S から1への所得効果に分けています。図の消費計画 (x^S, y^S) は，価格変化前の最適消費計画 $(2, 12)$ と同じ無差別曲線上にあり，その限界代替率は価格変化後の相対価格 12 と等しくなっています。この消費計画は，所得の補助を想定した，つまり実質所得への影響が最小の金額で補われた場合の最適消費計画で，原点に向かって凸な無差別曲線の場合は必ず図のような位置にあります。このように，限界代替率逓減のもとでは，割高になった財 X への消費は減らされ，一定の効用水準を維持するためにその他の財へと消費が代替されるので，代替効果

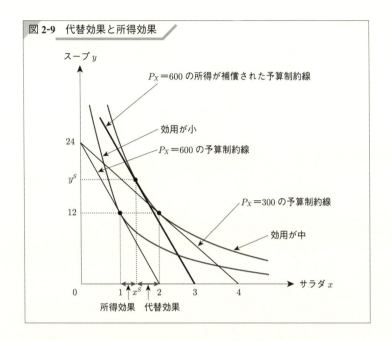

図 2-9 代替効果と所得効果

は価格変化と逆方向（例の場合は減少）の効果となります。

右下がりの需要曲線　　限界代替率逓減のもとでは，価格の上昇が引き起こす需要量の変化のうち，代替効果は常にマイナスとなりますが，所得効果はプラス・マイナスの両方の可能性があります。ミクロ経済学では，貨幣所得（名目所得）が増加すると需要が増加する財を**正常財**（上級財）とよび，需要が減少する財を**劣等財**（下級財）とよびます。実は，貨幣所得が不変である場合に，価格上昇が需要量にもたらす所得効果は，正常財に対してはマイナスとなり，劣等財に対してはプラスとなります。よって，正常財では，価格の上昇に対して代替・所得の両効果がともにマイナスとなりますので，需要量は減少します。つまり，需要曲線は右下がりとなります。しかし，劣等財では少し注意が必要です。

第 2 章　消費者の行動　　49

この場合は，価格の上昇に対して代替効果のマイナス分と所得効果のプラス分の大小によって全体の変化の方向が決まります。極端な場合，所得効果が非常に大きくなると，価格の上昇が需要量を増加させる，つまり需要曲線が右上がりの曲線となるかもしれません。このような場合は，**ギッフェン財**とよばれます。ただ，多くの場合，劣等財であっても，それが代替効果を打ち消すほど大きな値をとることはないため，やはり需要曲線は右下がりになります。

交差代替効果

これまでは，ある財（財 X）の価格の上昇がそれ自身の需要量に及ぼす効果について説明してきましたが，他の財（財 Y）の需要量への効果についても考察してみましょう。生鮮食品の価格上昇がもたらす代替効果の説明で，相対的に安くなった生鮮以外の食品へと消費が代替されることがわかっています。つまり，生鮮以外の食品の視点に立つと，もし所得の補助が行われるならば，生鮮食品の価格の上昇によって生鮮以外の食品への需要量は増加します。ミクロ経済学では，これを他の財の価格上昇によってある財にもたらされる**交差代替効果**とよびます。しかし，生鮮以外の財の所得効果を考慮すると，生鮮以外の食品が正常財であるならば所得効果は需要量を減らす効果となって現れますから全体として生鮮以外の需要量が増えるかどうかは交差代替効果と所得効果の大小によって決まります。

図2-9の例では，財 X の価格の上昇によって，変化前の無差別曲線上の変化である財 Y の交差代替効果は確かに増加しています。しかし，実質所得の減少を加味した全体での変化は変化前と同じ需要量（財 Y の需要量はいずれも 12 単位）となっています。つまり，この場合，交差代替効果と所得効果が同じ大きさで相殺されています。もし，財 Y の所得効果が非常に大きいならば，財 X の価格の上昇によって財 Y への需要量は減少してしまうかもしれません。

こうした議論は、第1章6節で説明された比較静学における需要曲線のシフトの方向を決めるより詳しい説明を与えています。

> **ココをチェック！[2-4]**
> 右下がりの需要曲線になるための条件は何ですか？

5 家計の労働供給

労働供給の決定　本節では、家計の最適な労働時間の決定、すなわち、労働の供給についてこれまでのアプローチに沿って説明します。

まず、1日の時間の配分計画 $(24-L, L)$ を考えてみます。ここで L は労働時間、$24-L$ は1日の余暇の時間となります。この家計には労働以外に所得はないと仮定すると、労働時間を決めることは生活に必要な消費財の需要量 C を決めることに等しいので、時間の配分計画の決定とは、余暇と消費の組合せ計画 $(24-L, C)$ の決定にほかなりません。家計はいくつもある余暇と消費の組合せ計画を効用の大小で順序づけることができて、ある効用水準に対応する無差別曲線が図2-10のように表されるとします。

さて、余暇の価格は何でしょうか。ミクロ経済学では、余暇の価格は余暇によって失われる所得と考えます。つまり、余暇の価格は賃金率（時間当たり賃金）である w となります。さらに、この家計の予算制約線の予算額は、24時間目一杯働いた場合の総所得と考えます。すると、家計の予算制約線は、消費財の価格を P とすると $w(24-L) + PC = 24w$ となります。そこで家計が効用最大化するならば、最適な余暇と消費の計画では、相対価格（あるいは実

第2章　消費者の行動

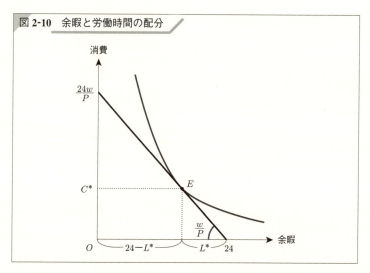

質賃金率) w/P と限界代替率が等しくなりますので，図2-10では点 $E(24-L^*, C^*)$ がそれにあたります。ある実質賃金率のもとでの最適な余暇と消費の計画点における労働時間を労働供給量とよびます。

労働供給曲線　　実質賃金率と労働供給量の関係は，**労働供給曲線**として図2-11に右上がりの太線で示されています。余暇の価格の上昇がもたらす代替効果は余暇の時間を短くして働く時間を長くします。余暇が正常財であるとすると，賃金率の上昇がもたらす所得効果は，貨幣所得が不変ならば，やはり余暇に時間を短くします。しかし，賃金率の上昇は貨幣所得自体を増やしますから，この新たな変化を考慮した所得効果は，実は余暇の時間を長くします。もし，所得効果のプラス量が代替効果のマイナス量を上回れば，労働の供給曲線は図2-11の右下がりの点線として示されます。これは，実質賃金率が十分に高い領域では，さらなる上昇が余暇の増加をもたらすことを意味しています

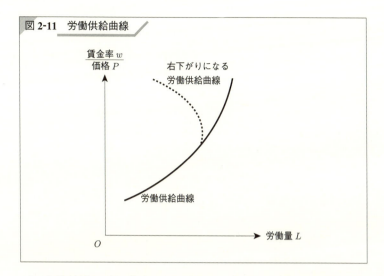

図 2-11 労働供給曲線

が，代替効果と所得効果の大小関係は，現実の労働者の選択のデータによる実証研究によって明らかにされます（*Column* ①参照）。

> **ココをチェック！[2-5]**
> 時給とアルバイト時間の関係はどうなりますか？

Column ① 少子化と代替効果・所得効果

日本の少子化は社会保障制度の問題のみならず地方での働き手の不足から地方自治体の消滅といったショッキングな予測までもたらす原因として取り上げられています。そこで，どうにかして手を打たなければならないと政策的にも中心的な課題となっています。

ただ，少子化がなぜ起こるのかについてはさまざまな要因が絡まっていることはわかっていますが，ここを改善すれば少子化は解決されるという処方箋はなかなかみつかりません。

そもそも少子化をどう理解するべきかからして容易ではないのですが，1つの尺度が1人の女性が生涯に産む子どもの数である合計特殊出生率で

す。人口規模を一定に保つ出生率がほぼ 2.1 人とされますが,日本の合計特殊出生率がこの水準を割った(つまり,少子化の方向に向かい始めた)のは 1975 年辺りからです。その後は,増減はありますが一貫して低下し続け,2005 年には 1.2 まで落ち込みましたが,2013 年には 1.4 台の水準となっています。

少子化の問題を女性の選択の問題としてとらえて,子どもを持つ価格が高くなると本章で学んだ代替効果が働いて,女性は同じ所得ならばより少なくしか子どもを産み育てようとはしないのではないか,という説明がどれくらい妥当なのかという研究が,アメリカのデータに基いてこれまでになされています。第 5 節では,余暇の価格は余暇をとることによって失われる所得だと説明しました。子どもを産み育てるには働く時間と子育ての時間とのトレードオフに直面しなければなりません。女性の社会進出が進んで労働からの所得が増えると子どもを持つ価格は余暇の価格と同じ意味で高くなるので,子どもの数に対して代替効果がより強く働きます。一方で,子どもを持つことが正常財ならば,所得効果によって子どもをより多く持つようになります。この研究では女性の労働所得の上昇がもたらした代替効果は,所得効果を上回っていたことが実証されています。

子どもの数の選択にこのような経済学的な分析をすることに違和感を覚える人もいるかもしれませんが,少子化対策として多くの補助金の支出がされている現在,どのような政策的なサポートをすれば本当に効果があるのかをきちんと理解することは大切であり,そのためにもこのような研究は必要なのです。

(参考文献) デイヴィッド・N・ワイル(早見弘・早見均訳)[2010]『経済成長』ピアソン桐原。(D. N. Weil, *Economic Growth*, 2nd ed. Pearson Education, 2009)

練習問題

2-1 無差別曲線と山の等高線を比較して,相違点を挙げなさい。

2-2 表 2-1(37 頁)の数値で効用が表される消費者は,$M = 1200$,$P_Y = 50$ のとき,$P_X = 200, 300, 600$ のいずれの場合でも最適消費計

画では所得の半分をサラダに，半分をスープに使っていることを確認しなさい。

2-3 前問の性質を利用して，サラダの価格が 1 単位（100 g）当たり 200 円で一定であるとして，スープの価格が 1 単位（10 mℓ）当たり 50 円，75 円，150 円と変化した場合の最適消費計画を求めなさい。さらに，スープの需要曲線を描きなさい。

2-4 前問で求めたサラダが 200 円，スープが 75 円のときの最適消費計画を図 2-6（44 頁）のような無差別曲線と予算制約線の接点として描きなさい。

第3章 企業の行動

> ***Introduction*** 本章では，第1章で説明した企業の行動について，より詳しく説明します。第1に，完全競争市場における企業の財・サービスの供給曲線を導出します。企業はプライス・テイカーとして利潤（＝収入－費用）を最大化するように生産量を決めるので，初めに企業の生産量と費用の関係について説明し，次に生産量と収入の関係について説明します。これにより，企業は価格と限界費用が等しくなるように生産量を決めること，そして，限界費用曲線が財・サービスの供給曲線となることがわかります。第2に，企業の労働需要曲線を導出します。企業は，労働の限界生産力が実質賃金率に等しくなるように労働需要を決めることがわかります。そして，労働の限界生産力曲線が労働の需要曲線となることがわかります。最後に，労働需要の決定は，財・サービスの供給の決定と表裏の関係にあることを示します。
>
> ***Keywords*** 等量線，限界生産力，技術的限界代替率，等費用線，短期，長期，限界費用，平均費用，経済学上の利潤，機会費用

1 企業の行動とは

　企業は家計とは逆に，生産要素を需要して，財・サービスを供給する経済主体です。企業が生産を行うのは利潤を得るためであり，利潤を最大化するように生産量を決定します。この章の主要な課題は，完全競争市場における企業の供給曲線を導出することです。供給曲線とは，価格が与えられたときに利潤を最大化するために企業

がどれだけの生産量を供給しようとするかを表す対応関係です。利潤とは収入から費用を差し引いたものであるため、利潤を最大にする生産量を求めるには、生産量と収入の関係、および生産量と費用の関係を明らかにする必要があります。

そこで、まず、第2節では生産量と費用の関係について説明します。とくに、第1章では触れなかった、資本と労働という複数の生産要素の利用と生産費用の関係について詳しく見ていきます。次に、第3節では生産量と収入の関係について述べ、そののちに生産量と利潤の関係を求めます。第4節では、市場において財・サービスの価格が与えられたときに、利潤を最大にする生産量を求めます。さらに、第5節で、財・サービスの価格がさまざまに変化したときの利潤を最大にする生産量を求めれば、最終的に供給曲線を求めることができます。第6節は、企業の労働需要について説明します。そして、労働需要は財・サービスの供給と表裏の関係にあることを示します。

2 企業の技術選択

技術的限界代替率

この節では、企業の生産要素の利用と生産費用の関係について詳しく見ていきます。企業は、利潤を最大化するためには、どのような生産量を選ぼうとも、最も費用が節約できるような生産方法を選ばなければなりません。その意味で、企業は利潤を最大化する生産量を選択するときに、最適な技術を選択しています。この節では企業の技術選択について説明しましょう。

ある企業が、資本（K）と労働（L）の2種類の生産要素を用い

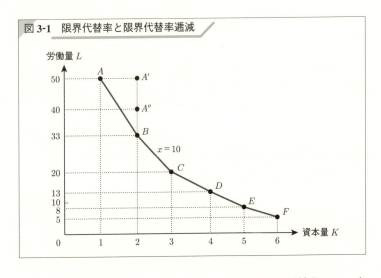

図 3-1 限界代替率と限界代替率逓減

て、ある財を生産するとしましょう。ここでは話を単純化して、企業は資本として機械を借り、労働者を雇い、1期間の資本の利用の対価として資本のレンタル料を、1期間の労働サービスの対価として賃金を支払うものとします。ある大きさの生産量を生み出すための技術として、相対的に機械設備などの資本を多く用いる技術と、労働を多く用いる技術があるとしましょう。図 3-1 は 10 単位の生産を行うために必要な資本の量を横軸に、労働の量を縦軸にとった組合せを図示したものです。点 A は、資本 1 単位（機械 1 台）と労働 50 単位で 10 単位の財を生産できることを示しています。資本 2 単位と労働 33 単位の点 B でも同じく 10 単位の財を生み出すことができます。この例では、機械を 1 台から 2 台に増やすと、より少ない労働量で同じ量を生産できます。この図では、ほかにも点 C〜点 F で示される生産要素の組合せによって同量の財を生産することができます。このように、同量の財を生産できる生産要素の組合せを**等量線**といいます（ただし、ここでは実際には線ではなく、6

つの点からなります)。

　労働の量を50単位のまま，資本の量を1単位から2単位に増やすと，点Aから点A'へと移りますが，点A'での生産量は点Aの生産量より多くなるでしょう。労働量が一定のままで資本を1単位増やしたときの生産量の増分を資本の**限界生産力**といいます。同様に，資本量が一定のままで労働を1単位増やしたときの生産量の増分を労働の限界生産力といいます。次に，資本の量を2単位のまま，労働の量を50単位から40単位へと減らした点A''での生産量は点A'での生産量より少なくなるでしょう。点Aの生産量と，それより資本は多いが，労働は少ない点A''での生産量を比べると，どちらが多いかは一般的にはわかりませんが，この図では点A''のほうが生産量は多くなっています。もちろん，他の財では点Aの生産量のほうが大きくなるかもしれません。

　ある生産要素を1単位増やした代わりに，同じ大きさの生産量を生み出すのに，他の生産要素をどれだけ減らせるかという比率を限界代替率，あるいは消費における限界代替率と区別するために**技術的限界代替率**といいます。図3-1を見ると，点Aから点Bへ移動するときの限界代替率は17，点Bから点Cへは13，点Cから点Dへは7，そして点Dから点Eへは5，点Eから点Fへは3というように，次第に小さくなっています。このように，ある生産要素の量を増やすにつれて，技術的限界代替率が次第に小さくなることを技術的限界代替率逓減といいます。

　資本と労働の量が連続した数の場合の等量線は図3-2の2本の右下がりの曲線のようになります。2本の等量線のうち，右上にある生産量x_1の等量線はx_0の等量線より資本や労働を多く用いるので生産量が多くなります。等量線は右下がりに描かれていますが，これは限界生産力が正の値をとることからわかります。x_0を

第3章　企業の行動

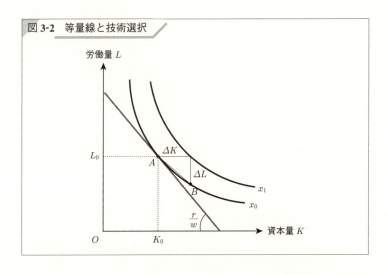

図 3-2 等量線と技術選択

生産する点 A から資本の量を ΔK 増やすと生産量が増加しますので、労働量を点 B まで ΔL 減らすことにより生産量が x_0 に戻ることになります。技術的限界代替率は資本量の増加分 ΔK が微小に小さいときに定義するので、等量線の接線の傾きで表されることになります。等量線が原点に対して凸の形をしているのは、技術的限界代替率逓減の性質によります。

等費用線

次に、生産のための費用がどのように表されるかを考えましょう。いま、企業が市場で生産要素である労働と資本を賃金と資本のレンタル料を支払って調達するとしましょう。労働1単位の賃金率 (w) を3、資本1単位のレンタル料 (r) を30としましょう。この企業が、労働を L 単位、資本を K 単位用いたときの総費用は、$C = 3L + 30K$ と表すことができます。これを $L = C/3 - 10K$ と書き直して図示すると、図3-3の直線 MN や $M'N'$ のように傾きが -10 の直線になります。これらの線を**等費用線**とよび、同一線上のどの生産

図3-3 費用を最小にする生産要素の組合せ

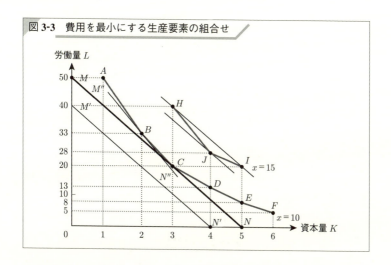

要素の組合せを選んでも同じだけの費用がかかることを示しています。等費用線の傾きは生産要素の価格である資本のレンタル料と賃金率の比（r/w）になります。直線 MN 上の点では、たとえば点 N のように5単位の資本と0単位の労働を用いても、あるいは点 C のように3単位の資本と20単位の労働を用いても150の費用がかかることになります。直線 MN 上の点ではどの点の組合せによっても費用は150になります。同様に、直線 $M'N'$ 上の点では120の費用がかかります。より多く資本や労働を用いると費用が大きくなるので、等費用線が右上に位置するほど費用が大きくなります。

技術選択	

それでは10単位を生産するために、どの点で表される技術を採用するでしょうか。直線 $M'N'$ 上の生産要素の組合せのほうが費用は少ないのですが、点 A から点 F までのどの点の生産要素の組合せも、この費用では利用することができません。実際に10単位の生産が可能なか

で，費用が最小となるのは，点 C の組合せです．点 C は直線 MN 上にあるので，費用は150になります．その他の点で生産しようとすると，その点を通る等費用線は右上に位置することになり，費用がより多くかかることがわかります．

さて，もし賃金が安くなると，相対的に安くなった労働をより多く用いて生産しようとするでしょう．たとえば，賃金が2になると，等費用線の式は $C = 2L + 30K$，あるいは $L = C/2 - 15K$ となり，等費用線の傾きは直線 $M''N''$ のように -15 となり，今度は点 B が費用を最小にする点になることがわかります．このように，企業は相対的に安い生産要素をより多く用いて生産しようとします．たとえば，日本の企業は相対的に賃金の高い日本国内では資本をより多く用いる資本集約的な生産技術を用い，相対的に賃金の安いアジア諸国で生産するときは労働をより多く用いる労働集約的な生産技術を用いるでしょう．

ここで，図3-2のような連続した数で書かれた等量線の場合の技術選択についてみておきましょう．図3-2で，生産量 x_0 を生産するための費用を最小にする最適な技術選択は点 A であり，この点で等量線の接線の傾きである技術的限界代替率と，等費用線の傾きである生産要素の相対価格（r/w）が等しくなっています．このように，企業にとって費用を最小にする技術選択の条件は，「技術的限界代替率＝生産要素の相対価格」となります．

> **ココをチェック！[3-1]**
> 資本と労働の2つの生産要素を用いて生産する場合の，効率的な技術選択の条件はどのようになりますか？

3 総費用曲線といろいろな費用概念

短期と長期

ここで、経済分析の対象とする期間の長さについて説明しておきましょう。経済分析は**短期**と**長期**に分けられます。企業にとって、生産の有無に関係なく支払いをしなければならない費用である固定費用が存在する期間が短期であり、固定費用がなく、すべてが可変費用となる期間が長期です。たとえば、労働量は残業やパートタイム労働の増減により、比較的短期間で調整可能ですが、工場や設備を短期的に増減することは困難です。しかし、十分に時間があれば工場や設備の大きさもやはり調整が可能になります。そこで、長期とは、企業が工場や設備を新設して参入や退出をすることができる期間であるともいえます。

長期の総費用・限界費用・平均費用

生産量と総費用の間の関係を総費用曲線といいます。図3-4(A)は教科書で最もよく用いられる総費用曲線の例です。図3-4(B)はそれをもとにして描かれた限界費用曲線（MC）と平均費用曲線（AC）です。この総費用曲線は、原点 O を通っているので固定費用がなく、資本と労働の量をすべて調整できることを前提にしているので長期の総費用曲線です。

限界費用について説明しましょう。いま生産量が図3-4(A)の D 点の x_3 から Δx だけ増加するとき、それに伴って費用が ΔC だけ増加したとすると、その比率 $\Delta C/\Delta x$ は生産物の増加1単位当たりの費用の増加を表します。しかし、この値は生産物の増加量 Δx の大きさをどのようにとるかによって異なるため、Δx が極限的に

第3章 企業の行動

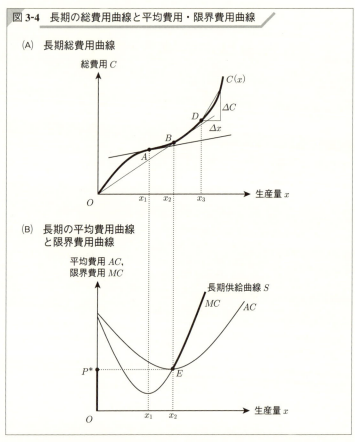

図 3-4　長期の総費用曲線と平均費用・限界費用曲線

(A) 長期総費用曲線

(B) 長期の平均費用曲線と限界費用曲線

小さな値をとる場合を考え、そのときの比率を限界費用と定義します。すなわち、限界費用とは、生産物が「限界まで微少に」1単位増えるときに生じる費用の増分です。グラフでは総費用曲線の接線の傾きになります。

この図では、限界費用（総費用曲線の接線の傾き）は、生産量がゼロから増加するにつれて低下していき、生産量が x_1 の点 A において最低となります。さらに生産量が増加すると今度は大きくなって

64　第 I 部　市場の機能と限界

いきます。

次に、**平均費用** $AC = C/x$ とは原点 O と総費用曲線上の点を結んだ線の傾きで表されます。これは、生産量がゼロから増加するにつれて低下していき、生産量が x_2 の点 B において最低となります。さらに増加すると今度は次第に大きくなっていきます。すなわち、生産量がゼロから x_2 までの範囲で平均費用逓減、生産量が x_2 を上回ると平均費用逓増となっています。生産量が増加するにつれて平均費用が逓減（逓増）することを規模の経済（不経済）があるといいます（規模の経済や不経済について詳しくは、第 8 章で述べられます）。なお、原点 O と点 B を結ぶ線は総費用曲線に接することから、生産量が x_2 のときに平均費用と限界費用が等しくなることがわかります。

短期の総費用曲線

前項の総費用曲線はすべての生産要素の量を調整できる状況で導かれたものでしたが、もし一部の生産要素の量が固定されている場合には、短期の総費用曲線となります。

ここでは、資本（機械設備）の量は、短期的には増減できないが、労働の量は短期的にも増減できるとしましょう。資本の量を調整できないとすると、生産量を増やすには労働量を増やすしかありません。たとえば、図 3-3（61 頁）の点 C から労働を 20 単位増やした点 H では 15 単位を生産できるとしましょう。このとき、賃金率が 3 であると、費用は $20 \times 3 = 60$ 増加します。また、点 C から資本を 2 単位増やした点 I でも 15 単位を生産できるとしましょう。このときも、費用が $30 \times 2 = 60$ 増加します。しかし、もし労働と資本の量をともに調整できるならば、より小さな費用で 15 単位の生産が可能となるでしょう。たとえば、点 J でも 15 単位の生産ができるとしましょう。このとき、点 C から資本が 1 単位、労

働が8単位増加するので，費用は $1 \times 30 + 8 \times 3 = 54$ の増加になります。点Hや点Iのほうが点Jよりも多くの費用を要することは，点Hや点Iを通る等費用線が点Jを通る等費用線よりも上方に位置していることからもわかります。生産量を増やす場合に，短期的に労働の量だけを増加して対応する場合よりも，長期的に資本の量も調整が可能になる場合のほうが，より適切な技術選択が可能になり，費用を節約することができるでしょう。このことから，ある生産量を産出するための短期の総費用は長期の総費用よりも高くなり，短期の総費用曲線は長期の総費用曲線よりも上方に位置することがわかります。ただし，点Cや点Jのように最適な資本の量が短期においても選ばれているときには，短期の総費用と長期の総費用は一致します。

図3-5(A)の$\bar{C}(x)$は，典型的な短期の総費用曲線です。短期総費用曲線の縦軸との交点は，生産量がゼロのときにもかかる費用であり，固定費用（fixed cost, FC）といいます。固定費用FCはここでは資本費用を示します。

短期の限界費用・平均費用・可変費用

図3-5(A)から作成した短期の限界費用MCと平均費用AC，および平均可変費用（average variable cost, AVC）を図示するのが図3-5(B)です。

図3-5(A)で，短期総費用曲線$\bar{C}(x)$の接線で表される短期の限界費用曲線（短期MC）は，点Aの生産量x_1まで逓減し，x_1で最小となり，それを超えると逓増しますので，図3-5(B)の短期MCは，x_1まで右下がりで，x_1を超えると右上がりの線となります。

短期平均費用曲線（短期AC）は，図3-5(A)の原点と短期総費用曲線とを結ぶ線の傾きです。原点からの直線がちょうど短期総費用曲線と接する点Bの生産量x_3までは短期平均費用は逓減し，x_3

図 3-5 長期と短期の費用曲線

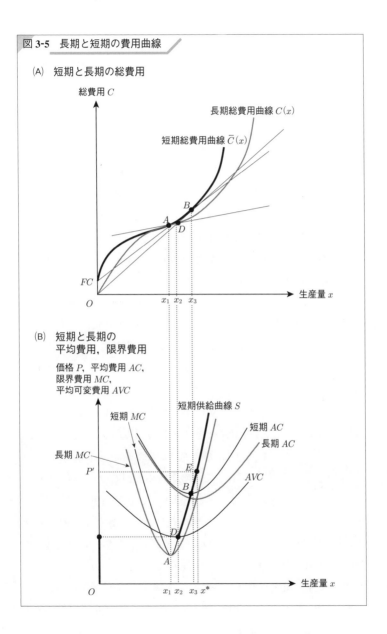

で最小となり,それ以上になると逓増します。また,点 B で短期平均費用と短期限界費用が等しくなります。図 3-5 (B) の短期 AC はそのように描かれています。

短期的に変化する生産要素から生じる費用を可変費用 (variable cost, VC) といいます。可変費用は,総費用から固定費用を差し引いたものになります。平均可変費用 (AVC) は,生産量 1 単位当たりの可変費用です。図 3-5 (A) では,短期総費用曲線の縦軸の切片と短期総費用曲線上の点を結んだ線の傾きで表されます。平均可変費用は,点 D の生産量 x_2 までは逓減し,生産量が x_2 の点 D において最小となり,x_2 を上回ると逓増します。また,点 D において,平均可変費用は短期限界費用と等しくなることもわかります。

ここで,可変費用と限界費用の関係について述べておきましょう。第 1 章 (12 頁) で説明したように,固定費用がない場合は,限界費用の合計は総費用に等しくなりますが,固定費用がある場合には可変費用に等しくなります。たとえば,生産量をゼロ単位から 1 単位へと増やすときの限界費用は,生産量 1 単位のときの可変費用に等しくなります。同様に,生産量をゼロ単位から 1 単位へと増やすときの限界費用と,1 単位から 2 単位へと増やすときの限界費用の和は,生産量 2 単位のときの可変費用になります。

短期と長期の総費用曲線

図 3-5 (A) では短期の総費用曲線 $\bar{C}(x)$ とともに長期の総費用曲線 $C(x)$ を書いています。図 3-5 (B) には,図 3-5 (A) から作成した短期と長期の限界費用 MC と平均費用 AC の線が示されています。短期と長期の総費用曲線は点 A で接しており,それ以外の点では短期の総費用曲線は長期の総費用曲線よりも上方に位置しています。点 A で接するのは,生産量が x_1 のときに最適な資本設備と労働の組合せの技術を採用しているためで,短期的にも長期的にも

最適な技術となっているためです。点A以外の点では短期の総費用が長期の総費用よりも大きくなるのは，生産量がx_1より大きくなると，一定の大きさの資本設備のままで労働を増やすことで生産に対応するために，最適な資本と労働の組合せを用いる場合と比べて費用が大きくなるためです。

もし資本設備の量が多くなるならば，短期総費用曲線もより大きな生産量で長期費用曲線と接することになるでしょう。いろいろな大きさの資本設備の量に応じてさまざまな短期総費用曲線が描かれますが，常に長期総費用曲線とは接するか，より上方に位置することになります。そして，さまざまな資本量に応じて描かれる短期総費用曲線の各生産量において総費用が最小となる無数の点を結んでいくと長期費用曲線が得られます。

図3-5(B)において，図3-5(A)の点Aに対応する生産量x_1のときに，長期と短期の限界費用が等しくなっており，それ以外の生産量では短期の限界費用が長期の限界費用を上回っています。また，生産量x_1のときに，短期と長期の平均費用が等しくなり，それ以外の生産量では短期の平均費用が長期の平均費用を上回っています。

> **ココをチェック！［3-2］**
> 短期総費用曲線と長期総費用曲線にはどのような関係がありますか？

Case Study ① 発電のコスト

CO_2を排出せず，燃料の安定供給が可能で発電コストも安いという理由で原子力発電は国策として推進されてきましたが，原発への安全神話が東京電力福島第一原子力発電所の事故により損なわれ，事故対応等の隠れたコストのあることが露呈されました。他方，原発が止

まって以降，主として火力発電が代替電源となっているため，LNG（液化天然ガス）の輸入コストが急増しており，CO_2 の排出量も増えています。また，近年では太陽光発電等のさまざまな再生可能エネルギーは，高い固定価格で一定年数にわたって買取りをする制度（固定価格買取制度）が導入されて急速に普及する一方で，消費者の負担ともなっています。そこで，これらのさまざまな発電コストについて見ることにしましょう。

2013年に政府のエネルギー・環境会議は，エネルギー環境戦略を練り直すため，さまざまな電源の発電コストを試算し直しました。典型的なモデル・プラントを想定し，原子力や火力に加えて再生可能エネルギーや省エネも対象とし，発電費用だけでなく社会的費用，すなわち環境対策費用（CO_2 対策費用），事故リスク対応費用，原発立地や研究開発費等の政策経費の合計，を含めた 1 kWh 当たりのコストは，

$$\frac{資本費＋運転維持費＋社会的費用＋燃料費}{発電電力量}$$

で計算されます。

従来，原発は発電コストが安く 5.9 円/kWh とされてきましたが，見直した結果，資本費（減価償却費等）2.5 円/kWh，運転維持費（人件費，修繕費等）3.1 円/kWh，燃料費（現行の核燃料サイクルでの費用）1.4 円/kWh，政策経費 1.1 円/kWh，事故リスク対応費用 0.5 円/kWh となり，さらに，追加的にとられた安全対策費の 0.2 円/kWh を加えると，合計で 8.9 円/kWh にまで上昇しました。なお，原発事故の損害額は 5.8 兆円と見積もっていますが，損害額が 1 兆円増加すれば，事故リスク対応費用は 0.1 円/kWh 増加します。

火力発電は，石炭火力では CO_2 対策費用が全体の 2～3 割を占めますが，それでも費用は 9.5～9.7 円/kWh であり，LNG 火力は CO_2 対策費用を含めて，10.7～11.1 円/kWh と，原子力とそれほど大きな違いはありません。石油火力は，稼働率が高くても発電コストが高いので，ピーク時にのみ利用され稼働率が低い（10％）と想定されるので，コストは 36.0～37.6 円/kWh となります。

再生可能エネルギーについては，風力はさまざまな条件がそろっ

たケースでは10円/kWh程度，地熱も9.2〜11.6円/kWhと試算され，原子力や石炭・LNG火力と同程度になります。水力も10.6円/kWhと低いですが，新たな立地は限られています。これに対し，太陽光は30円/kWh以上，バイオマスは17.4〜32.2円/kWhと相対的に高くなります。

コジェネレーション（熱電併給）は，熱の価値を考慮しない場合には20円/kWh程度ですが，利用した熱の価値を全量考慮すると10円/kWh程度となり，熱の利用割合によっては競争力を有します。また，省エネについては，1 kWhの電力を節約することは，1 kWhの電力を発電することと同じ効果を持つと考えると，白熱電球からLED電球への買い替え，高効率なエアコンや冷蔵庫の導入などの省エネ製品については，発電以上に効率的です。

こうした発電コストの計算は，将来コストの現在価値への割引率，想定される稼働率，設備の耐用年数によって変わります。たとえば，上記の原発の発電コストは，割引率3％，設備利用率70％（2009年度実績は65.7％），稼動年数40年を仮定しています。この数値はさらに燃料価格や為替レート，さらに技術革新等によって異なります。為替レートは1ドル85.74円（2010年度平均）で計算されており，為替レートの変動により，主として燃料費用が変化します。詳しくは，エネルギー・環境会議「コスト等検証委員会」の報告書を参照してください。

（参考文献）　内閣官房国家戦略室「コスト等検証委員会報告書」平成23年12月19日。

(http://www.cas.go.jp/jp/seisaku/npu/policy09/archive02_hokoku.html)

4 生産量の決定

収入曲線と利潤

第3節では生産量と費用の関係について説明したので，本節では初めに生産量と収入の関係を説明し，次に，「利潤＝収入－費用」という関係を用

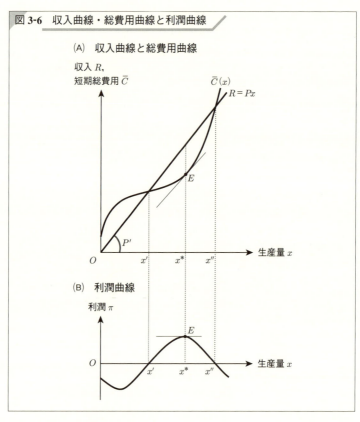

図 3-6 収入曲線・総費用曲線と利潤曲線

(A) 収入曲線と総費用曲線

(B) 利潤曲線

いて生産量と利潤の関係について説明します。そうして利潤を最大にする生産量を決定することができます。

図 3-6 (A)の直線 $R = Px$ は、生産量 x と収入 R の関係となる収入曲線です。横軸に生産量、縦軸に収入をとっており、直線の傾きは価格 P です。完全競争市場では、企業は市場価格でいくらでも望むだけの財を生産し販売することができるので、収入は生産量に比例します。

図 3-6 (A)では、第 3 節で求めた短期総費用曲線もあわせて描き、

図3-6(B)では収入曲線と短期総費用曲線を用いて，短期の利潤曲線を求めています。「利潤＝収入－費用」という関係から，各生産量における利潤は収入曲線の高さと総費用曲線の高さの差で求められます。生産量 x' と x'' では収入曲線と総費用曲線が交わるので，利潤がゼロになります。

> **利潤最大化生産量**

利潤曲線の図から，利潤が最大となるのは x^* の生産量です。利潤曲線の接線の傾きは，生産量を1単位増加したときの利潤の変化であり，限界利潤とよばれます。利潤が最大になるのは，利潤曲線の接線の傾き（限界利潤）がゼロになるときです。また，生産量を1単位増やしたときの利潤の増加（限界利潤）は，収入の増加（限界収入，MR）から費用の増加（限界費用，MC）を差し引いたものになるという関係があります。この関係を用いると，限界利潤がゼロになるのは，限界収入が限界費用に等しくなるときになります。ところが，完全競争市場では，生産物を1単位増加させた場合の収入の増加（限界収入）は価格となります。したがって，利潤最大化条件は，結局，「価格＝限界費用」（$P = MC$）となります。このことは，図3-6(A)の点 E で，生産量が x^* のときに，総費用曲線の接線の傾き（限界費用）が収入曲線の傾き（価格）に等しく，平行になることを表します。

> **ココをチェック！[3-3]**
> 企業の利潤が最大となる生産量においては，どのような条件が満たされますか？

5 供給曲線

短期の限界費用曲線と供給曲線

67頁の図3-5(B)では，図3-6の点Eにおける短期の利潤最大化生産量x^*を，短期の限界費用曲線を用いて表しています。価格が$P = P'$のときに，図3-5(B)の点Eにおいて，価格と限界費用とが等しくなり，利潤が最大となります。このように，企業は価格と限界費用を等しくするように生産量を決定するので，価格が変わるとそれに対応する供給量が限界費用曲線上の点で求められます。したがって，限界費用曲線が供給曲線となります。ただし，価格がどこまで下がっても供給を続けるわけではありません。それでは価格がどこまで下がると供給しなくなるかについて次項で見ることにしましょう。

操業停止点と短期の供給曲線

価格が平均費用を下回ると利潤が負となります。企業にとって利潤が負になると事業を継続することができません。しかし，参入した後に短期的には赤字であっても，将来黒字に回復する見込みがあれば，退出せずに一時的には操業を続けるほうが望ましい場合があります。具体的には，短期的には生産量がゼロでも固定費用の負担が生じるため，たとえ赤字でも固定費用の一部が回収できる（収入が可変費用以上になる）ならば一時的には生産を行ったほうが損失を小さくできます。そのための条件は式で表すと，$Px \geq VC$ですが，$AVC = VC/x$であることを考慮すると$P \geq AVC$と書き直すことができます。すなわち，価格が平均可変費用を上回る限りは，可変費用に加えて固定費用の一部を回収できるため，操業す

ることにより赤字が小さくなります。こうしたことから，短期の供給曲線は，限界費用曲線のうち，価格が平均可変費用を上回る部分となります。価格が平均可変費用を下回ると短期的にも生産は行われなくなります。

短期の供給曲線 S は，図3-5(B)の太い実線部分で表されるように，平均可変費用以上の部分の限界費用曲線と，平均可変費用以下の価格での縦軸部分となります。価格と平均可変費用が等しくなる点 D を操業停止点とよびます。そして，価格が平均費用と等しくなる点 B は利潤の正負を分ける点であり，損益分岐点とよびます。

長期の供給曲線

それでは長期の供給曲線はどのように描かれるでしょうか。長期的にも価格と限界費用が等しくなるように生産することが利潤を最大化することになります。ただし，このときの限界費用は長期の限界費用となります。

長期的に考えて利潤が負となる，すなわち，価格が損益分岐点より低くなるならば，参入した後であっても退出することになるでしょうし，そのようなことが予想されるなら初めから参入しません。以上より，長期の供給曲線は，図3-4(B)の長期の限界費用曲線上で，価格が長期平均費用を上回る点 E の上方であるといえます。

ただし，もしこの企業が最も効率的な企業であり，しかも，この財・サービスを同等の費用で供給することのできる企業が潜在的に多数存在すれば，価格が平均費用を上回って利潤が生じると参入が生じることになるでしょう。したがって，長期の均衡において，実際に価格が平均費用を上回る部分で供給されることはなく，市場価格は P^* となるでしょう。そして，長期の均衡においては利潤はゼロとなります。

第3章 企業の行動

> ココをチェック！［3-4］
> 短期と長期の供給曲線はそれぞれどのような曲線ですか？

Column ② 経済学上の利潤と会計上の利益

　前項で，長期の均衡において利潤はゼロであると述べました。しかし，ゼロになるのは**経済学上の利潤**であり，会計上の利益とは異なります。このことについて説明しておきましょう。会計上の利益とは，企業にとっての収入から実際に支出した費用（明示的費用）を差し引いたもの（会計上の利益 ＝ 収入 − 明示的費用）です。これに対して，経済学上の利潤は，収入から**機会費用**を差し引いたもの（経済学上の利潤 ＝ 収入 − 機会費用）です。機会費用とは，あるものを得るために失うものであり，明示的費用に加えて潜在的費用も含みます（機会費用 ＝ 明示的費用 ＋ 潜在的費用）。たとえば，自営業者のオーナーが自ら会社のために働くことで雇用を1人減らして人件費を節約すれば，明示的費用が節約され，会社の利益が増えます。しかし，オーナーにとっては，もし他の会社で働けば収入が得られるので，自分の会社のために働くことによって他の会社で働く機会を失い，そこで得られる収入がなくなります。この収入に相当する金額が潜在的費用となります。経済学上の利潤を考えることの意義は，意思決定が経済学上の利潤によって決まるからです。このオーナーにとって，仮に会計上の利益が500万円でも，潜在的費用が1000万円であれば，経済学上の利潤はマイナス500万円となります。したがって，会計上はプラスの利益でも経済学上の利潤はマイナスなので，オーナーは会社を閉鎖して他で働いたほうがいいということになります。

　実際に潜在的費用として大きいのは資本費用です。資本費用の扱いについて見ましょう。企業が生産のために機械・設備を利用すると，その機械・設備に投じる費用を他の用途に利用することができません。たとえば生産に必要な資本財購入のために1000万円を投入するとしましょう。もし，この1000万円を国債で運用すると5％の利回りが得られるならば，50万円を得る機会を失うので，50万円が潜在的費用となります。したがって，企業の経済学上の利潤がゼロであるという場合にも，資本の潜在的費用分が会計上は利益として計上されます。

資本財の明示的費用については減価償却費を資本費用として扱うことにしており，機械・設備の価値の下落分を年々の資本費用とします。どれだけを毎年の費用として計算するかは耐久年数に応じて異なります。たとえば，10年間，定額で償却する1000万円の設備を用いる場合，今年1000万円を投じてもその全額を今年の費用とするのではなく，年々100万円ずつ費用として計算します。もっとも，100万円は実際には現金として支出するわけではありませんので，企業の手元には，減価償却費に相当する額がキャッシュ・フロー（現金収支）として残ります。償却期間を過ぎた機械・設備が生産に用いられる場合には，会計上は資本費用を計上せず，その機械・設備の生産への貢献はすべて利益として計上されることになります。**Case Study** ①で，モデル・プラントで試算した水力発電のコストは，10.6円/kWh ですが，有価証券報告書に基づく会計上のコストは4円/kWh 程度となります。これは，減価償却期間の過ぎた後でも設備が稼働しているので，資本費がかからずに設備を利用できるためです。

6 企業の労働需要

労働需要とは

企業は，財・サービスの生産に必要な生産要素として土地や資本や労働を使用します。このうち，労働の需要について説明しましょう。本節で考察する労働サービスの需要は完全競争市場におけるものです。労働サービスは均質であり，一定の賃金率でいくらでも購入できるものと考えます。もちろん実際に必要とされる労働サービスは多種多様であり，賃金率や採用形態，あるいは労働者の勤労意欲もさまざまです。第9章ではこうした問題のなかから人々がどれだけ能率的に働くかなどといった問題を具体的に取り上げます。

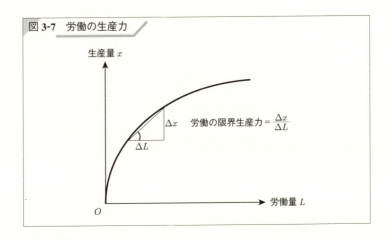

図 3-7 労働の生産力

労働の限界生産力 = $\frac{\Delta x}{\Delta L}$

労働需要曲線

企業が労働サービスを購入するのは生産を行うためです。いま，資本設備の量は一定であるとします。労働量と生産量との関係が図 3-7 のようになるとしましょう。この図では労働の限界生産力（$\Delta x/\Delta L$）の大きさは正であり逓減しています。企業は労働を 1 単位雇用すると，限界生産力の大きさの生産量を増やすことができます。

それにより収入は，（財の価格 P）×（労働の限界生産力）だけ増えます。これに対し，費用は賃金率 w だけ要しますので，前者のほうが後者より大きければ，追加的に採用すると利益を生みます。利潤を最大化する労働需要は，（価格）×（労働の限界生産力）＝（賃金率），すなわち，（労働の限界生産力）＝（賃金率 w）/（価格 P）となります。なお，賃金率 w を名目賃金率，あるいは貨幣賃金率といい，w/P を実質賃金率といいます。w は貨幣単位（円）で測られる賃金率であるのに対し，w/P は賃金収入で財の購買力がどれだけあるかを示すものです。

それでは，労働需要曲線を求めましょう。図 3-8 は横軸に労働

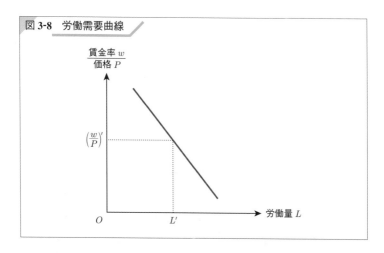

図 3-8 労働需要曲線

量，縦軸に実質賃金率 w/P をとったものです。労働の限界生産力を縦軸にとったグラフを書くと，労働の限界生産力逓減の仮定より，右下がりの線が描かれます。労働需要は，労働の限界生産力が実質賃金率に等しくなるように決まりますので，労働の限界生産力曲線が労働需要曲線となります。たとえば，実質賃金率が $(w/P)'$ ならば，労働需要は L' となります。名目賃金率が低下したり，価格が上昇したりすると労働需要が増加します。

財の供給と労働の需要

労働の需要と財の供給の間には表裏の関係があります。ここでも資本の量は一定で，労働量のみが調整可能であるとしましょう。企業が財を供給するときの利潤最大化条件は，「価格＝限界費用」（$P = MC$）でした。一方，労働を需要するときの利潤最大化条件は，「労働の限界生産力＝実質賃金率」（$\Delta x/\Delta L = w/P$）でした。この式を書き直すと，$P = w(\Delta L/\Delta x)$ となります。ところで，限界費用は財 1 単位の生産に要する費用ですが，財 1 単位の生産には労働の限界生産力の逆数（$\Delta L/\Delta x$）の値に相当する労働量が必要であるので，こ

れに名目賃金率を乗じると右辺が限界費用となることがわかります。したがって、財の供給の条件と労働の需要の条件は同じ内容の異なる表現であることがわかります。

資本の需要

企業は利潤を最大化するように資本を需要します。もし労働の量が一定であり、資本の量だけが調整できるならば、労働需要と同じ議論が成り立ちます。すなわち、資本の限界生産力が資本のレンタル料と等しくなるように資本を需要します。そして、資本の限界生産力曲線が資本の需要曲線となります。

それでは、資本の量と労働の量がともに調整できるならば企業はどのように需要量を決定するでしょうか。利潤最大化のもとで最適な生産量が与えられると、図3-2や図3-3で示されたように、技術的限界代替率が生産要素の相対価格(資本のレンタル料と賃金率との比率)と等しくなるように決まります。

> **ココをチェック！[3-5]**
> 企業の利潤が最大となる労働需要量においては、どのような条件が満たされますか？

練習問題

3-1 名目賃金率が10%上昇したときに、図3-5(67頁)の短期総費用曲線はどのようにシフトしますか。また、長期総費用曲線はどのようにシフトしますか。

3-2 図3-5(A)で、生産量 x_3 において長期と短期の総費用曲線が接する場合に、短期と長期の平均費用曲線、限界費用曲線、および平均可変費用曲線を描きなさい。

3-3 第1章5節で定義した固定費用がないときの生産者余剰は、「収

入 − 限界費用の合計」で利潤に等しかったですが，固定費用がある場合の生産者余剰は，「利潤 + 固定費用」となることを示しなさい。

3-4 あなたが大学で 1 コマの授業を受けるための機会費用を計算しなさい。

第4章 市場均衡と経済厚生

Introduction 本章ではまず第1節で，第2, 3章で学んだ需要曲線と供給曲線の導出過程の分析をふまえて，第1章で説明した市場均衡の特長，すなわち価格による自動的な需給調整，均衡の安定性，総余剰の最大化について改めて整理します。これらがある1つの財・サービス市場の考察であったのに対して，第2節と第3節では，市場メカニズムが，複数の市場を含む経済全体の効率的な資源配分を達成する仕組みであることを説明します。最後に第4節と第5節では，市場メカニズムでは分配の問題は解決されないことや市場メカニズムがうまく機能しないことについて，第Ⅱ部と第Ⅲ部で学ぶ内容の概要を説明します。

Keywords 市場メカニズム，一般均衡分析，部分均衡分析，エッジワース・ボックス，パレート効率，厚生経済学の基本定理（第1, 第2），契約曲線，生産フロンティア，限界変形率，比較優位，市場の失敗

1 市場メカニズムの特長

価格による安定的な自動調整メカニズム

これまでの章で学んだように，完全競争下にある市場では，消費者は製品やサービスの価格を見て，効用を最大化する製品・サービスの購入量を予算制約の範囲で決定します。また，企業（生産者）は自社の製品・サービスの市場での価格を見て，自社の生産

方法で利潤を最大化する供給量を決定します。このようにして決められた個々の消費者の需要量が合計されて市場の需要量になり，個々の企業の供給量が合計されて市場の供給量になります。需要のほうが供給より多いと超過需要になり，逆の場合は超過供給になります。前者の場合価格が上昇し，後者の場合価格が低下することによって，需要と供給が均衡します。以上のように市場という仕組みは，価格の自動的な変化によって個々の経済主体が需要量や供給量を自発的に調整し，市場の均衡を達成するという効率的なメカニズムです（図1-7〔19頁〕参照）。こうした価格による需要と供給の自動的な調整メカニズムは，まさに第1章で説明した「価格メカニズム」ですが，これを「**市場メカニズム**」とよぶこともあります。「価格メカニズム」がもっぱら価格の需給調整機能の仕組みそのものを指して使われるのに対して，「市場メカニズム」という表現は，それに加えて，さまざまな財・サービスが，それぞれの市場で自由に売買され，需要や供給の主体である個人や企業がそれらの市場に自由に参入・退出することによって，望ましい資源配分を達成するような経済全体の仕組みを意味して使われます。

数量による調整　第1章や本章でここまで述べてきた価格による需要と供給の調整過程は，このメカニズムの最初の研究を体系化した経済学者の名前をとってワルラス的調整過程ともよばれますが（図1-7参照），これとは別にもう1人の偉大な経済学者の名前の付いたマーシャル的調整過程があります。その過程は次のようなものです。たとえば半導体は，需要業界が多岐にわたるため需要予測が難しいうえに，生産には大規模な設備が必要なためすぐに生産量を調整できません。したがって，企業が設備投資を終えて生産を開始したときの需給バランスが予測しにくい製品です。そのため，ある企業が生産を開始したときに市場全

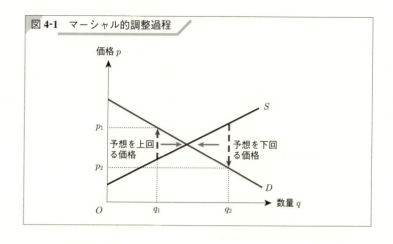

図 4-1 マーシャル的調整過程

体の供給量が需要量に比べて少ないと（図4-1のq_1），（供給曲線で示される）限界費用を上回る高値（図4-1のp_1）で売れることもあります。逆に，市場全体の供給量が需要量に比べて多いと（図4-1のq_2）限界費用を下回る価格（図4-1のp_2）でしか売れないことになります。このように価格にあわせてすぐに生産を調整できないような業界では，価格が限界費用とズレた場合，時間をかけて生産量を変更することで需給のバランスをとることになります。ワルラス的調整過程が需給の不均衡を価格変化によって調整するのに対して，価格のズレを数量で調整するこうした過程をマーシャル的調整過程とよびます。マーシャル的調整過程でも図4-1から明らかなように均衡から外れるとそこに戻る力が働くという市場の安定性は保たれます。

労働市場の均衡　製品・サービス市場とは逆に，労働市場では家計（消費者）が供給する側で，企業（生産者）が需要する側になります。家計は労働市場で決まる賃金率（時間当たり賃金）を見て労働の供給量を決め（図2-11，53頁参照），

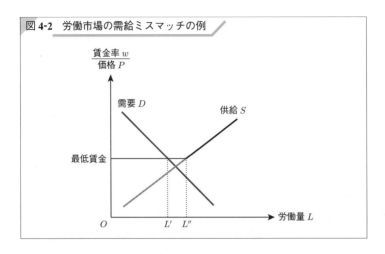

図 4-2 労働市場の需給ミスマッチの例

企業も,生産する財の価格が一定であれば,賃金率を見て需要量を決めます(図3-8, 79頁参照)。賃金率という労働の価格によって需給量が調整される,という点では財・サービス市場と同じ調整メカニズムが機能しています。しかし労働サービスを提供する人間への配慮から,最低賃金や基準労働時間など法律によるさまざまな規制があり,市場メカニズムによる需給ギャップの解消が実現しない場合もあります。たとえば図4-2のように,法定の最低賃金が均衡の賃金率より高い場合,企業の労働需要量 L' は家計の労働供給量 L'' より少なくなりますから,労働の過剰供給,すなわち失業が発生することになります。また,企業の多くは長期的な雇用契約や組合との交渉による賃金契約を結ぶ慣習があり,価格調整が素早く行われないという性質もありますが,この点は第5節で改めて議論します。

総余剰の最大化　第1章では,市場メカニズムによってもたらされた均衡(価格と数量)は,社会的に見て最も適切な水準であることも学びました。なぜなら,消費者

余剰と生産者余剰を合計した総余剰（あるいは社会的余剰）が最大になるのが，市場の均衡点だったからです（図1-8〔24頁〕，図1-9〔27頁〕参照）。

> **ココをチェック！[4-1]**
> ワルラス的調整過程，マーシャル的調整過程とはそれぞれどのようなものですか？

Case Study ② 計画経済の余剰分析

　ソビエト連邦（現ロシア等）の経済が比較的好調だった1970年代前半にニューヨーク・タイムズのモスクワ支局長だったヘドリック・スミスは，モスクワでの消費生活について数々の興味深い観察を残しています。

　彼は着任当初，モスクワの店には意外に商品の在庫が十分あるように感じましたが，生活を始めてみると，それは需要されない商品が政府の「計画」によって作られているからだとわかりました。モスクワの人たちは，何か欲しいものが売り出されるときにタイミングよくその場に居合わせたいと願いつつ，商店をうろつきまわり，そうしたラッキー・チャンスにめぐり合ったときのために，常に多額の現金と女性は網袋，男性はブリーフ・ケースを持ち歩いていました。たまたま通りがかった店で何かいい品物に出くわしたら，家族，親戚，隣人，職場の親友などのためにいくつか余分に買わないのは許すべからざる行為とみなされるからです。そのときのために，身の回りの親しい人たちの靴，ブラジャー，ズボン，ドレスのサイズ，身長と体重，色の好みなど重要な事柄をくまなく暗記していたそうです。

　これは図4-3のように，供給量が政府によって X' に決められ，その費用に応じた価格 P' が決められるという仕組みになっていることに原因があります。価格 P' に対する消費者の実際の需要 $X^{\#}$，あるいは $X^{\#\#}$ に関係なく供給量が決まってしまうからです。製品の需給ギャップは市場経済でも短期的には起こることですが，その場合

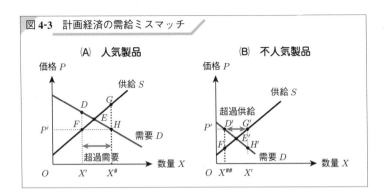

図 4-3 計画経済の需給ミスマッチ

民間企業であれば、できるだけ早く生産量を調整します。利益を求め損失を回避するためには当然の対応です。市場経済では当たり前のこうした発想や能力が、生産指示に従うだけの国営企業にはなかったことを教えてくれるエピソードです。

このソビエト連邦のケースで、確かに細かい需要のニーズには答えられなくても価格が安く抑えられていたらいいのではないか、要らないものが余るのは足りないよりはいいではないか、と思う人がいるかもしれません。しかし、それは正しくないことが余剰分析でわかります。単純化のため、この製品市場が図 4-3 のように、(A)人気製品と(B)不人気製品の 2 種類のタイプに分けられるとします。同じ生産技術で作れるため供給曲線は等しく、政府の決めた生産量 X' も同じで、そのため価格はどちらも同じ価格 P' だとします。しかし、実際には(A)の人気製品は需要が多いため、決められた価格では需要量が供給量を上回り、市場の均衡点 E の価格と数量が実現した場合に比べて、総余剰は $\triangle DEF$ だけ小さくなります。すなわち $\triangle DEF$ の分の死荷重が発生します。

では、仮に政府が価格を維持したまま、需要が満たされる $X^\#$ まで生産を増やすことを決めた場合はどうでしょう。このとき、消費者余剰は $\triangle DFH$ だけ増えますが、生産者余剰は $\triangle FGH$ だけ減るため、$\triangle EGH$ の死荷重が発生します(練習問題 4-1 (1))。

逆に(B)の不人気製品の場合、実際の需要は少なく、価格は人気製品

と同じでも $X^{\#\#}$ しか売れないので $X' - X^{\#\#}$ は，売れ残ってしまいます。売れ残った商品は政府が引き取るとすると，$\triangle D'F'G'$ の分は生産者余剰となりますが，政府が支払った分は最終的には国民が負担することになるので，負の消費者余剰が $\triangle D'G'H'$ だけ発生し，全体としては $\triangle E'G'H'$ の死荷重となります（練習問題4-1(2)）。

いずれにしても，数量調整メカニズムによる計画経済は，市場メカニズムという価格による需給調整機能の存在する経済に比べて，社会的には損失が大きいのです。

(参考文献) ヘドリック・スミス（高田正純訳）[1978]『ロシア人〔上〕』時事通信社（Hedrick Smith [1976] *The Russians*, The New York Times Book)。

2 市場メカニズムとパレート効率

交換経済における一般均衡分析

本章の第1節では，ある1つの財・サービス市場における市場メカニズムの特長を述べてきましたが，市場メカニズムの真髄は，複数の財・サービスが存在する経済全体の資源配分を「効率的」に行うメカニズムであると言ってもいいでしょう。経済全体の市場メカニズム（あるいは複数の市場の相互関係）についての考察を**一般均衡分析**とよび，これまでのような，特定の1つの財・サービスの市場についての考察を**部分均衡分析**とよびます。多数の消費者，生産者，財が存在する一般均衡分析の厳密な説明は本書の水準を超えますが，本節では以下の本項を含めた4つの項で，2消費者，2財の交換経済，その後の項で，2生産者（各1財の生産），2生産要素の生産活動という一般均衡分析の最も単純なケースで，市場メカニズムによって均衡が達成されるメカニズムとその効率性に

図 4-4 無差別曲線とエッジワース・ボックス

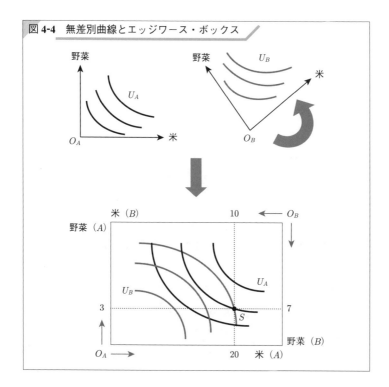

ついて見ていきます。

　ここでは，貨幣のない物々交換の世界で，米を主に作る農家 A と野菜を主に作る農家 B が米と野菜（単純化のため1つの財と考える）を交換する例を考えます。まず，両者の無差別曲線をそれぞれ描きます。第2章で説明したように，無差別曲線は右上ほど高い効用（utility, U）を表します。次にそのうち一方の図を 180 度回転させ，2つを合体させ長方形の箱を作ります。これが図 4-4 の下の図で，**エッジワース・ボックス**とよばれるものです。この箱の内部には作図過程から明らかなように米農家 A と野菜農家 B の無差別曲線群を一緒に描くことができます。また，米農家 A の米と野菜

の需要量をそれぞれ x_A, y_A キログラム（kg），野菜農家 B の米と野菜の需要量をそれぞれ x_B, y_B（kg）とし，2人の持つ2財の合計量が米 30 kg と野菜 10 kg で固定しているとすると，

$$x_A + x_B = 30, \quad y_A + y_B = 10$$

が成り立ちます。エッジワース・ボックスの横の辺の長さが 30，縦の辺の長さが 10 ということになります。

　重要なことは，この図の内部および境界のすべての点で，2人の2財の需要量の組合せをすべて表現できることです。たとえば図 4-4 の下の図の点 S について考えてみましょう。この点で米農家 A は米を 20 kg，野菜を 3 kg 需要し，野菜農家 B は米を 10 kg，野菜 7 kg を需要します。エッジワース・ボックス内部および境界のどの点をとっても上の2式が成り立っています。仮にエッジワース・ボックス外部の点を考えると，どちらかが存在する以上のものを需要し，他方がマイナスの需要をすることになってしまうので，エッジワース・ボックス外部の点を考える必要はありません。

交換経済における価格調整メカニズム

　さて，エッジワース・ボックスについて理解できたので，2人で2財を需要するこの経済で均衡がどのように達成されるかを考えてみましょう。まず，当初2人は図 4-5 の点 S に相当する財を所有しているとします。ここでは米農家 A は U_A^S の効用水準，野菜農家 B は U_B^S の効用水準を得られます。次に米農家 A と野菜農家 B がさらに 2 kg の米と 2 kg の野菜を交換し，両者の米と野菜の配分は図 4-5 の点 E に移動します。この交換によって米農家 A と野菜農家 B の効用はともに上昇し，それぞれ U_A^E と U_B^E となります。図 4-5 からわかるように点 E では両者の無差別曲線が接していますから，たとえば A がこの点からより効用の高い右上のど

図 4-5 交換経済の均衡

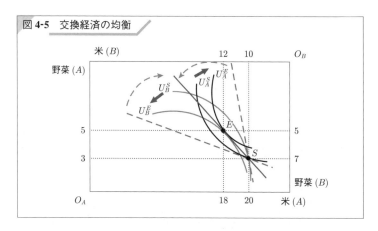

こかに移動するために新たな財の交換を申し出ても，それは B にとって効用の低下を意味しますから提案は受け入れられません。逆に B が左下に移動するような交換を提案しても A に拒否されます。

　ところで，市場メカニズムでは初期保有点 S からどのように均衡点 E に到達するのでしょうか，ここでは図 4-5 を使って直観的に説明しておきます。仮に点 S で米農家 A も野菜農家 B も効用を最大化しているとすると，第 2 章で学んだように両者とも点 S で無差別曲線と予算制約線に接しているはずです。この点での接線の傾きは 2 財の相対価格（米の価格／野菜の価格）を表していました。しかし図 4-5 を見ると点 S での 2 人の無差別曲線の接線は，傾きの異なる 2 本の（破線の）直線で表されます。すなわち，点 S での米と野菜の価格が米農家 A の効用を最大化させる水準であれば野菜農家 B は効用を最大化できておらず，野菜農家 B の効用を最大化させる水準であれば米農家 A は効用を最大化できていないことになります。たとえば，傾きの図 4-5 で緩やかな破線の傾きは点 S で米農家 A の効用を最大化させる相対価格を表していますが，

この価格では米が超過需要，野菜が超過供給になるので，米の相対価格が上がる（破線の傾きが急になる）ことで米と野菜の需給が調整されていきます。最終的には相対価格が2人の無差別曲線が接する点 E を通る接線の傾きになり，米と野菜の需給は一致します（調整過程の詳しい説明は Web App ① 参照）。エッジワース・ボックス内のどの点から始めても，同じように相対価格が変化することによって2人の無差別曲線が接するような均衡点に到達できます。

パレート効率性：厚生経済学の第1基本定理

図4-5からわかるように，2人の無差別曲線がある点で交わっていて，その点を通る2つの無差別曲線でレンズ状の領域が作られる場合は，そのレンズの内側に移動することで，両方の消費者が，ともに効用を増加させることができます。しかし，図4-5の点 E のように，その点で両者の無差別曲線が接している場合は，どちらかの効用をより高くしようとすると，必ず相手の効用を下げることになります。経済学では点 E のような，ある人の効用をそれ以上高くしようとするには，他の誰かの効用を下げなければならない状態，すなわち全員の効用をそれ以上同時に増加させることができないような場合，その状態（資源配分）は**パレート効率**的であるといいます。

エッジワース・ボックスのなかには，両者の無差別曲線が無数にあるので，どのような点でも，それぞれの消費者の効用曲線が通っています。そこがたまたま均衡点でないかぎり，その点からスタートして，上で説明したような価格メカニズムによってパレート効率的な状態に到達するのです。このように，市場メカニズムが複数の財・サービスの存在する経済全体の資源配分をパレート効率的に行うことを，**厚生経済学の第1基本定理**とよびます。

なお，どちらの消費者のどの無差別曲線も，必ずもう1人の消

図4-6 厚生経済学の第2基本定理

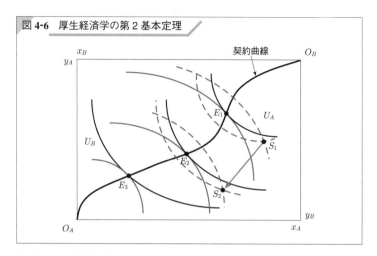

費者の無差別曲線のどれかと接します。そうした接点を結ぶと図4-6の2つの原点を結ぶ曲線が描けます。これは**契約曲線**とよばれ，この線上の無数の点はすべてパレート効率的な点です。

市場メカニズムと分配：厚生経済学の第2基本定理

図4-6の点 S_1 を A, B 両者の資源の初期保有状態を表す点だとします。すると，市場メカニズムによって，両者の資源配分は点 S_1 を通る2人の無差別曲線で囲まれた部分を通る契約曲線上のどこかの点，たとえば点 E_1 として実現します。このことを述べたのが，厚生経済学の第1基本定理でした。しかし，何らかの政策によって（たとえば政府による A からの徴税と B への補助金で）両者の資源保有状態が点 S_1 から点 S_2 へ移動したとすると，今度は市場メカニズムによって，両者の資源配分はたとえば点 E_2 へ到達します。この「資源の初期状態を変化させることで，市場メカニズムによって契約曲線上のどの点（パレート効率的な点）にも到達させられる」ということを**厚生経済学の第2基本定理**とよびます。この定理は，第12章で論じられるような分配の問題において，仮にどの

図 4-7 契約曲線（生産）

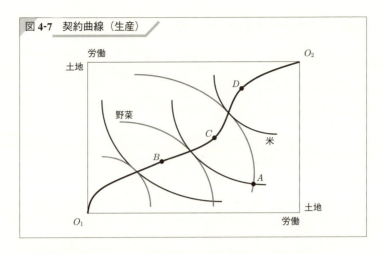

ような分配が望ましいかについての社会的合意が得られれば、パレート効率的などの点でも、政府の再分配政策と市場メカニズムとの組合せによって理論的には達成できることを示唆しています。なお、経済学では（資源）配分（allocation）という言葉で経済主体の消費量や生産量などを意味しこれは効率性で評価できますが、分配（distribution）という言葉は経済活動によって作り出された所得などの分け方を意味し、これを評価するには、公平性などの価値判断が必要になります。

生産の効率的資源配分

前項までは、簡単化のため消費のみの世界で議論してきましたが、生産要素の資源配分についても、ほぼ同様の議論ができます。第3章で学んだ等量線は、同じ量の生産が可能な2つの生産要素の組合せの点をつないだ曲線で、消費における無差別曲線と同様の形状をしていました。したがって、2つの生産要素の労働と土地を使って米と野菜の2財を作る世界を考えると、消費のエッジワース・ボックスと同様の図（図4-7）を作ることができます。ただし、図4-7に描かれて

図 4-8 生産フロンティアと限界変形率

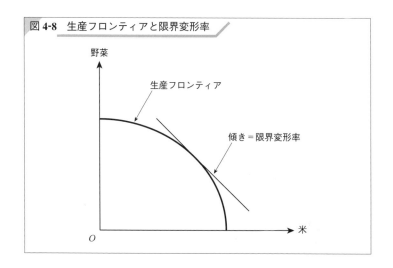

いるのは，2つの生産要素を使って米を作る生産者1の等量線群と，同じ2つの生産要素を使って野菜を作る生産者2の等量線群と，その2種類の等量線の接点をつなぐ契約曲線です。この契約曲線上のどの点もパレート効率的な生産の組合せになっています。また，2財の等量線の接点での傾きは，2つの生産要素の交換比率（相対価格）になっています。

この契約曲線を横軸が米の生産量，縦軸が野菜の生産量の図に描き直すと，図4-8の**生産フロンティア**となります。これはパレート効率的な点の集まりですから，米を増やせば野菜が減るという右下がりの曲線です。その傾きは米を1単位増やそうとして生産要素を米の生産に振り向けるとき，減らさなければならない野菜の生産量を表しています。これを**限界変形率**とよびます。

限界変形率がこの2財の相対価格に等しくなければ，生産性の相対的に低い（すなわち生産費が相対的に高い）財の生産を減らして，もう一方の財の生産を増やすことで利潤が増加します。たとえば，

米の価格を P_x, 野菜の価格を P_y とし, (計算しやすいように) 価格は同じ $P_x = P_y = P$, すなわち相対価格 $P_x/P_y = 1$ とします。いま米を1単位増やすとき減らさなければならない野菜の生産量を 0.8, すなわち限界変形率が 0.8 だとすると, 野菜の生産を 0.8 単位減らして $0.8 \times P_y = 0.8P$ の収入が減っても, 米の生産が1単位増えるので $1 \times P_x = P$ の収入が増えます。つまり価格は同じでも生産性の低い野菜の生産を減らして生産性の高い米の生産を増やすことで利潤が増加します。

したがって均衡では, 生産フロンティア上の限界変形率が相対価格に等しい点で2財の生産量が決まります。前項で見たように価格調整メカニズムによってパレート効率的な消費の均衡も達成されますから, 生産と消費の効率的な資源配分をもたらす均衡が, (厳密な数学的証明はこの本の範囲を超えますが) 価格調整メカニズムによって実現することになります。

> **ココをチェック！[4-2]**
> 資源配分がパレート効率的であるとはどのような状態ですか？

3 資源配分の効率性と国際貿易

比較優位　　前節で考察した資源配分の効率性は, 暗黙の前提として1国内部の経済を想定していましたが, これを2国の問題に拡張すると国際貿易についてのリカードの比較生産費説という有名な理論も説明できます。そのために, まず本項で比較生産費説とは何かについて説明し, 次項でそれが成立する理由を説明します。

表4-1 生産1単位当たり必要労働量

財＼国	A	B
米	2	4
野菜	4	5

　上述の生産の効率的資源配分の場合は，1国内での2つの異なる財の生産について考えましたが，ここでは米と野菜の2つの財の生産が2つの国A, Bそれぞれで行われている場合を考えてみます。ただし前節とは異なり，生産要素は労働のみで，それぞれの生産1単位に必要な労働量は各国の財ごとに一定とします。また賃金率は両国で等しいとします。その具体的な数値は表4-1のとおりです。

　この表からわかるように，両財ともA国のほうが生産性は高く，したがって安く作れます。このようなときA国は絶対優位にあるといいます。しかし，野菜を基準に考えると，野菜1単位と同じ労働力で，A国のほうがB国に比べて米を多く作ることができます。すなわち，野菜との比較ではA国のほうがB国より相対的に安く米を作ることができます。逆に，B国はA国に比べて相対的に安く野菜を作れることも同様の論理で説明できます。このように絶対的な生産性の水準にかかわらず，他の財と比べた相対的な生産性で優位にある場合に，**比較優位**にあるといいます。比較生産費説とは，比較優位にある財に特化して，それぞれの財を輸出し合うことが両国にとって最も効率的であるというものです。

2国の生産フロンティアと貿易

次に比較生産費説の成立する理由を考えてみましょう。まず A, B 両国の総労働量をそれぞれ 12, 20 と仮定します（この数字は計算の簡単化のために選んだもので他の数値でも構いません）。米の生産量を X, 野菜の生産量を Y として、労働者は他国へ移動しないとすると、次の2式が満たされなければなりません。

$2X + 4Y \leq 12$, これを変形して、$Y \leq -(1/2)X + 3$　（A国）

$4X + 5Y \leq 20$, これを変形して、$Y \leq -(4/5)X + 4$　（B国）

この2つの式はそれぞれの国で財 X, Y を作れる上限を示していますから、不等号を等号に変えた式は、それぞれの国の生産フロンティアを表しています。また前節で学んだように、限界変形率は生産フロンティアの傾き（の絶対値）なので、A 国は $1/2$, B 国は $4/5$ です。

仮にこの両国が統合した場合の生産フロンティアを描くと図 4-9 の外側の実線 DEF になります。その理由は以下のとおりです。まず、どちらも野菜しか作らない点 D から考えてみます。この点から野菜の生産量を減らして米を作り始める場合、米を割安に作れる A 国で作るのが効率的なので、A 国で米を生産できる上限の 6 までは、米は A 国で作られます。したがって、DE の傾きは A 国の生産フロンティアの傾きと同じになります。それ以上米の生産を増やそうとすると、あとは B 国で作るしかないので、EF の傾きは B 国の生産フロンティアの傾きと同じになります。

前節で、2財が効率的に生産される場合、限界変形率と相対価格が等しくなることを学びました。統合された生産フロンティアの傾きは点 E を挟んで左では $1/2$ 右では $4/5$ ですから、米と野菜の相対価格が $1/2$ と $4/5$ の間にあれば、この世界での均衡点は図 4-9

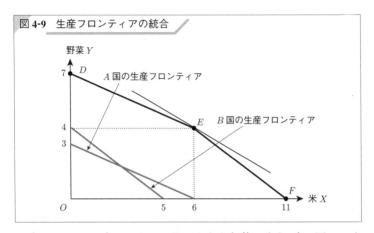

図 4-9 生産フロンティアの統合

の点 E となります。つまり，そのような価格であれば A 国では米の生産費が割安になり，B 国では野菜の生産費が割安になるので，均衡では A 国が米の生産に特化し B 国が野菜の生産に特化することになります。なお米と野菜の相対価格が $1/2$ より小さいか $4/5$ より大きいと，理論上は両国とも米か野菜に特化することになります（図の点 D か F）。しかしこれでは，どちらかの財がまったく生産されなくなるので，（財や国の数を増やした複雑なモデルではありえる状況ですが）両財とも必要であれば，この 2 国 2 財モデルでは，生産されない財の価格が上がり，最終的には相対価格が $1/2$ と $4/5$ の間に収まると考えるべきでしょう。

　現実には，ある財の生産をやめて別の財の生産を始めるには，大きな費用がかかり，普通は技術的にも容易ではありません。また 1 つの財の生産に特化すると，経済全体がその財の価格や需要の変動に左右されるというリスクもあります。また，産業全体の技術力向上にとって重要な財であれば，国内での生産をやめるという選択はできないでしょう。しかし，分業の効率性を評価する際に，絶対的な生産費の違いではなく比較優位に注目しなければいけない，とい

う理論の重要性が失われるわけではありません。

> **ココをチェック！[4-3]**
> 比較生産費説とはどのような説ですか？

4 効率性と公平性

パレート効率性の限界　第2節で見たように，交換経済では契約曲線で表されるパレート効率的な点は無数にありました。そのため，初期時点の資源の分配状態がどのようなものであれ，市場メカニズムによってパレート効率的な点に必ず到達することができました。しかし，パレート効率的な点が無数にあるということは，裏返せば，パレート効率性だけでは資源配分の望ましさを評価しきれない，ともいえます。

たとえば，図4-6（93頁）の点 E_1 と点 E_3 を比べると，明らかに消費者 A にとっては点 E_1 のほうが高い効用を得られ，消費者 B にとっては点 E_3 のほうが高い効用を得られます。どちらもパレート効率的な点ですが，2人の消費者の間でどちらの点がより望ましいかについての合意が得られるとは思えません。

この問題は，次のようにも考えられます。たとえばある時点で両者の分配状態が点 E_1 の近くにあったとすると，そこから市場メカニズムによって到達する点は点 E_1 もしくはその近くの契約曲線上の点になります。つまり，初めに財を多く持っている（金持ちの？）消費者は，市場メカニズムで効率的な財の配分がされた結果も金持ちだということです。もちろん，現実の社会ははるかに複雑なので，分配の状況はもっと大きく変化するかもしれません。しかし，

市場メカニズムは，あくまでもある与えられた分配の状態からパレート効率的な状態を自動的に作り出すものであって，達成された分配状態が「望ましい」ものかどうかはわかりません。

そもそもある分配状態が「望ましい」ものかどうかを誰かが決められるのでしょうか。それを考えるのは経済学の問題ではなく，政治学や哲学の問題だという考え方もあります。しかし，現実の経済問題（財政危機，失業，高齢化社会の社会保障など）には必ず分配の問題が絡んでおり，それに対して何らかの政策を実行すれば，現状の分配を変化させることになります。したがって，経済学でも分配の問題は昔から大きなテーマであったのです。最近の日本でも関心の高いテーマであり，どのような政策や制度が良いのかを考える際には避けて通れない問題です。分配の問題に関するミクロ経済学における研究については，第12章と第15章で説明しますので，本節ではその概要を紹介しておきます。

「望ましい」分配と現実の分配政策

初期の経済学では，個人的効用の総和を「望ましさ」の指標とする功利主義的考え方が，有力な主張の1つでした。しかし，序数的で個人間比較もできない効用関数を前提とする現在の経済理論では，そもそも異なる個人の効用を足し合わせることはできません。そこで，ひとまず「望ましさ」の指標については何らかの社会的合意ができることを仮定し，個人の序数的効用と類似の社会全体の厚生を想定して，その最大化を図るという方法が考えられます。しかし残念ながら，社会全体の厚生の基準について合意を得られるような民主的な意思決定制度は存在しないことが，アローによって理論的に証明されました（第12章4節参照）。ただし，その後も厚生経済学や社会的選択論とよばれる分野，あるいは政治哲学・法哲学の分野で分配の問題に関する理論的研究は続けられ，一定の成果

を上げています。こうした議論は第12章で改めて取り上げます。

　以上は,「望ましい」分配がどのようなものであるかについての議論でしたが,現実には,毎日分配に関する何らかの意思決定や政策判断がなされています。こうした公共的な意思決定が「実際にどのように行われている」のかを経済学の分析手法を使って研究するのがブキャナンやタロックなどによって創設された公共選択論といわれる分野です。消費者が効用,生産者が利益を最大化するように,政治家,官僚,利益団体,そして有権者もまた,それぞれの目的を最大化するように行動すると考えます。また,公共選択論が主に政策決定過程での意思決定の研究であるのに対して,最近ではさまざまな経済政策の中味や実施過程,あるいは選挙制度などの政治過程も対象にして,ゲーム理論,情報の経済学,マクロ経済学,などの最新の理論を使って分析する新しい政治経済学も発展してきています。こうした新たな研究動向も含めて公共選択論や新しい政治経済学については第15章で詳しく見ていきます。

> **ココをチェック！[4-4]**
> なぜパレート効率性だけで資源配分を評価できないのですか？

5 市場メカニズムがうまく機能しない場合

市場の失敗　　前節で紹介したのは,主に市場メカニズムでは解決できない分配の問題に関する研究についてでしたが,市場メカニズムの本来の機能,すなわち価格を媒介とした資源の効率的な配分が,何らかの理由でうまく働かなくなることがあります。それらのケースを**市場の失敗**とよびますが,

論者によって何をそれに含めるかは多少異なります。最も広い意味では，マクロ経済学で扱うような価格の硬直性や失業，また前節で議論した分配の問題も市場の失敗に含める場合があります。しかし通常は，市場メカニズムが機能するための諸条件が満たされない場合に生じる問題を意味します。これらの諸条件とは，一般均衡が存在し厚生経済学の2つの基本定理が存在するために必要な理論的条件です。厳密な理論的説明は本書の範囲を超えますが，それらが満たされないケースは，消費者の限界代替率逓減（無差別曲線が原点に向かって凸；第2章40頁参照），生産における規模の経済，外部性や公共財，情報の非対称性などです。個々の問題については次章以降で詳しく説明しますが，本節ではその全体像を概説します。

　本章前半で見てきたように，市場ではすべての消費者が効用最大化，すべての生産者が利潤最大化を図った結果，効率的な資源配分が達成されますが，消費者の限界代替率が逓減しなかったり，生産において規模の経済が存在したりすると，消費者や生産者の行動が効率的な結果をもたらさなくなります。消費者の限界効用逓減という条件は通常はほぼ満たされると考えられるので，この2つのうち主に問題とされるのは生産における規模の経済です。次章で見るように，企業数が減ると企業が価格に対する影響力を持てるようになりますがその原因の1つが規模の経済です。このとき（多数の需要者と供給者のいる）完全競争では機能していた市場メカニズムがうまく機能せず，市場の失敗が起こります。

　次に，おそらく市場の失敗のなかでも一般的によく知られているものに公害などの外部性の問題があります。外部性とは，ある消費者または生産者の経済活動が，市場での取引を介さずに他の人の効用や利益に影響を与えてしまうことです。排気ガスや汚水のような負の影響だけではなく，たとえば，自分の家の庭に植えて楽しん

でいる花や木が，近所の人の目も楽しませることになるような正の影響もあります。公園や道路などの公共財（経済学的に正確な定義は第11章で説明します）も，その生産によって1人ではなく不特定多数の人が，その財の提供するサービスを享受できるという意味で正の外部性の一種だと考えることができます。公共財も含めて外部性のある財は，取引の当事者以外に正や負の影響を与えるわけですから，通常の市場メカニズムによる需給調整メカニズムでは問題が生じそうなことは想像できると思います。どのような影響があるのか，そこで起こる市場の失敗をどのように補正できるのか，については第11章で議論します。

最後に，消費者や生産者など，取引や契約の当事者間で持っている情報が違うことによって生じる市場の失敗があります。完全競争の場合は，自分の選好や所得，自社の技術・費用についての知識があれば，あとは価格を見て消費や生産に関する意思決定ができました。実はその際，財の性質に関する情報は完全に持っているという暗黙の前提がありました。しかし現実には，たとえば財の売買では，通常は売り手のほうが買い手よりその財に関する情報を多く持っていると考えられます。人によって持っている情報の量や質が違えば（非対称情報），最適な意思決定ができないということは想像に難くありません。また，持っている情報が両者にとって同じだけ不確実なら（不確実性），起こる可能性を織り込んだ将来の市場（条件付先物市場）が完備されていれば理論的には市場の失敗は起こりませんが，それは現実的とは言えません。こうした問題は第7章で議論します。

以上のように（狭義の）市場の失敗の議論は，市場メカニズムの問題点を指摘するというよりは，理論的には優れた資源配分方法である市場メカニズムが，不完全競争，不完全情報，外部性のもとで

は，なぜ理論どおりに動かないのか，その場合にどのような政策的補完が可能なのか，という市場メカニズムの現実への応用を考えるものです。分配の問題のように，市場メカニズムがもともと対象としていない問題ではなく，あくまでも市場メカニズムの枠内での議論だということに注意してください。

価格調整のスピードと労働市場

前項の初めに，価格の硬直性を市場の失敗とみなす場合もあると述べましたが，為替市場のように毎秒価格が変化して瞬時に需給が調整されるような市場はむしろ稀です。財・サービス市場でも，卸売市場でのセリや，売れ残りの商品の値段が刻々下がっていく夕方のスーパーの食品売り場のように，短期間に価格が改定される例はありますが，場所も時間もきわめて限定された特殊ケースです。

また，価格が変化しても需要や供給が即座に反応するとはかぎりません。農産物や海産物がその典型的な例です。豊作や大漁のときに値段が下がりすぎて，せっかくの作物や魚を廃棄している映像をニュースなどで見たことがある人も多いと思います。

労働市場も価格調整のスピードという点では特殊な市場です。ここでも，理論的には賃金率（時間当たり賃金）に応じて家計の労働供給量と企業の労働需要量が決まるのは，それぞれ第2章と第3章で学んだとおりです。しかし日本の大企業では，近年変わりつつあるものの新卒で社員を採用すると「終身雇用」とよばれるような長期雇用の制度が支配的なので，学校の卒業時期に合わせた1年に1回の新卒者市場という特殊な，しかし大きな市場が存在しています。新卒者はいったん企業に就職すると，同一企業での勤務年数が長くなるほど賃金が上がったり昇進したりする年功序列型の人事制度や，企業別に労働組合が組織され企業の内部で賃金や他の労働条

件を決める仕組みに組み込まれるため，短期的な価格調整メカニズムとしての「市場」には，なかなか出てきませんでした。

新卒市場での「価格」は，賃金率ではなく初任給とよばれる月給あるいは年収だと考えられますが，就職する供給側も採用する需要側も長期的視点で行動するため，就職時の短期的な賃金が両者の意思決定の大きな要因になるとは思えません。生涯賃金がある程度の確度で予測できれば大きな要因になりえますが，企業や業界の将来性など，生涯賃金を予測するには不確定要素が多すぎます。

最近は日本でもパートや派遣社員といった短期的な雇用形態が拡大し，需給状況を反映して賃金が変動する職種も増えたようですが，依然として長期的雇用形態も残っています。また，第1節で説明したように，日本に限らず，制度的にも最低賃金や各種の労働時間に関する規制なども多く存在しており（図4-2, 85頁参照），短期的な市場でも価格調整の難しい場合があります。

これらの個々の市場だけではなく，マクロ経済的な需要と供給も瞬時に価格によって調整されるわけではありません。そのため政府による財政政策や金融政策が正当化されるのですが，詳しくはマクロ経済学で学んでください。

> **ココをチェック！[4-5]**
> 「市場の失敗」にはどのような例がありますか？

練習問題

4-1 計画経済と市場経済の効率性の比較に関する以下の問いに答えなさい（86頁の ***Case Study*** ②を参照）。

(1) ある製品の価格が，政府によって市場の均衡価格より低い値に決め

られたとします。政府が製品価格だけを決める場合と，政府が生産者に補助金を出して消費者にその価格での購入を保証する場合に分けて，その総余剰を政府による介入がない市場経済の場合と比較しなさい。

(2) ある製品の価格が，政府によって市場の均衡価格より高い値に決められたとします。売れ残った商品は政府が決めた価格で引き取るとするとき，消費者余剰，生産者余剰，総余剰を，それぞれ政府による介入がない市場経済の場合と比較しなさい。

4-2 現在の資源配分が図 4-7（94 頁）の点 A であるとすると，そこから価格調整メカニズムによって到達するパレート効率的な点は B, C, D うちどれですか。その答えの理由も説明しなさい。

4-3 2 つの財 X, Y の生産が 2 つの国 A, B それぞれで行われています。生産要素は労働のみで，財 X の生産 1 単位に必要な労働量は A, B それぞれ 4, 3 で，財 Y の生産 1 単位に必要な労働量は A, B それぞれ 4, 5 とします。また A, B 両国の総労働量はそれぞれ 12, 20 とします。このとき，両国がそれぞれ 1 つの財の生産に特化するのが効率的である条件を求めなさい。

第5章 不完全競争の市場

Introduction 　第1章と第3章では，完全競争市場における企業の供給曲線が説明されました。そこでは企業は市場で決まる価格をプライス・テイカーとして受け入れて，そのもとで利潤を最大化していました。これに対して本章では，市場が完全競争の条件を満たさない不完全競争市場である場合に，企業がどのようにして利潤最大化を行うかを明らかにしていきます。不完全競争市場では，企業は価格支配力を持つので，価格を自ら設定します。この点を，まず独占市場においてしっかりと理解します。また，複数の少数企業が競争する寡占市場では企業同士の行動に相互依存関係が発生するので，価格設定においては他社の反応も考慮しなければなりません。本章では，基本モデルにおいてこのような相互依存関係をどのように扱うことができるのか説明します。

Keywords 　独占，限界収入，限界利潤，独占均衡，需要の価格弾力性，価格差別，寡占，複占，ベルトラン市場，価格競争，ベルトラン均衡，数量競争，クールノー市場，反応曲線，クールノー均衡，ハーフィンダール＝ハーシュマン・インデックス（HHI）

1　不完全競争市場とは

完全競争と不完全競争　この章では，財の供給を行っている企業数が少ない市場における企業の行動に注目します。ここで，企業数が少ないというのは，第1章で説明した完全競争市場の4つの条件の「企業数が十分に多い」が満たされて

いないことを意味しています。また,「市場への参入と退出が自由である」という条件も満たされておらず,それが企業数を少なくする主な原因となっています。完全競争市場においては,どの企業の供給量も市場全体の供給量に比べてきわめて小さいものでしたので,1社だけ供給量を変化させても市場価格に何ら影響を与えることはありませんでした。これに対して,この章では,個別企業の供給量の変化が市場価格に明白な影響を持つぐらいに企業数が少ない状況を取り上げていきます。

ミクロ経済学では,完全競争の4つ条件のどれか1つでも満たしていない市場を不完全競争市場とよびます。本章では,同質財,および情報の完全性は満たしていますが,企業数と自由参入・退出の条件が成立していない不完全競争市場を対象とします。その他の不完全競争市場とそこでの企業行動については第Ⅱ部で扱うこととします。財・サービスの品質についての情報が消費者に十分に知られていないような市場の分析は第7章で議論されます。また,製品の差別化・ブランドについては第10章で扱います。

独占市場と寡占市場 さて,企業数が少ない不完全競争市場は,企業が1つしか存在しない独占市場と企業数が2社以上ではあるが少ない寡占市場に分けることができます。両市場の決定的な違いは,企業間の競争が存在するかどうかにあります。独占市場では1社しか存在しませんから,独占企業は競争を考慮することなく自らの利潤を最大化できます。一方,寡占市場では,企業数が少ないにもかかわらず非常に激しい競争が繰り広げられる可能性があります。寡占市場における競争の激しさは競争の結果として各企業が獲得する利潤が完全競争市場でのゼロ利潤をどれだけ上回るかによって評価されます。ミクロ経済学では,寡占市場における競争の基本モデルとしてクールノー,ベルトランと

いう経済学者によってそれぞれ提示されたクールノー市場とベルトラン市場が取り上げられてきました。クールノー市場では企業は生産量をめぐって競争を行い，一方のベルトラン市場では企業は価格引き下げ競争を行います。

　本章では以下，第2節で独占市場を，第3節で寡占市場を順に説明していきます。第4節では，不完全競争が，ミクロ経済学の観点からどのような問題を引き起こすと考えられているのかを説明します。

> **ココをチェック！ [5-1]**
> 不完全競争市場と完全競争市場の違いはどこにありますか？

2　独占市場と企業行動

独占企業の経営者の問題

　スープ市場を独占する企業の経営者の問題とはどのようなものでしょうか。完全競争市場では，自分の生産した財・サービスの価格は市場によって決まるのであって，各企業の経営者はプライス・テイカーとして与えられた価格のもとで利潤を最大化する生産量を選べばすみました。しかし，**独占**市場では，企業に価格支配力が生じます。つまり，独占企業の経営者にとっては，価格をどの水準に設定してもそれより安い価格で対抗しようとする競合者は存在しないのです。そこで，この価格支配力を利用して利潤を最大化する価格を設定することが最大の課題となります。本節では，独占企業の経営者がどのようにして独占価格を設定するのかについて説明します。

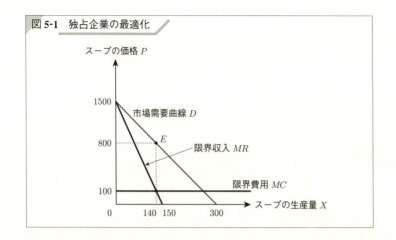

図 5-1 独占企業の最適化

独占企業の利潤

スープ市場需要曲線が図 5-1 のように，直線 $P = 1500 - 5X$ で表されるとしましょう。

独占企業は利潤を最大化するように生産量を決めるとして，利潤は $\pi = R(X) - C(X)$ と書けます。π（パイ）は利潤を表し，$R(X)$ は生産量が X のときの収入で，$C(X)$ は生産量が X のときの総費用です。単純化のため，総費用は $C = cX$ で表されるものとしましょう。これより，限界費用と平均費用が生産量に関係なく一定でしかも等しく c となります。図 5-1 では $MC = AC = c = 100$ で，これは横軸に平行な直線で表されています。

独占企業の収入は（価格）×（生産量）ですから $R(X) = P \times X$ と書けます。ここで注意すべきなのは，完全競争市場における企業のように価格 P を定数として考えることはもはやできないということです。価格は生産量とともに市場需要曲線に沿って変化します。図 5-1 の需要曲線では，$R(X) = (1500 - 5X)X$ なので，利潤は，$\pi(X) = (1500 - 5X)X - 100X$ となります。

限界収入　生産量を1単位増加するごとに増える収入を**限界収入**（marginal revenue, MR）とよびます。記号では $MR = \Delta R / \Delta X$ と書きます。ΔR は収入の変化分，ΔX は生産量の変化分を表します。第1章で説明されたように，完全競争市場における企業にとっては限界収入は価格と同じでした。なぜなら，ある市場価格のもとで1単位多く販売すれば収入はちょうど価格分だけ増えるからです。しかし独占市場においては，生産量を増やせば市場価格が低下するので，限界収入は価格より小さくなります。たとえば，先に設定した需要曲線において1単位をスープ1缶だとしてその価格を1000円と設定するならば100本売れますので収入は10万円ですが，ここで生産量を1単位増やそうとするとそれが需要されるためには価格は5円下げて995円にしなければなりません。すべての生産量を同じ価格で販売するならば新たな収入は $995 \times 101 = 100{,}495$ 円ですので，限界収入は495円となります。生産量が1本増えても，101本を元の価格で売れるならば収入は1000円増えますが，実際は価格が1本当たり5円下がるので，それにより $5 \times 101 = 505$ 円だけ収入が減り，100本から101本に増産することによる限界収入は $1000 - 505 = 495$ 円となるのです。表5-1にいくつかの生産量に対応する価格，収入，限界収入を計算しておきました。ここで限界収入は，ある生産量 X から $X+1$ への変化に対応する収入の変化分として計算されています。

さて，図5-1では，需要曲線の下方に生産量の増加に伴って，その値が需要曲線と比べて急速に減少している直線として限界収入のグラフが描かれています。この直線は式で表すと，$MR = 1500 - 10X$ で，需要曲線の2倍の傾き（絶対値で）になっています。実際，表5-1の第2列の価格 P の変化とそれに対応する第4列の限界収

表5-1 独占企業の最適化（1単位が1缶の場合）

生産量 (X)	価格 (P)	収入 (R)	限界収入 (MR)	利潤 (π)
99	1,005	99,495	505	89,595
100	1,000	100,000	495	90,000
101	995	100,495	485	90,395
119	905	107,695	305	95,795
120	900	108,000	295	96,000
121	895	108,295	285	96,195
139	805	111,895	105	97,995
140	800	112,000	95	98,000
141	795	112,095	85	97,995
149	755	112,495	5	97,595
150	750	112,500	−5	97,500
151	745	112,495	−15	97,395

入（MR）の変化を比較してみると，たとえば，生産量を100単位から101単位に1単位増やす場合，市場で1単位多くさばくために価格を1000円から995円に5円だけ安くしなければなりませんが，それに伴う追加的な収入である限界収入は99単位から100単位への変化に伴う505円から495円に10円ほど減少しています。つまり，限界収入の変化の大きさは価格の変化の2倍となっています。

これは，限界収入自体が2つの要素で構成されていることに拠ります。100単位から101単位に生産量を増やすことによって，追加の1単位を995円で売ることで収入はその分だけプラスの変化をします。しかし，もともとの100単位からの収入は1000円で売

れていたときの100,000円から99,500円に500円だけマイナスに変化します。限界収入はこの2つの変化をあわせた495円のプラスの純変化なのです。よって、限界収入そのものの変化は、プラスの変化要素とマイナスの変化要素がそれぞれどのように変化するかによって決まります。

まず、プラスの効果に注目すると、99単位から100単位に変化する場合のプラスの変化が1000円であるのに対して、100単位から101単位への変化に伴うプラスの変化は995円なので、ちょうど価格の変化分である5円だけプラス効果は減少します。次にマイナスの効果ですが、99単位から100単位への変化に対応するマイナス分は495円であるのに対して、100単位から101単位への変化に伴うマイナス分は500円とマイナス効果は価格変化分の5円だけ大きくなっています。よって、限界収入を構成するプラスの要素が価格の低下分減少し、マイナスの要素も価格の低下分大きくなるので、限界収入は生産量の増加に伴って価格の低下分の2倍分だけ減少することになります。

独占企業の最適生産量

生産量を1単位増加させたときの利潤の変化を**限界利潤**とよぶと、限界利潤は、(限界収入) − (限界費用) で表されます。ここで、利潤 $\pi(X) = R(X) - C(X)$ において、収入 $R(X)$ は、$R(0) = 0$ なので、

$$R(X) = R(X) - R(0) = (R(1) - R(0)) \\ + (R(2) - R(1)) + \cdots + (R(X) - R(X-1))$$

と分解できます。ここで、限界収入 $MR(X) = R(X+1) - R(X)$ であり、また限界費用がどの生産量においても一定の100であるので、利潤は、

$$\pi(X) = (MR(0) - 100)$$
$$+ (MR(1) - 100) + \cdots + (MR(X-1) - 100)$$

と分解できます。このことは，生産量 X における利潤が生産量が X まで増えていくのに対応する限界利潤の和であることを示しています。

そこで，表 5-1 において限界収入の値から限界費用の 100 を差し引いた限界利潤を計算してみると，$X = 139$ までは限界利潤はすべてプラスであることがわかります。$X = 139$ で限界利潤は 5 となり，$X = 140$ で初めてマイナスとなり，以降ずっとマイナスとなります。よって，利潤を最大化する生産量は $X = 140$ であることがわかります。実際，表の利潤の列を見ると確かに $X = 140$ で最大値をとっています。

同じことを連続量の眼鏡で見ると，図 5-1（111 頁）のように利潤最大化の生産量は，限界収入のグラフと限界費用の水平線が交差する生産量 $X^* = 140$ となります。そこでは，限界収入と限界費用はぴったり 100 で一致しています。つまり，限界利潤はゼロとなっています。このように限界利潤をゼロとする生産量として最適生産量が決まると，対応する独占価格は市場需要曲線上で決まります。図 5-1 の点 E は独占市場での独占生産量 $X^* = 140$ に対応する独占価格が $P^* = 800$ となることを示しています。このような独占価格と独占生産量の組合せは**独占均衡**とよばれます。

Column ③ 需要の価格弾力性

需要曲線のその最大の特徴は右下がりの曲線となることですが，この点については，財が正常財であるならば個別需要曲線が右下がりとなるので，その集計によって得られる市場需要曲線も右下がりになる，と第 2

章で説明しました。価格を自ら設定する企業にとっては，市場需要曲線の形状についてさらに知りたいことがあります。それは，価格の変化に対して需要量がどれだけ感応的かということであり，ミクロ経済学ではこれを**需要の価格弾力性**として説明します。

市場需要の価格弾力性は ε（イプシロン）で表記され，

$$\varepsilon = -\frac{需要量の変化率}{価格の変化率}$$

と定義されます。これは，価格が1％上昇したことによる需要量の減少率を示します。ε の値は，需要曲線のどの点で評価されるかによって値は変わりますが，値が1より小さい場合はその点で需要は非弾力的とよばれ，値が1より大きければその点で需要は弾力的とよばれ，値が1ならその点で弾力性が1とよばれます。

さて，計算は省きますがこの価格弾力性と独占均衡における価格との間には，

$$\frac{1}{\varepsilon} = \frac{独占価格 - 限界費用}{独占価格}$$

という関係が成立します。右辺は独占企業が価格を限界費用の水準から引き上げる程度を表す尺度でマークアップ比率とよばれます。ここで1つ注意しなければならないことは，この関係式が意味を持つのは ε の値が1以上である場合に限るということです。つまり，独占均衡となる価格と生産量は需要曲線の弾力的な点（および弾力性が1の点）で成立しているのです。

さて，関係式から，需要曲線がより弾力的である（ε の値が大きい）ほど独占価格が限界費用に近づくことがわかります。ある財の需要曲線の価格弾力性の値に大きな影響を与えるのは，その財と競合する財の存在ですが，財の競合性が高まればそれだけ弾力性も高まるので，独占企業といえども価格は低く設定せざるをえません。たとえば，東京と大阪間で飛行機での移動サービスの利便性が高まるほどJR東海が東京と大阪間の新幹線料金の思い切った割引を実施することを期待してもよいでしょう。しかし，東京と名古屋間の移動サービスについては，このような異なるモード間の競合はありませんから，東京と名古屋間の旅客にとっては残念ながら新幹線料金の割引はあまり期待できません。

価格差別

これまでは、独占企業の利潤最大化行動は、企業は1つの財に対して1つの価格しか設定できないという前提のもとで説明されてきました。しかし、現実には一律価格ではなく、同じ製品・サービスであるにもかかわらず、たとえばその購入方法の違いだけで大きく販売価格が異なるようなケースが多く観察されます。航空券や旅行保険等はインターネットで購入するか空港で購入するかで価格が大きく異なるのはその一例です。このような価格設定をミクロ経済学では、**価格差別**とよびます。もちろん独占企業にとっては一律価格を設定するのはいつでも可能ですので、価格差別はその実行によって利潤が増大する場合にかぎって採用されます。

価格差別にはいくつかの方法が考えられますが、ここではグループ別価格差別を紹介しておきます。これは、ある製品・サービス市場の消費者が企業にとって確実に判別可能なグループに分けられる場合です。たとえば、学生か学生でないか、女性か男性かなどです。映画館では、学生割引や特定日を女性サービスデイとするなどしてグループ別価格差別を行っていますが、その実行可能性は学生証の存在、見た目での判別可能性に拠っています。さて、学生や女性に割引をするのは一見企業にとって損なようですが、特定グループとそうでないグループの間で需要の価格弾力性に大きな違いがあるならば割引によって独占企業には利潤を増大させることができるのです。いま、企業が学生グループ（グループ1）の需要曲線とそうでないグループ（グループ2）の需要曲線を分けることができるとすると、独占企業は各グループの需要曲線において利潤最大化を行います。ここで、もし学生グループの需要の独占均衡における価格弾力性のほうが他グループのそれより大きいならば、利潤最大化のためには独占企業は学生グループへの価格を2つのグループを

第5章 不完全競争の市場

区別できない場合の価格よりも下げようとします。逆に，他グループへの価格は上げようとします。つまり，学生割引は理にかなった価格設定となっているのです。

> **ココをチェック！[5-2]**
> 独占企業の限界収入と完全競争市場における企業の限界収入の違いは何ですか？

Case Study ③ 独占市場と潜在的競合者

さて，現実に独占市場である，または一時的にはそうであると考えられる市場にはどのようなものがあるのでしょうか。表5-2にいくつかの独占市場となっている製品・サービスの例を挙げて，独占市場である要因を対応させてみました。まず，電力市場では，独占要因として自然独占があります。自然独占とは，規模の経済性の大きさと市場需要の大きさの相対的な関係から，既存企業1社に対して競争をしかける参入が起きないような市場を指します。自然独占については第14章で詳しく説明されます。

自然独占でない場合には，複数の企業の競争がその市場では起こりうるのですから，独占となるためには何らかの方法で潜在的競合者が排除されなければなりません。その方法として，郵便サービスにおける信書配達市場のような政策的独占と医薬品市場における特許法による保護による独占があります。

より具体的に見ると，小包等の配達については，民間の宅配便業者との激しい競争がすでに定着していますが，手紙・はがきの配達についても政策的な変更が実施されたなら同様に競争市場となります。実質，イギリスの状況から予想されます。イギリスでは政策的独占の時代にはロイヤル・メールが国営独占企業でしたが，2006年の完全自由化後にアメリカ・ドイツ・オランダの海外企業の参入によって市場での独占体制はあっさり崩壊してしまいました。参入企業との競争で価格の低下とサービスの向上（郵便がきちんと届く率の向上等）が実

表5-2 独占市場

製品・サービス	独占要因
電力	自然独占
信書配達サービス	政策的独占
医薬品	特許権

現しています。日本でも 2007 年に日本郵政公社が民営化されて競争の促進のために信書市場への参入条件が段階的に緩和されてきていますが，新規参入は遅れています。

医薬品市場では，いわゆる新薬の化学組成を特許権で守ることで独占を確保しています。特許権は，特許申請受理から 20 年間の独占的使用権を保証する権利ですがこの期間が過ぎれば成分や用法が同じ薬を後発医薬品（ジェネリック）として他の企業も生産・販売ができます。後発医薬品市場では新薬開発に比較すればわずかな研究開発投資で済むので中小メーカーのひしめく非常に競争的な市場となっており，価格は新薬の 20% 以下にまで低下することもあります。

3 寡占市場

寡占市場とは　この節では**寡占**市場における企業行動とその結果として市場で成立する価格や生産量について考察していきます。寡占市場とは，各企業がある程度の価格支配力を持ちうるだけの少ない企業しか市場に存在していない市場のことです。もちろん最小の寡占企業数は 2 企業となります。2 企業しかいない寡占市場はとくに**複占**市場とよばれます。寡占市場における企業の最適化行動を理解するうえでは，複占市場の場合を見れば十分ですが，企業数が独占の場合の 1 から 2 に増えるだ

けでも企業行動,さらに市場均衡は大きく異なってきます。独占企業は市場需要曲線と自らの技術的条件すなわち生産の費用構造のみを考慮して生産量を決めればすみました。しかし,寡占市場においては,各企業はさらにライバル企業の行動を考慮に入れる必要が生じ,自分の行動の変化が他企業の行動の変化としてはね返ってくるという相互依存関係のなかで各自の利潤を最大化していかなければなりません。この相互依存関係がどのようなものであるかによって寡占市場で成立する均衡価格・生産量が大きく異なってきます。たとえば,同じような生産技術を持つ2企業からなる複占市場において,両企業がきわめて激しい価格競争を演じざるをえない相互依存関係にあるならば価格が完全競争価格に一致することはありえますが,別の相互依存関係のもとでは,お互いに限界費用を上回る価格を設定して高い利潤を享受できるかもしれません。

Case Study ④ 市場で寡占化する要因

ある市場がどのような要因によって寡占市場となるのかについて考察しておきましょう。

まず,粗鋼ですが,高炉への投資が巨額であることがある程度大きな企業でないとやっていけない最大の理由です。とくに高炉はほかへの転用ができないので,それを建設して参入するかどうかは,投資が十分に回収できるかどうかによります。しかし,粗鋼は製品としての差別化の程度が小さいために,激しい価格競争にさらされます。実際,今世紀初めには,粗鋼1kgは1リットルのペットボトルの水より安いといわれていました。そこで生き残るには相当大きな規模の経済性を発揮するような大規模高炉を何基も持たなければなりませんので,少数の企業しか収益を確保できない市場となります。世界的に見ても企業の大規模化は進んでおり,日本でも2012年に新日本製鐵と住友金属工業が国内市場シェア40%と15%の合併を実現させてい

ます。

　次にスマートフォンなどの携帯情報端末ですが，同じ OS に対応する製品の普及が高まるほどその製品上で利用できる応用ソフト（アプリ）が続々と開発されることで製品自体の有用性が高まって需要が伸びるといったネットワーク外部性（第 10 章 3 節参照）が寡占化を進めています。企業としては，他社に先行して一定規模以上のシェアを獲得するほど生き残れる可能性が高まるために，デザインや広告によるブランドの確立や新規の購入を促進するような販売戦略が重要になります。

　航空市場では，1 機で 100 億円以上する機材をかなりの数必要としますし，運行には絶対の安全性が法的に要求されますので，各機の維持管理費用も含めれば参入のために莫大な投資が求められます。さらに，やはり安全性の要求から運航者であるパイロットの資格要件は厳しく設定されていますので，新規企業にとってはパイロットの確保は参入を困難にする要因となります。また，運行のためには離発着する空港の利用が必要となりますが，既存企業に有利となるような利用権の配分ルールが適用されたり，あるいは，マイレージ・プログラム等のポイント制度の充実によってスイッチング・コスト（他の競合する製品・サービスに買い替えることに伴って発生する費用のことで，ここではそれまでたまっていたマイレージ・ポイントが無駄になること）が高まることなども寡占化の要因となっています。

　最後に，土木・建築ですが，土木でいえば，日本のような水の湧出しやすい困難な地質でトンネルを掘ったりするための掘削機械を使いこなすノウハウはいわゆるスーパーゼネコンにしかありません。建築でいえば，超高層のマンション（同じような 3LDK の部屋の積み重ね）の建設は中堅ゼネコンでもできますが，六本木ヒルズのような超高層の商業施設（アトリウム，映画館，フードコート等多様な用途の空間を組み合わせる）となるとかなり高度な技術を持った企業でないと対応できません。とくに，日本のように地震の多い国ではそのようなビルの耐震設計にも一層高度な技術を求めることになります。また，土木・建設ともに完成してお金が入るまでに長期間のラグがあるので，その間に資金繰りが悪化して工事完遂ができないといったこと

がないだけの資金保証力もこの市場での寡占化要因となっています。

ベルトラン市場

本項と次項ではベルトラン市場とクールノー市場という基本モデルにおいて寡占企業の最適化行動と寡占市場均衡について説明します。どちらの場合も，企業1と企業2からなる複占市場であり，企業数以外は完全競争市場の条件を満たすものとします。とくに，同質的な財の市場で，品質や価格に関する情報は消費者に完全に知れ渡っており，両製品を購入するための交通費などの別途費用は一切無視できるものとします。また，市場需要曲線は，独占市場で使った $P = 1500 - 5X$，費用条件も両企業ともに平均費用と限界費用が同じで，$AC = MC = 100$（円）であるとします。

ベルトラン市場では，企業が価格を設定し合う**価格競争**を想定します。消費者は1円でも安いほうから購入しようとするので，もし企業1の価格が企業2より安ければ，すべての顧客は企業1に殺到します。その場合でも，企業1は1単位100円でいくらでも生産できると仮定すると，品切れによって利潤を獲得し損ねることはありません。たとえば，隣り合ったお店が同じ物を販売する場合がこのような市場に当たります。消費者は両方のお店でのこの財の価格を知り，1円でも安いほうで購入しようとし，お店はお客を奪うため価格の引き下げ競争を行うことになります。

さて，このような状況で各企業はどのように価格を設定するでしょうか。まず，企業1が独占価格の $P^* = 800$（円）に設定したとしましょう。すると，ベルトラン市場ではどちらの企業も市場需要をすべて賄えるだけの供給能力を持っていると仮定しますので，企業2は800円より低い価格700円を設定することにより，市場の需要をすべて獲得することができます。しかし需要を奪われた企業

1は,同様にさら低い価格600円を設定することにより市場需要を奪い取れます。このような激しい価格競争は,需要を奪いとることがプラスの利潤をもたらす可能性が残されているかぎり続けられます。最終的には,価格は限界費用の100円まで低下します。99円では市場全部を奪ってもマイナス利潤ですからもはやどちらの企業も値下げはせず,100円で140個ずつ販売してゼロ利潤となってしまいます。このような価格競争の行き着く先を**ベルトラン均衡**とよびます。

クールノー市場

企業間の競争には,価格の引き下げ競争というよりは,生産規模や販売量をめぐる競争があります。たとえば,半導体チップの競争では,市場シェアでトップに立たないと意味がないとばかりに,巨大な工場の建設の応酬が見られます。こうした市場では,企業のシェアの大きさがその企業の製品の価格支配力をもたらします。これは,独占企業が価格支配力を持つことに似ています。先に見た2社のベルトラン市場では,どちらの企業も均衡では50%という高いシェアを持っていましたが,価格は限界費用を1円たりとも上回ることはできませんでした。そこで,寡占市場において各企業がシェアに応じてある程度の価格支配力を得て,均衡でも限界費用を上回る価格設定を行えるような競争を理解するためには別のモデルが必要となります。

企業が生産量を決める**数量競争**をとらえた**クールノー市場**はこのようなモデルの土台となるものです。ベルトラン市場では企業が価格を決定し,需要に応じて供給をすると考えたのに対し,クールノー市場では企業が生産量を決定し,価格は企業の合計生産量が残らず販売される値に決まると仮定されます。また,クールノー市場において企業が利潤最大化をめざして生産量を決めるとき,ライバル企業の生産量決定の予測に1つの仮定がおかれます。すなわち

自企業が生産量を決めるとき,ライバル企業の生産量を予想して自らに最適な量を選ぶわけですが,そのようにして決めた生産量が今度は相手の生産量の決定に影響を与えることはないと想定するのです。言い換えれば,自企業の生産量を決定するとき,ライバル企業の生産量を所与として扱うのです。

具体的に数値例に従ってクールノー市場での企業行動について説明していきましょう。ある同質的な財の市場に2つの企業(企業1と企業2)が存在し,生産量 x_i $(i = 1, 2)$ を同時に決めます。市場の需要曲線は $P = 1500 - 5X$ とします。ただし,P は価格,X は市場全体の需要量で $X = x_1 + x_2$ です。

企業1の利潤 π_1 は一般的に,(収入) − (費用),すなわち $\pi_1 = R_1 - C_1$ と書けます。ただし,限界費用は100円なので,$C_1 = 100x_1$ となります。収入 R_1 は(価格)×(生産量)で $P(X)x_1$,あるいは価格が上記の需要曲線で決まることを考慮すると,$R_1 = [1500 - 5(x_1 + x_2)]x_1$ となり,費用を差し引いた利潤は $\pi_1 = [1500 - 5(x_1 + x_2)]x_1 - 100x_1$ と書けます。企業1は,x_2 を予想し,それが所与の定数であると考えて利潤を最大化する生産量 $x_1^r(x_2)$ を求めます。ここで,上の添字 r は,企業1が企業2の予想生産量に対して,最適に反応することを意味しています。

クールノー市場での価格は市場での供給が需要と一致するように決まるという仮定は,企業1にとっては,企業2は予想生産量 x_2 を必ず売りつくすことができることを覚悟しなければならないことを意味します。すると,企業1が利潤最大化において直面する需要曲線は,市場需要から企業2の予想生産量をあらかじめ差し引いた残余需要曲線となります。

たとえば,企業2が120単位生産すると予想している場合,価格が900円ならばちょうど120単位だけの需要があるので,企業

表 5-3 クールノー市場の企業 1 の最適な反応

予想生産量	残余需要量	限界利潤	最適反応生産量
280	$100-5x_1$	$-10x_1$	0
240	$300-5x_1$	$200-10x_1$	20
200	$500-5x_1$	$400-10x_1$	40
160	$700-5x_1$	$600-10x_1$	60
120	$900-5x_1$	$800-10x_1$	80
80	$1100-5x_1$	$1000-10x_1$	100
40	$1300-5x_1$	$1200-10x_1$	120
0	$1500-5x_1$	$1400-10x_1$	140
x_2	$1500-5x_2-5x_1$	$1400-5x_2-10x_1$	$\dfrac{1400-5x_2}{10}$

1としては、自社が正の生産をした場合には価格を900円以下にしなければ120単位プラス自社の生産量を残らず売ることはできないと想定します。このとき、企業1の直面する残余需要曲線は $P = 900 - 5x_1$ となり、この残余需要曲線のもとで、企業1はあたかも独占企業のように最適化を行います。表5-3の第2列に企業2の予想生産量に対する企業1の残余需要曲線（の右辺）が示されています。独占企業の最適化のところで説明したように、$x_2 = 120$ に対する残余需要曲線のもとでの企業1の限界収入は、$MR_1 = 900 - 10x_1$ となります。企業1は、この残余需要下での限界収入から限界費用100円を差し引いた限界利潤がゼロとなる生産量を選ぶのです。表5-3の第3列に企業2の予想生産量に対応する企業1の限界利潤が示されています。第4列の最適反応生産量はこの限界利潤をゼロにする生産量となっていることを確認してください。

ここで、企業1が自社の最適反応生産量を考える際に予想する

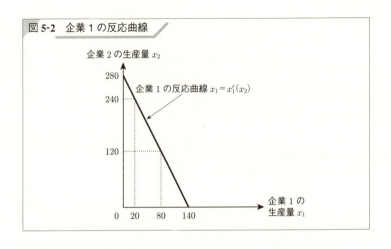

図 5-2 企業 1 の反応曲線

企業 2 の生産量 x_2 の範囲が 0 個と 280 個の間の値であることに注意してください。これは、企業 2 が 280 単位で生産すると企業 1 の残余需要曲線で可能な最高価格（図では切片）が平均費用と等しい 100 円となり、企業 1 がプラスの生産をすれば利潤がマイナスになることを企業 1 が理解しているからです。表 5-3 の結果は図 5-2 のような**反応曲線**として表現できます。これよりクールノー競争では、競合企業 2 の予想生産量 x_2 が大きいほど企業 1 の利潤を最大化する生産量 $x_1^r(x_2)$ は小さくなるという性質を持っていることが明確にわかります。

クールノー均衡　　企業 1 と同様にして、企業 2 の立場での反応曲線を図示して図 5-2 と重ねると、図 5-3 のようになります。この図から、クールノー寡占市場ではどのような生産量の組合せが決まるかがわかります。それは各企業の反応曲線の交点の生産量の組合せ (x_1^*, x_2^*) であり、これを**クールノー均衡**とよびます。この均衡では、$x_1^* = x_1^r(x_2^*)$、$x_2^* = x_2^r(x_1^*)$ という関係が成立しています。つまり、どちらの企業にとっても自

図 5-3 クールノー均衡の決定

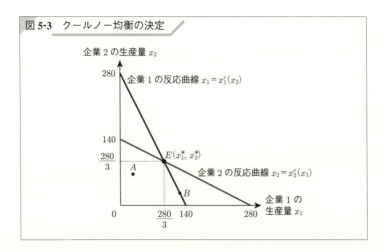

社だけがそこから生産量を変更するインセンティブがないのです。このことは、図 5-3 で見ることができます。図での各企業の反応曲線の交点 E が均衡ですが、たとえば、交点以外の生産の組合せの A 点では、どちらの企業にも生産量を単独で変更する理由があります。また、B 点では、企業 1 には変更の理由はありませんが、企業 2 にはあります。

さて、数値例でのクールノー均衡での生産量は、$x_1^* = x_2^* = 280/3$ であり、市場価格は、$P = 1700/3$ となります。つまり、クールノー均衡では、両社が 50% のシェアを持つことは、ベルトラン均衡の場合と同じですが、価格は限界費用の 100 円より高くなります。

> **ココをチェック！[5-3]**
> クールノー市場の企業は、想定される他企業の生産量に対してどのように価格を決めますか？

4 不完全競争市場の何が問題なのか

独占のどこが問題なのか

　最後に，独占や寡占がどのような意味で問題視されるのかを説明します。第1に，独占は資源配分の非効率性をもたらします。この非効率性は，独占企業の価格支配力を反映する独占均衡での生産量が完全競争での生産量より小さいことからもたらされます。完全競争市場において社会的にプラスの価値をもたらしていた消費が独占均衡において失われることは資源配分上の非効率であると考えられるのです。このような独占による非効率性は第1章で説明された死荷重という余剰の損失を発生させます。

　問題の第2は，独占企業の生産の非効率性の問題です。つまり，独占企業にとってはどのような方法で生産しようとも適当な価格をつけて販売すればそれなりの利潤があがるのですから，費用削減努力のインセンティブは弱くなると考えらます。完全競争市場では，価格は限界費用に等しくなるので，各企業は競争に生き残るためには常に他社に遅れをとらないように費用削減をしなければなりませんでした。しかし，独占企業にはこのような競争圧力がないので，他の形で費用削減圧力がかからないと，非効率な生産方法が選択されるかもしれません。

　問題の第3は，競合企業の登場に対して，独占企業が費用の削減や品質の向上によってではなく，競合企業の活動を妨害したり，競合企業の生産費用を高めることで競争に勝とうとするという点です。

　以上のような資源配分上の歪みと生産の非効率性はどのような

方法で是正されるのかは競争政策，規制政策の対象であり，第13章，第14章で議論されます。

> **寡占のどこが問題なのか**

寡占市場では，各企業はある程度の価格支配力を持っているので，独占と同じような資源配分上の非効率性をもたらすことが考えられます。ただ，寡占企業が独占企業のように生産費用最小化を怠る可能性は低いと考えられます。生産費用の削減において競合企業に後れをとってしまえば，その企業はシェアを失い，市場での競争に敗れることになります。

独占市場にはないけれども寡占市場にだけある問題は，カルテルでしょう。カルテルは，寡占企業が共同で独占企業のように行動するものですので，当然資源配分上の非効率性をもたらしますし，共同して新規企業の参入阻止に資源を使うかもしれませんし，非効率な生産技術を温存するかもしれません。このようなカルテルの問題は，第13章で詳しく取り上げられます。

> **ココをチェック！［5-4］**
> 独占と寡占は，市場の効率性に対してどのような問題を引き起こしますか？

Column ④　ハーフィンダール＝ハーシュマン・インデックス ●●●

寡占市場の集中の程度を示す指標として利用されているのが，**ハーフィンダール＝ハーシュマン・インデックス**（以下，**HHI**）です。これは，ある財・サービス市場での個別企業の市場シェア（％）を2乗した値を計算して，これを全企業について合計したものです。たとえば，50％ずつのシェアを持つ2企業の複占ではHHI $= 50^2 + 50^2 = 5000$ となります。独占では，HHIは10000となりこれがHHIの最大値です。より，競争的な市場となり，10社が10％ずつであれば，HHIは1000で

す。このように，寡占の度合いが大きいほど，HHI は大きくなります。HHI はさらに首位企業のシェアが大きいほど，あるいは上位3社の合計シェアが大きいほど値が大きくなります。HHI だけで，寡占市場における競争の程度を計ることはできませんが，HHI を定期的に調査してその時系列的な変化を観察しておけば，どの市場で競争が起きにくくなりそうか，あるいは問題なさそうかを判断するための有力な目安にはなります。そこで，市場競争を促進する役割を担う公正取引委員会は，HHI を定期的に計算して報告しています。競争政策，公正取引委員会については，第13章で説明されます。

練習問題

5-1 独占企業の直面する需要曲線は本文のまま（$P = 1500 - 5X$）で，限界費用が200に増加した場合の独占均衡を計算しなさい。また，限界費用が50に低下した場合も計算しなさい。

5-2
(1) クールノー市場における市場の需要曲線は本文のまま（$P = 1500 - 5X$）で，限界費用が200に増加した場合の企業1の反応曲線を表 5-3（125 頁）を参考にしながら求めて，描きなさい。また，限界費用が50に低下した場合の反応曲線も描きなさい。
(2) 限界費用が200の場合のクールノー均衡での価格と生産量は限界費用が100の場合と比較して，どのように変化すると考えられるでしょうか。また，50の場合はどうでしょうか。

5-3 寡占市場を1つ選んで，その市場で寡占化が進む理由を **Case Study** ④（120 頁）を参照して調べなさい。

組織における戦略と情報
~ビジネスを読みとく~

Contents

第6章 ゲーム理論:戦略的思考と行動

第7章 不確実性と情報の非対称性

第8章 企業組織と市場

第9章 企業の内部組織

第10章 企業の市場戦略

第Ⅱ部では,企業とは何かについて学びます。企業がビジネスを展開するうえで,なぜある特定の行動をとるのか,企業がその内部に独自の組織構造を持っているのはなぜなのか,また組織を持つこととはどのような問題を企業にもたらすのかについて説明していきます。

このような問題にアプローチするために,2つの重要な理論的な枠組みがあります。1つは,市場競争でどの企業も他の企業との相互依存関係のなかでその戦略を決定するという見方です。第6章で,この観点での分析のために必要なゲーム理論の基本的な内容を説明します。もう1つは,人々は経済的取引において必要な情報を必ずしも持たずに意思決定をしなければならないという見方です。第7章で,この観点での分析のために必要な情報の非対称性・不確実性の理論の基本的な内容を説明します。

さらに,第8章では,企業がある大きさと機能を持った組織を持つのはなぜかについて市場取引と内部取引を対比させて説明します。第9章では,内部組織を持つことで企業が直面する問題を説明します。第10章では,企業の市場戦略について,理論と実例の両面から説明していきます。

第6章 ゲーム理論

戦略的思考と行動

Introduction 　第Ⅰ部では，ミクロ経済学における市場分析の基本が完全競争市場であることが詳しく説明されました。しかし，現実の企業行動を説明するには，企業間の相互依存関係に注目することが重要であることが第5章の寡占市場の議論において喚起されました。本章では，企業間の相互依存関係をしっかりした理論的な土台の上で理解するために必要となるゲーム理論について，その基本的な考え方を紹介していきます。本章の課題は，ゲーム理論をとおして戦略的な思考とは何かをじっくりと考えることと，そうした思考の応用としての戦略的な行動をより発展的な問題として考察するための準備をすることです。

Keywords　　ゲームのルール，戦略，完全情報ゲーム，完備情報ゲーム，囚人のジレンマ，利得行列，ゲームの木，ナッシュ均衡，最適反応，カラ脅し，部分ゲーム完全均衡，後ろ向き帰納法，無限回繰り返しゲーム，トリガー戦略，評判，コミットメント

1　ゲーム理論とは

ゲーム的状況　　ゲーム理論は，日々展開されているゲーム的状況においてプレイヤーが下している決定を合理的選択行動の視点から説明することを主な目的にしています。ここで，ゲーム的状況とは，相互依存関係のある状況であって，そこに関わる誰にとっても，自分が何を最終的に獲得できるの

かは自分の行動と相手の行動の両方に依存して決まるような状況です。このような状況で，人は自分の得るものができるだけ大きくなるようにするために可能なかぎり努力します。現実に自分が巻き込まれている具体的な相互依存関係を冷静に分析して，相手の行動を予測したり，先を読んで相手を出し抜くことはできないかを検討したり，自分の行動によって相手の行動に影響を与えることを試みたりします。ゲーム理論ではこのような相互依存関係を十分に理解したうえで，プレイヤーがとる行動を戦略的行動とよび，とくに合理的な戦略とは何かについて深く考えていきます。

第Ⅰ部で紹介された完全競争市場では，消費者のみならず企業もプライス・テイカーとして行動するとされていました。そこでは，各企業は他の企業はどうあれ，与えられた財および生産要素価格のもとで自社の利潤を最大化することだけを考えていればよかったのでした。したがって，何ら戦略的行動をとる必要はありませんでした。例外は第5章の寡占市場における企業で，そこでは企業はライバルの行動によって自社の利潤が影響を受けるというゲーム的状況にありました。ゲーム理論は，こうした寡占市場における企業行動の合理性をより深く理解することに役立つのです。

ゲームのルール　　ゲーム理論の分析の出発点であり，一番重要と言ってもよいステップは，注目しているゲーム的状況を正しく記述する，というものです。ゲーム理論では，**ゲームのルール**として必須の情報のセットを指定します。それは，「ゲームのプレイヤー，各プレイヤーのプレイの順番としての手番，各手番でプレイヤーがとることができる行動，各手番でプレイヤーが知っている情報，そして，ゲームの結果と最終的に各プレイヤーの得る利得」によって構成されます。ルールを前提として各プレイヤーは自分の各手番で選ぶ行動の予定をプレイの前に立てま

す。この行動の予定表のことを**戦略**とよびます。プレイヤーは，いったんプレイが始まったらあらかじめ決めておいた戦略に従って行動を実行していきます。

プレイヤーは各手番で自分にとって利用可能な情報に基づいて戦略を立案しますが，この情報のなかで最も重要なのは，相互依存関係にある他のプレイヤーが自分の手番までに何を行ったかに関する情報です。この情報の内容によって，プレイヤーは自分の手番が実際のところどの位置にあるのかをどれだけ正確に知ることができるかが決まります。ゲーム理論では，プレイの途上で他のプレイヤーのとった手をすべてそのまま知ることができるゲームを**完全情報ゲーム**とよびます。これに対して，他のプレイヤーのとった手がまったく見えない，あるいは不完全にしか知りえないゲームを不完全情報ゲームといいます。不完全情報ゲームでは，実際に相手のとった手をどうにかして推測しなければなりません。

ゲーム理論におけるルールのおもしろい点は，そこにすべてのプレイヤーの利得が含まれていることです。利得とは，各プレイヤーがゲームの結果において得る満足度を数値で評価したものです。どのプレイヤーにとっても相手が各結果においてどのような満足度を得るのかを知ることは大変重要です。たとえば，人間関係をゲーム的状況だとすると，相手の利得を事前によく考えないで，相手が喜んでくれているとばかり思い込んである働きかけを繰り返していたら，実は相手はそれを苦痛に思っていて結局自分から遠ざかってしまうというような悲劇的結末を招くこともありえます。ゲーム理論では，利得も含めてプレイヤーの間でどのようなゲームでプレイしているかについて見解のズレがない場合を**完備情報ゲーム**とよびます。相手の利得についてはっきりしないゲーム的状況における合理的戦略については，不完備情報ゲームとしてより発展的な分析が行

われています。

利得行列とゲームの木

ゲーム的状況は，プレイヤーの意思決定が同時に行われる同時手番ゲームとプレイヤーの意思決定に順序がある逐次手番ゲームに分けられます。どちらの状況も利得行列とよばれる方法で表現することができますが，逐次手番ゲームの場合，ゲームの木とよばれる方法で表現することで，プレイヤーの選択に時間的なズレがあることの戦略的意味をより正確に理解できます。

1　囚人のジレンマ・ゲーム：利得行列

まず，囚人のジレンマというゲーム理論の世界で最も関心を持たれている同時手番ゲームを利得行列で表現してみましょう。このゲームは，2人の囚人 A, B が別々の部屋で取り調べを受けている状況を考えています。状況証拠からすると明らかに2人が実行犯であることは間違いないようですが，起訴するためには決定的な物的証拠（たとえば，いまだみつかっていない犯行に使われた凶器）が必要だとしましょう。そこで，捜査側としては，A, B のどちらかから2人の犯行を裏づける物的証拠について自白を引き出さなければなりません。このとき，A, B ともに，どちらも黙秘すれば，かなり軽い罪（刑期は1年）に問われるだけですみますが，どちらか（あるいは両方）の自白によって犯行が立証されると，重い罪（刑期5年）に服すことになると理解しているので，どちらも口を割ろうとしません。対応を迫られた捜査側は，次のような取引を囚人にもちかけます。すなわち，「もし，お前が自白しないのに，相棒が自白したとしたら，お前は刑期15年になるが，お前が自白したとき，相棒が自白していなければ，お前の刑期は0年になる」という条件を提示します。囚人のジレンマとは，この取引のもとでの囚人 A, B の直面するゲーム的状況であり，そのルールは表6-1

第6章　ゲーム理論

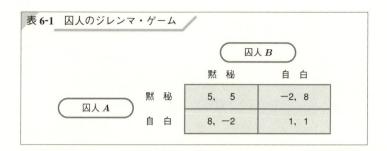

表6-1 囚人のジレンマ・ゲーム

の**利得行列**として表されます。各プレイヤーの戦略は，自白するか黙秘するかです。利得は各枠においてAの利得を左側，Bの利得を右側の数字で示します。そこで，両方ともに黙秘の場合は，Aが5，Bも5としましょう（左上の枠）。また，両方が自白した場合は，どちらも利得は1です（右下の枠）。もし，Aだけが自白した場合は，Aの利得は8ですが，Bの利得は-2とします（左下の枠）。逆に，Bだけが自白した場合は，Aの利得は-2ですが，Bの利得は8です（右上の枠）。もし，あなたがこのような囚人の立場に立ったとしたらどうしますか。あなたは相棒の出方に対して疑心暗鬼になるのではないでしょうか。相棒もまたしかりです。彼は，あなたが彼を裏切って自白して自分だけ自白の利益を得ようとするのではないかと疑うでしょう。しかし，2人ともが自白してしまうと，自白の魅力はまったくなくなり，やはり黙秘を守ることでどちらにとっても利得を高めることができます。

ちなみに，このような司法取引は日本の法制度においては認められていません。ただ独占禁止法では，課徴金減免制度という類似の制度が導入されています。この制度については，第13章2節で説明されます。

2 参入ゲーム：ゲームの木

次に，同程度の費用構造を持つ参入企業Aと既存企業Bの参入

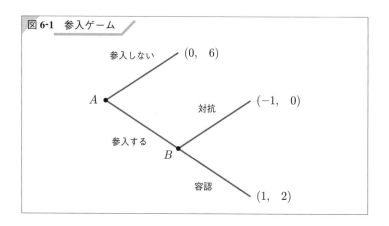

図 6-1 参入ゲーム

をめぐる逐次手番ゲームをゲームの木で表現してみましょう。ゲーム状況は、まず参入企業 A が、既存企業 B が独占している市場に参入するか、しないかを決めます。企業 A が参入してきた場合は、企業 B は価格切り下げによって対抗するか、容認するかを決めます。参入ゲームの**ゲームの木**は、図 6-1 で示されています。

まず企業 A の手番を始点として、その戦略は、「参入する」と「参入しない」に枝分かれします。「参入する」の枝は次の意思決定者である企業 B の手番に到達します。一方、「参入しない」の枝は、ゲームの終了点に達します。この場合、企業 B の利得は独占利潤 6 億円、企業 A の利得はゼロ円です。さて、企業 A が参入して企業 B が「容認」の場合、両企業は通常の競争モードに入るとしましょう。たとえば、第 5 章で紹介したクールノー競争をするとしましょう。このとき、両企業の費用構造は同じなのでどちらも 2 億円の利潤がありますが、企業 A には参入費用として 1 億円が掛かるので利潤は 1 億円となっています。これに対して、企業 B が「対抗」モードに入って自らもゼロ利潤でもかまわないというよ

第 6 章 ゲーム理論

うな価格値下げをしかけると,どちらもゼロ利潤で,企業Aはマイナス利潤となります。企業Bにとっては,企業Aの参入が起こらずに独占利潤を維持することが最も望むところですから,どうにかして企業Aの参入を阻止しようとするでしょう。そこで,企業Aに対して「参入したら何が何でも対抗するぞ」という脅しをかけてみることは企業Bには検討の価値はありそうですが,はたしてこの脅しは企業Aに信じてもらえるのでしょうか。この点は次節で考察します。

> **ココをチェック！[6-1]**
> ゲームのルールとは何ですか？ 囚人のジレンマと参入ゲームを用いて説明しなさい。

2 ナッシュ均衡と合理的戦略

ナッシュ均衡の考え方　これまでは,直面するゲーム的状況をルールとして表現することを学んできました。次に解決しなければならない問題は,どのようなプレイをすれば合理的なのかということです。ゲーム的状況では,プレイヤーはルールの情報をフルに使って相手の出方を読まなければなりません。もちろんどのプレイヤーも相手の出方を必死に読もうとしますから,「相手はこのように自分の出方を読むはずだから,それに対して自分はこうして……」というような読み合いのプロセスは多岐にわたるでしょう。もし複雑きわまりない読み合いをとことん合理的につきつめる能力を持ったプレイヤーが実際に選択する戦略があるならば,それが合理的戦略であるはずです。なぜならば,まだ読み切っ

ていなければ実際のプレイを始めることはないからです。

　数学者でありながらノーベル経済学賞を受賞したジョン・ナッシュは，ゲームにおけるプレイヤー A の戦略を s_A^*，プレイヤー B の戦略を s_B^* とすると，このような読み合いが終わるのは戦略の組合せ (s_A^*, s_B^*) が，**ナッシュ均衡**とよばれる状況であると考えました。それは，相手の戦略についての予想の読み合いがそこに到達したならば，どのプレイヤーもその予想のもとで自分の戦略を変更する動機を持たない状態だとされます。

　どのプレイヤーにとっても，相手の戦略の予想のもとで自分の戦略を変えたいと考えるのは，それによって自分の利得がより大きくなる場合ですから，ナッシュ均衡ではどのプレイヤーにとっても自分の戦略は他のプレイヤーの戦略に対して最大の利得をもたらしています。ゲーム理論では，相手の戦略に対して自分の利得を最大にする戦略を相手の戦略に対する**最適反応**とよびます。つまり，ナッシュ均衡 (s_A^*, s_B^*) は，お互いに最適反応となっている戦略をどちらのプレイヤーも同時に予想している状態だといえます。

　第5章で説明した，クールノー均衡，あるいはベルトラン均衡は，それぞれクールノー市場ゲーム，ベルトラン市場ゲームのナッシュ均衡となっています。

囚人のジレンマとナッシュ均衡

　ナッシュの考え方は，非協力ゲームにおける合理的な戦略とは何かだけでなく，それをみつける方法も明らかにしてくれています。それは，ナッシュ均衡となっている戦略の組合せを探すという方法です。そこで，表6-1（136頁）の囚人のジレンマの利得行列でのナッシュ均衡を探してみましょう。

　最初に，このゲームにおける戦略の組合せは全部で4つあることを確認します。それは，(黙秘, 黙秘), (黙秘, 自白), (自白,

黙秘), (自白, 自白), です。

次に, 各戦略の組合せにおいて, それが均衡の条件を満たしているかどうかをチェックします。つまり, どちらのプレイヤーにとっても, 相手の戦略が変わらないかぎり自分の戦略を他のものに変えようとしないかどうかを確認するのです。そこで, たとえば, (黙秘, 黙秘) ですが, これはプレイヤー A にとっては, 自白に変えることで自分の利得を大きくできますから, 黙秘はプレイヤー B の黙秘に対する最適反応ではありません。よって, この組合せはナッシュ均衡ではありません。囚人のジレンマでのナッシュ均衡は, (自白, 自白) だけです。確かに, どちらのプレイヤーにとっても相手の戦略が自白であるとき, 自白が最適反応となっています。

以上の議論より, 囚人のジレンマでは, 合理的な戦略は (自白, 自白) というナッシュ均衡でのプレイを実現することがわかりました。しかし, 均衡での各プレイヤーの利得はどちらも 1 となり, どちらのプレイヤーも黙秘をして協調した場合の利得の 5 を下回っています。つまり, 囚人のジレンマは, 協調すれば誰もが他人を犠牲にすることなくより大きな利得を享受することができるとわかっていても, 各プレイヤーが合理的に行動することでそれを実現できない状況がありうることを示しています。このことは, より一般的には, ナッシュ均衡が必ずしもパレート効率的な状態を実現しない問題として理解されています。そこで, どうすればパレート効率的な状態をナッシュ均衡において実現できるのかに関心が寄せられてきました。

> 部分ゲーム完全均衡

次に, 参入ゲームのナッシュ均衡を考えてみましょう。実は, このゲームには 2 つのナッシュ均衡があります。1 つは, (企業 A が参入する, 企業 B が容認) であり, もう 1 つは (企業 A が参入しない, 企業 B が対抗)

です。どちらも最適反応のペアとなっていることは容易に確認できます。しかし，2つ目のナッシュ均衡には問題があります。なぜなら，このナッシュ均衡は，「もし参入したら必ず対抗するぞ」という企業 B の企業 A に対する脅しが効いた場合に成立する均衡と考えられますが，合理的な企業 A は，もし自分が参入したら（その先の部分ゲームでは）企業 B は結局企業 A の参入を容認するはずだと考えてこの脅しを信じないでしょう。つまり，このナッシュ均衡は，**カラ脅し**によって支えられているのです。

ゲーム理論では，この問題に対して**部分ゲーム完全均衡**（サブゲーム・パーフェクト均衡）という考え方で答えています。ここで，あるゲームの部分ゲームとは，ゲームの木での各手番を始点とするゲームを指します。図6-1（137頁）の例では，部分ゲームは2つあり，1つは企業 B の手番を始点とするゲームであり，もう1つは，企業 A の手番を始点とするもともとのゲームです。部分ゲーム完全均衡とは，もともとのゲームのナッシュ均衡で，どの部分ゲームに限定してみてもそこでもやはりナッシュ均衡となっている（部分ゲームではプレイヤーが1人の場合は，その選択が利得最大化をしている）戦略の組合せと定義されます。この定義に照らしてみると，先の（企業 A が参入しない，企業 B が対抗）は，企業 B の手番を起点とする部分ゲームで「企業 B が対抗」が企業 B にとって合理的選択ではないので部分ゲーム完全均衡とはなりません。これに対して，もう1つのナッシュ均衡は部分ゲーム完全均衡です。

> **後ろ向き帰納法**

さて，部分ゲーム完全均衡の考え方は，ゲームの木でのゲームに限定されるわけではなく，次節で議論するような，同じゲームが何回も繰り返されるようなゲームにおいても適用できます。また，ゲームが多段階で構成される場合にも使えます。これは，たとえば，1段階目で企業 A，

B が費用削減のための研究開発投資を行って，2段階目で削減された費用のもとでクールノー競争を行うといったゲームです。

いずれの場合でも，もしゲームの最終点がある場合は，部分ゲーム完全均衡をみつける方法として**後ろ向き帰納法**（バックワード・インダクション）が便利です。これは，最終期の部分ゲームからスタートしてそこでのナッシュ均衡をみつけて今期に向かって順次部分ゲームのナッシュ均衡を取り出していくというものです。先の2段階ゲームの場合，まず，2段階目のクールノー競争ゲームのナッシュ均衡を，想定されうるすべての研究開発投資の組合せ（A，Bの投資）について求めます。次に，1段階目の研究開発投資ゲームのナッシュ均衡を，2段階目のゲームのナッシュ均衡を見据えて求めます。

> **ココをチェック！[6-2]**
> ナッシュ均衡とは何ですか？ 囚人のジレンマと参入ゲームの例を用いて説明しなさい。

3 長期的な継続関係と協調

無限回繰り返しゲーム　囚人のジレンマは，プレイヤーの関係が1回で終了してしまう場合には，どのプレイヤーにとっても利益をもたらす協調的行動であってもそれがナッシュ均衡として選択されないことがありえることを示していました。しかし，私たちの身の回りでは，たとえ裏切りの可能性があったとしても協力し合う例はいくらでもあります。たとえば，レポートをグループで仕上げる場合，他のメンバーにだけ仕事をさせて自分は

努力もせずに単位をとろうとする誘惑は誰にもありえますが，多くの場合グループでうまく仕事は分担されています。このような実例は，たとえ各プレイヤーが合理的に戦略的行動をとっても協力は発生することを教えてくれています。そこで，ゲーム理論では，協調行動をめぐる囚人のジレンマによる否定的な予測と現実のギャップをどうやって埋めるかということに関心が寄せられてきました。

この問題に対する有力な解決方法は，プレイヤーの間に長期的な関係を持ち込むというものです。というのも，長期的な関係では，各プレイヤーは短期的な利益と長期的な利益を考えるはずなので，もし裏切りによる短期的な利益が，たとえば仲間はずれというような長期的な不利益をもたらすならばどのプレイヤーも裏切ることを我慢して協調するのが賢明であることに気づくはずだからです。

ゲーム理論では，長期的な関係を同じゲームが無限回繰り返されるゲームとして表現します。そこで，図6-1の囚人のジレンマゲームの**無限回繰り返しゲーム**を考えてみましょう。このゲームにおいて各プレイヤーは，現時点での戦略として，将来の各期で協調するか裏切るかを決めなければなりません。長期にわたる戦略立案において，各プレイヤーはt期後のゲームにおける自分の選択を他のプレイヤーが$t-1$期後のゲームまでにどのような行動を選択してきたかによって決めるというタイプの戦略に注目します。このような戦略の代表例として，**トリガー**（引き金）**戦略**があります。これは，

(1) 相手がそれまで常に協力していれば，今期は協力する。

(2) 相手が前期に裏切れば，今期以降ずっと裏切る。

という戦略です。この戦略は，相手が裏切ったらすかさず制裁を課すというものです。トリガー戦略の組合せが部分ゲーム完全均衡となっていることは *Column* ⑤（145頁）で説明します。第13章2節で

は企業間での暗黙の協調の成立のために，この戦略が利用されることが説明されています。ここでは，トリガー戦略が有効となるための条件を以下のように整理しておきます。

(**条件1**) プレイヤーの間でお互いに十分長期的な関係にあることが了解されている。
(**条件2**) 相手の過去の行動が正しく観察できる。
(**条件3**) 将来の利得の評価がある程度大きい。

条件1はお互いの関係の終了が見えないほどに長いことが重要であることを意味しています。この点は，次項を参照してください。条件2は完全情報ゲームの仮定です。条件3は，裏切りに対する制裁によって将来の利得を失うことを恐れない相手ではこのような戦略がうまくいかないことを意味しています。将来利得の評価については，次頁の *Column* ⑤を参照してください。

評判の確立

無限回繰り返しゲームでのトリガー戦略による協調の成立は，現実の長期的な関係における**評判**の確立とその維持の大切さを教えてくれます。トリガー戦略では，「協力的だ」という評判どおりに相手が協力してくれるなら次の期のゲームでも「あいつはまた協力してくれるだろう」と期待します。そして，次の期で実際に相手が協力すると「協力的だ」という評判はさらに次の期に受け継がれていきます。逆に，評判に反するような行動を一度でも見てしまうと，相手が評判どおりに行動することを二度と期待しなくなります。このように，各プレイヤーは今期の自分の行動によって，それまでの自分に対する評判が来期以降にも受け継がれるかどうかが決まるのだ，ということを意識して行動を決めなければなりません。こう考えてみると，1回限りの囚人のジレンマでは評判は関係ありませんから，どちらのプレイヤーも遠慮なく裏切るわけです。

それでは，関係が有限回，たとえば 10 回繰り返される場合はどうでしょうか。この場合，部分ゲーム完全均衡をみつけるために，各プレイヤーは後ろ向き帰納法によって最終期の 10 回目のゲームにおいてどうするかをまず考えます。最終期のゲームでは，この期の行動が次の期における自分の評判に与える影響を考える必要がないので，1 回限りのゲームと同じように裏切りが選ばれます。すると，1 つ前の 9 回目ではどうでしょう。この回には 10 回目という将来がありますが，すでにその将来において評判はまったく顧みられないことはわかっていますからやはり，それまでの経緯はどうあれ裏切ります。以下，同じ考え方で 1 回目のゲームまで遡ってみると，結局すべての回で裏切ることになります。このような議論によって，長期的関係における協調の成立には，あるいは評判の確立には，どのプレイヤーにとってもお互いの関係がいつ終わるかがわからないことが重要であることが理解できます。たとえば，もはや再選されることは絶対ないことが明らかになった大統領は，周囲や議会から協力を引き出すのに苦労するようになるのです。

> **ココをチェック！[6-3]**
> トリガー戦略とは何ですか？ 無限回繰り返される囚人のジレンマの例で説明しなさい。

Column ⑤　利得の現在割引価値と部分ゲーム完全均衡

　無限回繰り返される囚人のジレンマ・ゲームで，うまい具合に協調を実現できているとしましょう。このとき，プレイヤー A にとっての利得の現在評価額は，単純和の $5+5+5+\cdots$ ではなく，各期の現在割引価値の総和，

$$5+5\delta+5\delta^2+\cdots+5\delta^t+\cdots=5\times\frac{1}{1-\delta} \qquad (*)$$

第 6 章　ゲーム理論

となります。ここで，δ（デルタ，小文字）は1より小さい正数で，割引因子とよばれています。これは，1期後にもらえることが約束されている5の利得をいまもらう場合，どれだけ割り引かれても平気かを考えてみればわかります。1期も我慢できない，いますぐに欲しいという人は，2ほど割り引いても今すぐ3が欲しいと思うでしょう。この場合，この人の割引因子は，$\delta = 3/5$ となっています。いや，今も大事だけれど将来も同じように大事だという人にとっては，δは1に近い値となるでしょう。なお，総和のより詳しい導出方法は **Web App** ②で説明します。

さて，無眼回繰り返される囚人のジレンマ・ゲームでいずれのプレイヤーもトリガー戦略をとることが部分ゲーム完全均衡となることについて確認しておきます。まず，それ以前の期においてずっと協力（黙秘）が成立していることが観察されるある期から始まる無限回繰り返しの囚人のジレンマを考えてみましょう。この場合，どちらのプレイヤーも今期協力すれば来期以降も協力が継続していくと予想するのでその期の期首における将来利得の割引価値は上の式（＊）の右辺の値になります。しかし，もし今期裏切れば今期利得は8と増えますが，来期以降の利得はずっと1となることが予想されますので，裏切った場合のその期の期首における将来利得の割引価値は，

$$8 + \delta + \delta^2 + \delta^3 + \cdots = 8 + \frac{\delta}{1-\delta}$$

となります。よって，$\delta \geq 3/7$ であれば，つまり，条件3（144頁）が満たされるならば，今期も協力を選ぶのが最適な反応です。

次に，それまでにどちらかが裏切っていることが観察されるある期を考えてみましょう。この場合，相手プレイヤーは常に自白を選ぶので，自分にとっても最適反応は自白であることは明らかです。以上から，トリガー戦略の組合せは無限回繰り返し囚人のジレンマ・ゲームの部分ゲーム完全均衡であることがわかります。

4 戦略的行動

駆け引き

相互依存関係において，自分がある行動をとることによって自分に都合のよい行動をとってくれるように相手を誘導することができるならば，そのような行動は戦略的行動とよばれます。戦略的行動の1つとして，スポーツやカードゲーム等での駆け引きがあります。駆け引きにおいては，だましだまされというのが重要な要素となっていますが，ゲーム理論として駆け引きを満足のいくように分析しようとすると，情報の側面をきちんと織り込まないとなりません。そのためには，第7章で説明される情報の非対称性の問題をふまえて，さらに発展的な分析が必要となります。Column ⑥は，そうした議論に踏み込まない範囲での駆け引きとしての混合戦略を紹介しておきます。

Column ⑥ ペナルティキックの駆け引き

サッカーの試合で主審を悩ませるのはペナルティエリア内での守備側のラフプレイに対して反則をとるかどうかの判断です。その場合は，攻撃側にペナルティキック（以下，PK）の権利が与えられるからです。トップリーグのサッカーの試合の平均得点が2.59点であることを考えると，PKの一点はかなりの重みを持っています。さて，PKはわずか0.3秒の勝負ですからこれをゲーム理論として考えるとキッカーとキーパーの同時手番ゲームとして表現できます。キッカーの選択は（キーパーから見て）右に蹴るか左に蹴るかであり，キーパーの選択はやはり右に跳ぶか左に跳ぶかです。さて，現実のサッカー選手はどのような選択をしていて，それはゲーム理論によって説明できるでしょうか。

1995年から2012年にかけてイングランド・プレミアリーグなどで実

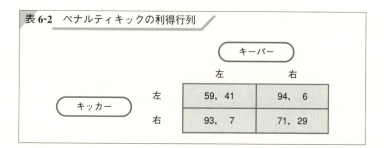

表 6-2 ペナルティキックの利得行列

施された 9017 件の PK についてキッカー，キーパーがどのような選択をしたのかについてのデータに基づいた研究は，興味深い結果を示しています。それによると，キッカーもキーパーも右と左の選択の比率がおよそ 60％：40％ となっているようです。PK のゴール成功率（％表示）をキッカーの利得として，阻止率（100 から成功率を引いた値）をキーパーの利得とすると，PK の利得行列は表 6-2 のようになることがデータからわかります。そこでキーパーが右左を 60％：40％ で選ぶという予想のもとで，キッカーの右に蹴る場合の期待成功率と左に蹴る場合の期待成功率を計算してみると右左どちらもおよそ 80％ となっていることが確認できます。つまり，キーパーはキッカーにとって右に蹴っても左に蹴っても期待されるゴール成功率がほぼ同じになるように自分の跳ぶ方向を決めているのです。同様に，キーパーの期待阻止率を計算してみるとやはり右左ほぼ同じ値になります。

ゲーム理論では，サッカーの PK のように同時手番で，かつ 1 つの特定の行動ばかりを選択するよりいくつかの行動を確率的に織り混ぜる戦略（これを混合戦略といいます）のほうが明らかに有利になるようなゲーム的状況においては，相手の行動の選択肢のどれもが同じような期待利得を持つように自分の戦略（PK では右と左の選択の比率）を決めることがナッシュ均衡として予測されます。この研究は，ゲーム理論が予測する戦略が現実の世界で実現することがありうることを教えてくれています。

（参考文献）Ignacio, Palacios-Huerta [2014] *Beautiful Game Theory: How Soccer Can Help Economics*, Princeton University Press.

> コミットメント

戦略的行動に利用される行動として**コミットメント**があります。コミットメントとは、一度実行すると後になって取り返しがつかなくなるような行動をとることによって自分の将来の行動の選択肢をあえて限定してしまうことです。このような行動を相互依存関係において相手より先んじてとることによって、それを観察した相手にそうしない場合と比べて自分により有利な結果をもたらす行動へと誘導することができるならば、まさに戦略的行動となります。

先の参入ゲームの部分ゲーム完全均衡では、企業 A は企業 B のカラ脅しを見透かして参入し、企業 B は容認しました。しかし、既存企業である企業 B が、企業 A の意思決定の前に何らかの行動をとることで、参入が起こった場合の部分ゲームにおいて「容認」の選択肢が消えてしまい、「対抗」しかありえないという状況を作り出せれば、結果として企業 A の参入を阻止できます。どのような行動が戦略的な行動としてのコミットメントになるのかについては、これまでに多くの研究がされてきています。そのなかでもとくに、何回も繰り返されるゲームにおいて長期的な利益を高めるような評判の確立とコミットメントの関係が考察されてきました。たとえば、いくつかの異なる地域にチェーンストアを出店している企業が、ある地域での参入に対して利益を度外視して「対抗」を選ぶことで、タフな企業だという評判を確立しようとすることが合理的に説明できるかどうかという問題等が挙げられます。

> **ココをチェック！[6-4]**
> コミットメントが戦略的行動となりえるのはどのような場合ですか？

練習問題

6-1
(1) クールノー均衡がナッシュ均衡となっていることを確認しなさい。
(2) ベルトラン均衡がナッシュ均衡となっていることを確認しなさい。

6-2 環境汚染問題を無限回繰り返し囚人のジレンマ・ゲームを使って考察してみなさい。

6-3 評判の重要性について繰り返しゲームを使って説明しなさい。

6-4 *Column* ⑥の利得行列（表6-2, 148頁）を使って，キッカーとキーパーの混合戦略が右左ほぼ等しい期待利得をもたらすことを確かめなさい。

第7章 不確実性と情報の非対称性

Introduction 第Ⅰ部では，消費者や企業は，価格，所得，生産技術など，意思決定のために必要な情報は全部知っていることが暗黙の前提となっていました。しかし，現実に消費者や企業が意思決定をする際に，すべての情報を知っているはずはありません。また，意思決定が結果として実現するまでの間にも，状況は刻一刻と変化します。その結果，消費者や企業の得る効用や利潤は，当初の予想と異なる結果になります。本章では，まず第1節で実際にこのような不確実性がある状況で，消費者や企業はどのように意思決定をするのかについて，考えます。

意思決定のための情報が不確実な場合はいろいろありますが，そのなかでも取引や契約の当事者間で情報に違いがある場合の問題を扱うのが情報の経済学です。本章では，取引や契約の前と後の非対称情報の問題に分けて議論し，第2節で後者，第3節で前者について考えていきます。

Keywords 期待効用，リスク態度（回避的，愛好的，中立的），リスク・プレミアム，非対称情報，モラル・ハザード，エージェンシー問題，逆選択，インセンティブ契約，シグナリング，メカニズム・デザイン，スクリーニング，オークション

1 不確実性

不確実性をどう扱うか　　初めて購入した商品が思っていた以上にいいものだったり，逆に期待はずれだったり

することはよくあります。また,企業の新製品が予想以上に売れたり,それほど売れなかったりすることもよくあります。消費者も企業も,すべての情報をあらかじめ知ることはできないし,将来の状況変化を完全に予測することもできないからです。では,このように将来が不確実な状況で,消費者や企業はどのように意思決定をするのでしょうか。

たとえば,ある菓子メーカーの社長が,新製品のパッケージのデザインを決める際に,2つの最終候補が残っているとします。1つは同社の人気製品のデザインに似た無難なデザインです。もう1つはこれまでにない斬新なデザインであり,事前調査での評判は悪くないのですが,消費者に受け入れられるかどうかは実際に売り出してみないとわかりません。あなたがこの会社の社長なら,この2つの最終候補からどのようにして1つを選ぶでしょうか。

以上のような不確実な状況を表現したり,評価したりする方法については,さまざまな考え方があります。たとえば,起こりうるすべての可能性を考えて,それぞれの状況を評価して平均したり,最善の結果と最悪の結果を考えて,それを平均したりする方法があります。最近では,第15章で紹介する行動経済学や実験経済学など,心理学の成果も取り入れて,より複雑で現実的な人間の反応を考慮した分析も進んでいます。しかし現在のミクロ経済学では,**期待効用**という考え方を用いて,次のような意思決定過程を想定するのが一般的です。

まず,説明の簡単化のために,この社長の効用は会社の利益で測れると仮定します(もう少し一般的な効用の場合については次項以降で議論します)。無難なデザインの場合の年間利益は類似製品のデータなどをもとにほぼ確実に予想でき,その額は2000万円とします。次に,斬新なデザインの場合,その商品がヒットしたときの利益

表7-1　斬新なデザインによる新製品の売上予想

場　合	起こる確率	効用（利益）
ヒット	20%	1億（円）
失　敗	80%	500万（円）

は，過去のヒット商品の例などから1億円，失敗して不評だった場合，これも過去の例から500万円と予想します。さらに，ヒットする可能性と失敗する可能性も予想して，それぞれ20％と80％とします。ここでは簡単化のために，場合の数は2通りしかありませんが，場合の数が増えても計算が面倒になるだけで考え方は変わりません。ここまでの説明をまとめたのが表7-1です。

では，この表を使って期待効用を計算してみましょう。その値は，

$$1億円 \times 0.2 + 500万円 \times 0.8 = 2400万円$$

となります。起こりうる場合それぞれの確率で，それぞれの場合の結果の値を加重平均したものを期待値とよびますが，この場合はその値が効用なので，期待効用となります。この例では，斬新なデザインからの期待効用（2400万円）が，無難なデザインから得られる効用（2000万円）より大きいので，斬新なデザインを選択することになります。

なお，第2章で学んだ効用は，値の大小関係だけが意味を持つ序数的効用でした。たとえばA，B，Cという3つのモノについての効用の値が，25，20，10だったとします。このとき，A，B，Cの順に効用が高いということは言えますが，AとBの効用の差よりBとCの効用の差のほうが大きい，ということは言えません。したがって，序数的効用を使って「期待効用」を計算して比べても意

味がありません。期待効用を比較のために用いるには，その基となる効用が序数的ではなく基数的である（すなわち，値が効用の程度を反映している）必要があります。ある人の選好を基数的な効用で表現できるための数学的条件の説明は本書の範囲を超えますが，直観的に言えば，論理的に首尾一貫した選択を行う人であれば，その人の選好は基数的効用で表現できます。ただし，基数的効用で比較できるのは，あくまでもその効用で表現される1人の人の異なる効用であって，他人の効用とは比較できません。

期待効用とリスク態度

ではこの基数的効用を使って，不確実性下での意思決定について，もう少し詳しく考えてみましょう。不確実性と関連の深い保険の例で考えてみます。保険というサービスの機能とは，ある人や物が損失を被る可能性がある場合に，あらかじめ保険料を払っておけば，契約に応じてその損失の全部または一部を保険金として支払ってもらえるというものです。たとえばある人が225万円の車を購入するとき，125万円の損害をもたらすような事故が1年のうちに20%の確率で起こるとします。説明の簡単化のために，事故以外には車の価値に影響する要因がないと仮定すると，1年後にこの車の価値は20%の確率で$225-125=100$万円になり，80%の確率で225万円のままであると予想されます。このとき，車の価値をx，その期待値を，$\mathbf{E}x$とすると，

$$\mathbf{E}x = 100 \times 0.2 + 225 \times 0.8 = 200 \text{（万円）}$$

となります。注意しなければならないのは（前項の例で利益額をそのまま効用と仮定したのと違い）$\mathbf{E}x$は車の価値の期待値であって，期待効用ではないことです。ここでこの人の効用を車の価値xの関数$U(x)$と考え，$U(x) = \sqrt{x}$とします（これは図7-1のように限界効

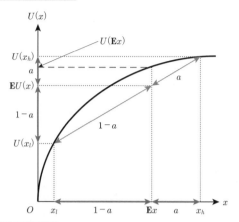

図 7-1　期待値と期待効用

期待効用の図による導出

x の高い値を x_h，低い値を x_l，期待値を $\mathbf{E}x$，x_l となる確率を a とすると，$\mathbf{E}x$ は x_l と x_h を $(1-a)$ と a に内分する点なので，期待効用 $\mathbf{E}U(x)$ は上図のように求められる。

用が逓減する形の効用関数です）。すると期待効用は，

$$\mathbf{E}U(x) = U(100\,\text{万}) \times 0.2 + U(225\,\text{万}) \times 0.8$$
$$= \sqrt{1{,}000{,}000} \times 0.2 + \sqrt{2{,}250{,}000} \times 0.8$$
$$= 1{,}400$$

となります。図 7-1 からわかるように効用関数が通常の形，すなわち限界効用が逓減するような上に凸の形であれば，期待効用 $\mathbf{E}U(x)$ は必ず期待値の効用 $U(\mathbf{E}x)$ より低くなります。この例でも

$$U(\mathbf{E}x) = U(200\,\text{万}) > \mathbf{E}U(x)$$

が成り立ちます。具体的には，

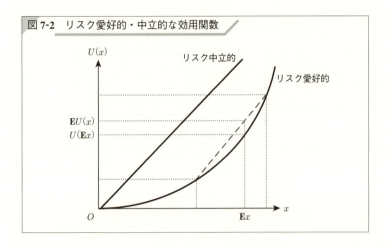

図 7-2 リスク愛好的・中立的な効用関数

$$U(\mathbf{E}x) = U\,(200\,\text{万}) = \sqrt{2{,}000{,}000}$$
$$\mathbf{E}U(x) = 1{,}400 = \sqrt{1{,}400^2} = \sqrt{1{,}960{,}000}$$

です。したがって，このような効用関数を持つ人にとっては，確実に期待値の価値を得られるほうが，それより高い価値を得られるかもしれないが低い価値になるかもしれないという不確実な状況より（期待値は同じでも）好ましいということを意味します。このような人を**リスク回避的**であるといいます。

図 7-2 に示されているように，逆に限界効用が逓増する場合，そのような効用関数を持つ人は，確実に期待値と同じ額を得られるより，リスクはあっても高い額を得る可能性のある状態を好むので，**リスク愛好的**であるといいます。また，期待値の額が同じであれば，リスクの大きさは関係ないような効用関数を持つ人は**リスク中立的**であるといい，1変数の効用関数の場合，その形状は直線になります。

この3つのリスク態度を，上述のように期待効用と期待値の効

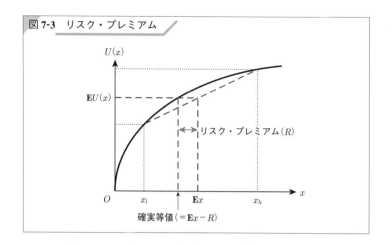

図 7-3 リスク・プレミアム

用との比較から、次のように整理することもできます。

$$\text{リスク回避的}: \mathbf{E}U(x) < U(\mathbf{E}x)$$
$$\text{リスク愛好的}: \mathbf{E}U(x) > U(\mathbf{E}x)$$
$$\text{リスク中立的}: \mathbf{E}U(x) = U(\mathbf{E}x)$$

リスク・プレミアムと保険

また図 7-3 に示されているように、リスク回避的な場合に期待効用と同じ効用水準を実現するような確実な x の値を確実等値とよび、その値と期待値との差を**リスク・プレミアム**とよびます。言い換えると、リスク・プレミアムは、リスク回避的な人が、今の不確実な状況の代わりに、期待値と同じ額が確実に得られるなら、そのために払ってもいいと思う額の最大値です。数式で表現すると、

$$\mathbf{E}U(x) = U(\mathbf{E}x - R) \quad (*)$$

のときの R がリスク・プレミアム、$\mathbf{E}x - R$ がこの不確実な x の確

第 7 章 不確実性と情報の非対称性

実等値です。R は，x_h と x_l の差が大きいほど，またリスク回避の程度（効用曲線の曲率）が大きいほど大きくなります。

このリスク・プレミアムの意味を保険の例で考えてみましょう。上述の例と同じく，225万円の車を100万円の価値まで損傷させてしまう事故が20%の確率で起こるとき（事故が起こらない確率は80%），保険料 P を払うと，事故の損害額125万円の保険金がもらえる保険を考えます。図7-3に即していえば，$x_h = 225$万円，$x_l = 100$万円，$\mathbf{E}x = 225$万円 $\times 0.8 + 100$万円 $\times 0.2 = 200$万円，ということになります。いまこの人の期待効用は $\mathbf{E}U(x)$ ですから，損害額をすべて賠償してくれる保険の保険料 P が25万円（$= x_h - \mathbf{E}x$）なら，事故が起こっても起こらなくても200万円（$= x_h - P = \mathbf{E}x$）の価値を確実に得られます。したがって，リスク回避的なこの人は，さらにリスク・プレミアムを払ってこの保険に加入しても，保険のない場合と同じ効用 $\mathbf{E}U(x)$ を得られるのです。

次に，このような保険を販売する保険会社があるかどうか考えてみましょう。多数の保険を売れば，事故の確率は上で設定した値と同じになりますから，事故が起こって支払う保険金の期待値は事故が起こったときの225万円 − 100万円 = 125万円と，起こらなかったときの0円から計算すると125万 × 0.2 = 25万円となり，リスク・プレミアム分を保険会社が利益として得ることができます。

しかし保険業界が競争的であれば，理論的には第3章で学んだように利潤がゼロになるまで競争は続くので，保険料は，支払う保険金の期待値である25万円まで下がって，保険加入者の効用は改善します。結果的に，保険加入者は225万円から25万円を引いた200万円という前項で求めた期待値と同じ額を確実に得ることができ，リスクは保険会社がすべて負うことになります。保険会社は受け取る保険料が25万円で支払う保険金の期待値が25万円なので，

保険の期待利潤（=期待効用）の変化はゼロとなります。すなわち，保険会社は保険を売っても利益はなくリスクだけが増えますが，リスク中立的なので期待値が変わらないかぎり効用も変わらないのです。このように保険市場がうまく機能すれば，リスク回避的な経済主体からリスク中立的な経済主体へとリスクを移転することで，パレート効率的な資源配分が実現できます。しかし現実には，経済主体間の情報が非対称なために保険市場が効率的に働かなくなる場合も多く，「市場の失敗」が起こることがあります。次節以降ではその点も含めて非対称情報の問題について考えていきます。

> **ココをチェック！[7-1]**
> 経済学で「リスク回避的」とは何を意味しますか？

2 エージェンシー問題とインセンティブ契約

情報の経済学とは

前節では，とくに断りませんでしたが，不確実な状況の場合の数やそれぞれの場合が起こる可能性について，市場参加者全員が共通の認識を持っていることが，暗黙に仮定されていました。しかし一般的には，どんなことが起こり，その可能性はどの程度か，についての認識は人によって異なります。また，当然ですが何らかの行動をする当事者には，その人しか知らない情報があるのが普通です。このように，人によって持っている情報が異なることを**非対称情報**（または不完備情報）であるとよびます。非対称情報によって生じる多様な問題を考察するのが「情報の経済学」とよばれる分野です。問題はさまざまですが，取引や契約の後に一方が他方を監視できないことから生じる問

題と，取引や契約の相手あるいは取引対象の性質がわからないことから生じる問題の2つに分けて考えてみます。

事後に監視ができないために生じる問題の主なものは**モラル・ハザード**とか**エージェンシー問題**とよばれるものです。前者はもともと保険業界で使われていた用語で，火災保険に入った後で放火するような行為に対して使われていましたが，いまではより広義に，取引や契約の成立後に，相手が監視できない（あるいは違反を証明できない）ことに乗じて，当事者の誰かが，その取引や約束を誠実に実行しないときに使われます。誠実に実行しないので，多くの場合，社会的に非効率な結果，すなわち市場の失敗をもたらします。仕事の依頼人（プリンシパル）が代理人（エージェント）を監視できないときに起こる問題としてモデル化できることが多く，その場合にはエージェンシー問題とよばれます。

取引対象の性質がわからないことから生じる問題の主なものは，**逆選択**とよばれる問題です。逆選択は，購入しようとする財（製品やサービス）の品質が事前にはわからず，高品質の財がそれにふさわしい価格では売れないため，市場に出回るのは低品質のものばかりで，その結果市場が縮小し，場合によっては消滅してしまうという市場の失敗です。理想的な市場競争では，結果的に高品質のものが勝ち残りますが，それとは逆の結果をもたらすので，逆選択とよばれています。

以上が情報の経済学で扱われる代表的な問題ですが，本節ではエージェンシー問題を，次節では逆選択の問題を考えていきます。

エージェンシー問題

前項で説明したエージェンシー問題は，すべての経済的取引に，多かれ少なかれついて回る問題です。たとえば，弁護士，建築士，会計士，医師など，専門家であるエージェントの仕事内容を，彼らの顧客（あるいは患

者）であるプリンシパルは，正確には評価できません。会社の株主と経営者，あるいは経営者と従業員の関係も，それぞれ前者がプリンシパル，後者がエージェントと考えられます。

逆に，消費者が生命保険や自動車の損害保険に加入したりクレジットカードや住宅ローンを利用したりする場合は，保険会社，クレジットカード会社，銀行などの金融機関をプリンシパル，消費者をエージェントとみなせます。顧客が損害保険加入後に「どうせ補償されるので小さな事故くらいならいい」と安心して以前ほど慎重に運転しなくなることや，加入した消費者が，返せる金額以上にクレジットカードで買い物をすることは，通常はモラル・ハザードとよぶほうがふさわしいかもしれませんが，保険会社やクレジット会社が，1人ひとりについて監視しコントロールすることはできないところに注目すると，エージェンシー問題ともよべます。

このように，
(1) プリンシパルの利害がエージェントの行動に依存していて，
(2) プリンシパルはエージェントの行動を観察できないか，できたとしても違反行為を立証できない，

場合に，エージェンシー問題の発生する可能性があります。後者の条件は，観察可能でも膨大な費用がかかって事実上無理な場合も含みます。たとえば損害保険会社は探偵を雇って，自動車損害保険に加入したある顧客の行動を監視することはできるかもしれませんが，加入者全員を監視できないことは容易に想像できます。また，1人の加入者を監視できたとしても，慎重な運転でなかったことを立証するのは容易ではなく，しかも裁判になれば，かかる時間・費用も膨大なものでしょう。

とはいえ，現実の社会ではこのようなエージェンシー問題に対して，個々の取引で細かな条件を定めたり，不誠実な行為を制裁する

法律を制定したりするなど、さまざまな対処方法が考えられています。次項ではそのなかでも、代表的な仕組みであるインセンティブ契約を取り上げます。

インセンティブ契約

エージェンシー問題が生じる状況では、多くの場合、プリンシパルにとって好ましい結果が得られたときは、エージェントの行動が望ましいものだった可能性が高く、好ましくない結果が得られたときは、エージェントの行動が望ましいものだった可能性は低いと考えられます。損害保険の例では、自動車事故が起こった場合、運転者が慎重に運転をしていた可能性は、自動車事故が起こらなかった場合より低いと推測されます。実際の保険契約でも、過去に事故を起こした人や、統計的に事故を起こす確率の高い年代の人に対する保険料は高く設定されます。逆に、保険加入後に無事故の期間が続けば保険料は下がります。このように、エージェントの行動を直接観察できなくても、その行動と相関のある観察可能な指標があれば、その指標とエージェントへの報酬を連動させることによって、エージェントの行動をコントロールできるかもしれません。このような契約を**インセンティブ契約**とよびます。インセンティブ契約をめぐるプリンシパルとエージェントの関係は、第6章で学んだゲーム的状況であり、次のようにモデル化できます。

(1) プリンシパルが、観察可能な情報に報酬（あるいは価格）を連動させる契約をエージェントに示し、

(2) エージェントがその契約のもとでの自分のとりうる行動と（期待）利得を考え、契約を結ぶかどうかを決定する。

(3) エージェントが行動する。

後ろ向き帰納法（第6章141頁参照）を使って考えると、まず、最後に動くエージェントの戦略はどんな行動をとるかです。これは次

のような条件として整理できます。

誘因両立制約: 選ばれる行動（プリンシパルにとっては選んでほしい行動）はすべての行動のなかでエージェントの利得を最大化するものでなければならない。

次に、その前のエージェントの戦略は、契約を結ぶかどうかです。エージェントが契約締結を選ぶには、この契約が次の条件を満たしていなければなりません。

参加制約: エージェントの期待効用はエージェントの参加意欲を引き出すのに十分でなければならない。

最後に、初めに動くプリンシパルの戦略を考えます。この場合の戦略は契約内容そのものですが、上の2つの条件を満たし、かつ自分の効用を最大化するような契約が、このゲームの部分ゲーム完全均衡(定義については第6章141頁参照)を構成するインセンティブ契約です。最適なインセンティブ契約モデルについては、Web App ⑤で応用例を考えてみます。

インセンティブ契約の実際

本節の最後に、実際にインセンティブ契約を作る際の問題点について、企業の賃金体系、専門家のエージェンシー問題、公的組織の運営という3つの例で指摘しておきます。なお、企業内でのインセンティブ契約については第9章2節、公的分野でのインセンティブ契約（規制）については第14章3節で改めて取り上げます。

まず、日本企業の賃金体系が年功序列型から成果主義に移行しているといわれていますが、成果主義の基本的アイデアはこのインセンティブ報酬と同じです。しかし、現実の賃金体系としてインセンティブ報酬が簡単に応用できるわけではありません。企業では多くの人が協力して仕事を進めているので、それぞれの貢献度を評価

するのは難しいうえに、そもそも数値化しにくい業務が多くあります。また、複数の業務があると、数値化されやすい業務へ努力が集中しがちで、数値化されにくい業務への努力がおろそかになる傾向があります。さらに、短期的な業績が重視されると長期的な視点を見失うおそれもあります。

日本的経営の1つといわれていた年功序列型賃金は、従業員は若年時に比較的低い賃金で働かされても、長年勤めれば、成長していく組織で昇進や賃金の上昇が期待できました。企業側も優秀な人材を長期にわたって雇用できるので、高度成長期にふさわしいインセンティブ契約だったともいえます。最近では単純な成果主義に対する見直しや、多様な観点での評価を取り入れたさまざまな工夫が試みられており、日本企業は現在の経済環境にふさわしい新たな賃金システムを模索している過程にあるといってよいでしょう。

次に、弁護士や建築士などの専門家に関する非対称情報の問題については、次節で説明する逆選択の問題を解決する仕組みとして、資格制度や、評判のメカニズムはある程度整備されていましたが、エージェンシー問題を予防する制度作りは遅れていたといわざるをえません。建築士によるビルの耐震強度の偽装問題や会計士による粉飾決算への協力の問題から明らかになったのは、これらの専門家が、ビルの居住者や会社の株主というプリンシパルではなく、建築業者や経営者という、プリンシパルとは利害を異にするエージェントのエージェントになっていたという実態でした。

最後に、政府などの公的組織では、企業のような利潤最大化という数値化しやすい目的がなく、業績が悪ければ組織の存続が脅かされるということもなく、解雇のおそれもほとんどないので、民間よりエージェンシー問題の解決は困難だともいえます。また、最終的なプリンシパルである有権者が、エージェントである政治家や官僚

を監視する手段も多くありません。政治家に対しては、選挙での投票というインセンティブを与えることが多少できますが、官僚に対しては、それもありません。さらに有権者間に利害対立や価値観の相違があり、エージェントに求めるものも異なるので、問題はさらに複雑になります。しかし、近年の財政赤字の拡大や公的組織の非効率性に対する有権者の不満の高まりから、目標具体化や評価徹底によって、官僚のインセンティブを引き出すことを考慮した新公共経営とよばれる手法の採用が進んでいます。また、本当に政府がやるべき仕事かどうかを見直して、場合によっては企業や非営利組織（NPO）などに仕事を任せる民営化も進んでいます。こうした点に関しては、改めて第15章で取り上げます。

> ココをチェック！［7-2］
> エージェンシー問題とはどのような問題ですか？

3 逆選択とオークション

逆選択

前節では取引や契約後の非対称情報が引き起こすエージェンシー問題とその対応策について見てきましたが、本節では、取引や契約前の非対称情報のもたらす逆選択という問題を考えていきます。逆選択（あるいは逆選抜）という言葉も、モラル・ハザードと同じくもともとは保険業界の言葉で、リスクの高い人がそれを知りながら保険に加入することを意味していました。経済学ではそれを一般化して、ある市場で情報の非対称性があると、高品質の財・サービスが市場に供給されなくなり、その市場が縮小あるいは消滅してしまうことを意味し

ます。中古車市場を例にとって明らかにしていきます。ちなみに，この分野の最も有名な研究もアカロフによるレモン（低品質の中古車を意味するアメリカの俗語）市場を例にとった論文でした。中古車は，それまでの使われ方によって品質もさまざまです。買い手は外見や製造年などの基本的情報は得られますが，品質についての完全な情報を得られるわけではありません。したがって，買い手のその車の価値に対する期待値は，何か問題がある可能性を考慮して，最良の状態である場合の値よりは低くなります。買い手にとっては，その期待値の額が払ってもいいと思う最高価格ですが，図7-4の上の図のように，実際には買い手の期待値より価値の高い車も存在します。しかし，そのような車の所有者は，車の価値より低い価格では売りに出さないため，図7-4の下の図のように中古車市場に出てくる車は期待値より低い品質の車だけになり，数量も平均品質も低下します。すると買い手の期待値はさらに下がって，それがまた市場規模と平均品質を下げるという悪循環に陥り，最悪の場合は中古車市場が消滅してしまいます。保険の例で言うと，高いリスクを隠して契約する加入者が増えると，その保険は加入者から受け取る保険料に比べて支払う保険金のほうが多くなって維持できなくなるということです。

逆選択への対応策

しかし，現実には中古車市場は成立しており，Web Case ② で紹介しているように，日本では毎年新車と同程度の量の中古車が売買されています。逆選択の問題はどのように解消あるいは軽減されているのでしょうか。

まず，同じ非対称情報の状況でも，前節のエージェンシー問題とは異なり，逆選択の状況では，情報を持っている側も非対称情報をなくすほうが有利な場合があります。中古車の例では，高品質の中古車の所有者は，自分の車が高品質であることを知ってもらえば，

図7-4 逆選択の仕組み

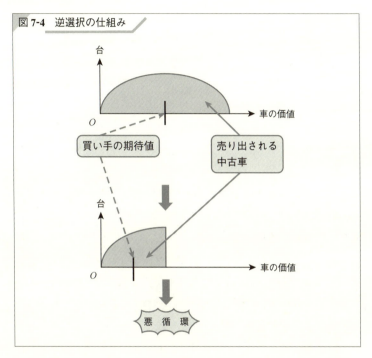

品質に見合う高い価格で売れます。しかし、売り手が高品質であると主張・宣伝しても、それが消費者に信用されるとは限らないので、売り手は信用してもらうためにさまざまな方法を考えます。解決方法としては、よいものを提供し続けて消費者の評判を獲得するというのが、昔からある方法です。老舗という評価を得た店や有名ブランド製品は、こうした努力を積み重ねてきたのです。評判を獲得するメカニズムは、第6章で学んだ無限回繰り返しゲームを使って説明できます。たとえば中古車市場では、売り手の協力戦略を高品質車の販売、裏切り戦略をレモン（低品質車）の販売と考えます。裏切るという戦略をとると、信頼の失墜によって買い手の戦略が「買う」から「買わない」に切り替わるという制裁を受けること

になります。

　そのほかにも，品質保証期間を設けること，第三者機関からの評価・認定を受けること，なども消費者の信用獲得の手段となります。これらは，売り手として優位にある側が，劣位にある側には費用のかかりすぎる行動をとることで，情報を持っていない相手に自分の優位性をアピールする手法で，**シグナリング**とよばれています。中古車業界でもこのような方法で非対称情報の問題に取り組んできました。

　もちろん，情報を持たない側が情報を得る工夫もあります。情報を持たない者が，情報を引き出すためのメカニズム（契約やルールなどの仕組み）を設計することを**メカニズム・デザイン**ともよび，代表的な例としては**スクリーニング**や**オークション**があります。スクリーニングとは，情報を持たない側が，情報を持つ側の，過去の実績，各種の検査や試験の結果など，観察あるいは評価できる情報を使って，取引や契約の対象（者）を絞り込むことです。オークションは次項で詳しく見ていきますが，日常用語で意味するオークション以外に入札なども含まれます。Web Case②にあるように，中古車市場の拡大には，こうした情報を持たない側によるメカニズム・デザインも大きな役割を果たしています。

オークション

前項で見たように，逆選択の状況では，有利な情報を持っている側は情報を出したいと思い，情報を持っていない側は情報を引き出したいと思います。後者の機能を持つ代表的なメカニズムの1つであるオークションには，美術品や骨董品をセリ人が価格を上下させて取引を成立させる形態以外に，魚市場や青果市場，公共工事などの入札もあります。いずれも買い手が払ってもいいと思っている最高額（工事の入札の場合は最低請け負い額）という私的情報を引き出す一般的な仕組

みです。本項ではオークションを例にとって，メカニズム・デザインによって，どのように非対称情報の問題を改善できるかを考えていきます。

まず，主要なオークションとしては以下の4つの方式があります。

イギリス型オークション： 価格を徐々に引き上げ，最高値を付けた人が落札しその価格を払う。

オランダ型オークション： 価格を徐々に引き下げ，最高値を受け入れた人が落札しその価格を払う。

一位価格入札： 最高値を付けた入札者がその価格を払う。

二位価格入札： 最高値を付けた入札者が落札し2番目に高い価格を払う。

最もなじみの薄いオークションが二位価格入札かもしれませんが，これは，このメカニズムを研究したヴィックレイにちなんでヴィックレイ・オークションともよばれ，非対称情報の問題に関しては最も重要なものです。なぜなら，この入札に参加する人にとって，正直に自分の評価額で入札することが最適の戦略だからです。

オークションも前節のインセンティブ契約と同様，ゲームとして考えられます。しかし，インセンティブ契約は情報を持っている者（エージェント）と持っていない者（プリンシパル）のゲームであったのに対して，オークションは情報を持っている複数の者（買い手）がプレイヤーとなり，それぞれの付け値（入札価格）を戦略とするゲームです。

以下では，ある1台の中古車がオークションに出された例で考えてみます。V をある中古車買取業者のこの中古車に対する評価額，H をこの業者以外のオークション参加者のなかの最高入札額，X をこの業者の入札額とします。このように一般化すると，以下

の議論はどのプレイヤーにもあてはまります。したがって、この業者の最適戦略が求められれば、どのプレイヤーにとっても最適戦略になるので、すべての業者がその戦略をとることが、このゲームの均衡です。

証明したいのは、「二位価格入札では、$X = V$ (すなわち、自分の真の評価額を入札額とすること) が入札業者 (= 買取業者) の最適戦略である」ことです。証明の方針としては、$X > V$ も $X < V$ もこの業者にとって合理的な戦略ではないと示すことで、$X = V$ が最適戦略であることを明らかにします。なお、単純化のために H が X や V と等しくなる場合は考えませんが、それを考慮しても結論は変わりません。

まず V, X, H の大小関係の可能性は、$X = V$ の場合を除くと、図7-5で示されるように、$X > V$ のときに3通り、$X < V$ のときに3通りの計6通りです。いずれの場合もこの業者の得られる利得は $X = V$ のときと同じかそれ未満であることを示せば、$X = V$ が最適戦略であるといえます。

1 入札額が評価額より大きい ($X > V$) とき

X と V の大小関係は決まっているので、起こりうる3者の位置関係は次の3通りです。それぞれの場合の利得を $X = V$ の場合と比べてみましょう。

(1) $X > V > H$: この業者は最高額で入札するので、この中古車を2番目に安い入札額 H で購入でき、$V - H$ の利益を得ます。しかし、$X = V$ でも同じ結果を得られます。

(2) $X > H > V$: 上と同様この業者は中古車を H で購入できますが、自分の真の評価額 V はそれより低いので、$V - H < 0$ となり、損失が生じます。$X = V$ であれば、購入できませんが損失は生じません。

> **図 7-5　二位価格入札で起こりうる入札額，評価額，他者中最高入札額の大小関係**
>
> **1** X（入札額）$> V$（評価額）のときの H（他者中最高入札額）の大小関係 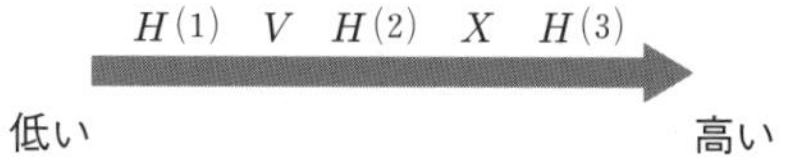
>
> $H(1)\quad V\quad H(2)\quad X\quad H(3)$
>
> 低い　　　　　　　　　　　　　　　　　高い
>
> **2** X（入札額）$< V$（評価額）のときの H（他者中最高入札額）の大小関係
>
> $H(1)\quad X\quad H(2)\quad V\quad H(3)$
>
> 低い　　　　　　　　　　　　　　　　　高い

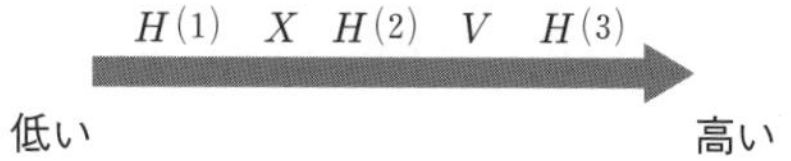

(3) $H > X > V$：　この業者は中古車を購入できません。$X = V$ でも同じく購入できません。

(1), (2), (3)から，二位価格入札では，実際の評価額で入札するほうが，それより高く入札するのに比べて優れた戦略であることがわかりました。

2　入札額が評価額より小さい $(X < V)$ とき

この場合も X と V の大小関係は決まっているので，起こりうる3者の位置関係は次の3通りです。

(1) $V > X > H$，　(2) $V > H > X$，　(3) $H > V > X$

基本的な論理は**1**の場合と同じなので説明は省略しますが（練習問題 7-3），やはり二位価格入札では，実際の評価額で入札するほうが，それより低額で入札するのに比べて優れた戦略であることがわかります。

以上の議論から，二位価格入札では，入札参加者が，他の競合相手の戦略にかかわらず，自分の真の評価額で入札するのが最も優れた戦略であることが証明されました。

第 7 章　不確実性と情報の非対称性

このように，実際の評価額で入札するのが最適戦略なので，二位価格入札は，買い手から真の評価額という情報を引き出すメカニズムです。ただし，2番目に高い入札額で売らなければなりませんから，売り手にとっては，最も高い評価額で売れる完全情報に比べて低い売却額になるというコストを払わなければなりません。おそらくこのコストの存在と，買い手の提示額と支払い価格が異なるというわかりにくさが，実際に二位価格入札がほとんど採用されない理由だと思われます。

最近のネット・オークションでは，買い手があらかじめ設定した入札額になるまでは，入札状況に応じて自動的に入札額を上げていくという方法もあり，これは実質的に二位価格入札に近い仕組みです。ただしネット・オークションの場合は，現段階で自分が落札できるかどうかという情報を知ることができ，決められた期間内であれば入札設定額を上げることもできるので，イギリス型オークションの仕組みも加えられています。また，買い手側も売り手の過去の出品歴や評判といった情報が入手できるので，双方向の非対称情報を解消する工夫がなされています。

オークションは公的な取引・契約における非対称情報の改善にも役立っています。日本の公共的な入札制度は，長い間談合という社会的慣習のために本来の機能を果たしていませんでしたが，最近談合の弊害に対する社会の目は厳しくなっています（第13章2節の課徴金減免制度も参照）。また，財政悪化による公共事業の需要急減のため，業者側の受注獲得競争も激しく，そもそも談合が成立しにくくなっています。こうした環境変化もあって，公共的な入札制度が本来の機能を果たし始めており，財政効率化の手段としても見直されています。

また，海外では，放送・通信事業者に対する電波の周波数利用権

をオークションによって販売することで，政府が巨額の収入を得た例もあります。日本でも，税として現物納付された物や滞納者から差し押さえした物を販売するオークションを実施し，収入増を図るケースは増えています。このようにオークションは，中古車市場の例にかぎらず，さまざまな分野で非対称情報による市場の失敗を解消する有力なメカニズムとして利用されています。

Case Study ⑤ 電波オークション

オークションは古くからさまざまな市場（いちば）での競り，公共事業での入札（本文で説明したように理論的にはオークションの一種です）などに使われてきましたが，電波オークション（周波数オークション）は，近年の理論の成果を最も取り入れている分野といってもいいでしょう。OECD（経済協力開発機構）加盟国のほとんどの国が何らかの形で導入しています。2012年に日本でも電波オークションの導入を盛り込んだ電波法の改正が国会に提案されるところまでいきましたが，政権交代で方針が変わり実現しませんでした。

電波オークションは1990年にニュージーランドで始まり，1994年にアメリカの通信規制を担当する連邦通信委員会（Federal Communication Committee: FCC）で本格的に採用され，その後アメリカやヨーロッパを中心にさまざまな理論的研究と実践的な経験を経ながら導入され，制度も進化してきました。電波オークションが本文で述べた単純なモデルと大きく異なる点は，まず複数の財（周波数帯や地域で異なる免許）が同時にオークションに出されることです。FCCは当時のオークション理論の成果を使った「同時複数ラウンド競り上げ式オークション」を採用して大きな「成果」を得ました。「成果」とは，経済学的には効率的な資源配分を達成したことですが，一般的には多額の国家収入をもたらしたことが注目されました。これを契機にヨーロッパ各国をはじめとして多くの国がこの方式を採用しましたが，成功例だけでなく，落札価格が高騰したり，逆に低すぎたりする例も出てきました。前者は，例えば落札者が高すぎ

る値を付け結果的に採算がとれなくなる（*Column* ⑦「勝者の呪い」参照）ケースであり，後者はたとえば参加者間で共謀が行われるようなケースです。後者の問題は通常の競争政策（第13章参照）や民営化（第14章5節参照）に共通する問題であり，最低落札価格を決めたり，取得免許数にキャップ（上限）を設定したりするなどの対応がとられるようになりました。前者については電波オークションに固有の難しさもあります。すなわち，そもそも複数の免許をどのように組み合わせれば最も利益が出るかは，参加企業の持っている技術や個別市場の消費者の選好や競争状況によって異なり，企業自身にとってさえ不確実だということです。この点に関しては，最新の研究成果に基づくより複雑なオークションが使われ始めています。

さらにアメリカでは，近年の増大する電波需要に対応するため既存の電波市場（放送用周波数など）も含めた市場全体の再編と効率化を目的とした新たなオークションも2015年に実施される予定です。

このように海外では電波オークションが一般的になっており，試行錯誤を経ながら制度も進化していますが，残念ながら現時点での日本での導入の予定はありません。

（参考文献） 総務省「周波数オークションに関する懇談会報告書」（2011年12月），松島斉［2012］「電波オークションまったなし：日本を変えるマーケットデザイン」『経済セミナー』2月号，柴田厚［2013］「【報告】2014年アメリカ周波数オークションの行方：ブロードバンド時代の電波利用は」『放送研究と調査』11月号。Cramton, P.［2013］"Spectrum Auction Design" *Review of Industrial Organization*, **42**（2）: 161-190.

Column ⑦ 勝者の呪い

絵画や骨董品のようにオークション参加者ごとに対象の価値が異なるのではなく，石油採掘権のオークションのように対象の価値が（石油の埋蔵量とその価格で客観的に計算できるような）参加者にとって共通の価値を持っているときに，以下のような問題が起こる可能性があります。

オークションでの勝者は当然ながら最高値をつけた参加企業ですが，埋蔵量や採掘コスト，将来の原油価格などの見通しは不確実なので，それらの条件について最も楽観的だった企業が勝者になります。実現する利益は，平均的には（それぞれの企業が抱える専門家集団が検討を重ねたであろう）入札平均値に近いと考えられるので，採掘権を得た勝者は損失を被るか予想以下の利益しか得られないことになります。このような状況を「勝者の呪い」と呼びます。

非対称情報解消のマイナス面

以上，事前の非対称情報が引き起こす逆選択への対応策として，オークションというメカニズム・デザインを例にとって考えてきました。このほかにも，上述のスクリーニングやシグナリングなどの仕組みについても工夫が進んでいます。しかし，事前の非対称情報の解消が好ましくない場合もあることを指摘しておかなければなりません。たとえば医療保険の場合，保険会社は，（潜在的）加入者の健康や病歴に関する情報を完全には知りません。まったくわからなければ逆選択の問題となり，割高な保険料でリスクの高い人だけが加入し，結果的に市場が成立しなくなります。そこで保険会社は，健康診断などのスクリーニングによって非対称情報をある程度解消したうえで，顧客に保険料などの契約条件を提示することになります。しかし，そうなると，健康状態に問題のある人は，保険に加入できないか，加入できても高い保険料を払わなければならなくなります。これは，社会的に望ましい状態とはいえません。このことが医療保険（日本の制度名は健康保険），失業保険（同，雇用保険），年金などの公的社会保険の存在理由の1つでもあります。この点については第11章と第12章で改めて取り上げます。

また，たとえば従業員の採用の際に，差別的扱いになるようなプ

ライバシーに関する質問は禁止されています。しかし，応募者側が自発的にプライバシーに関する特定の情報を開示すること（シグナリング）も，結果的にその情報を開示しない人の情報を推測できてしまう，という理由で避けなければなりません。このように，非対称情報の解消は常に望ましい結果をもたらすわけではありません。

> **ココをチェック！［7-3］**
> 逆選択とはどのような問題ですか？

練習問題

7-1 ある人の資産 W が 6400 万円，効用関数を $u(W) = \sqrt{W}$ とします。資産が 25% の確率で 400 万円に減るリスクがあるとき，この人にとってのリスク・プレミアムはいくらですか。

7-2 現実の社会で見られるインセンティブ契約の例を 1 つ挙げて説明しなさい。

7-3 二位価格入札では，真の評価額で入札するほうが，それより低く入札するのに比べて優れた戦略であることを証明しなさい（真の評価額での入札が，それより高い額での入札より優れた戦略であることは本章第 3 節で証明済み）。

第8章 企業組織と市場

Introduction 本章では,市場における企業の水平的境界と垂直的境界,すなわち市場における企業組織の規模と範囲について説明します。企業の水平的境界とは,生産する財・サービスの種類や量などの大きさに関する企業の規模がどのように決まるかについてであり,主として規模の経済や範囲の経済という技術的な説明がなされます。企業の垂直的境界とは,企業がどのような取引を自社内で行い,どのような取引が市場を活用するかという点で企業の範囲がどのように決まるかということであり,取引費用,とくに関係特殊投資のホールドアップ問題への対処により説明がなされます。企業内取引と市場取引の中間形態として,提携や合弁事業やフランチャイズなどのハイブリッド型取引があります。これらは,ホールドアップ問題を避ける工夫を行いつつ市場取引の利点も活用しようとするものです。

Keywords 水平的境界,垂直的境界,ホールドアップ問題,規模の経済,範囲の経済,取引費用,関係特殊投資,サンクコスト,ハイブリッド型取引,フランチャイズ

1 企業の境界

2種類の企業の境界

この章では,市場における企業の境界,すなわち企業組織の規模と範囲について説明します。企業の境界は2種類に分けられます。

第1の企業の境界は,**水平的境界**です。水平的境界の問題とは,

企業の規模，すなわち，企業の生産する財・サービスの量や種類などの大きさがどのように決まるかを説明することです。また，市場によっては，少数の大企業が存在したり，多数の中小企業が存在したりするので，このような市場に対する企業の相対的な規模についても，企業の水平的境界の問題となります。

　第2の企業の境界は，**垂直的境界**です。ある財・サービスを消費者が利用するまでに，さまざまなプロセスを経ます。たとえば，自動車の場合には，鉄鉱石などの原料採掘に始まり，鋼板や部品の生産，自動車の組立，自動車販売に修理サービスまでのプロセスがあります。自動車メーカーはこれらの部門を垂直統合して自社内で部品を製造する企業内取引（内製）を選ぶこともできれば，自動車部品のメーカー（サプライヤー）から購入する市場取引（外注）を選ぶこともできます。また，販売においても自社の販売網を利用することも，外部の販売店を利用することもできます。垂直的境界の問題とは，企業がどのような取引を自社内で行い，どのような取引で市場を活用するのかに関して，企業の範囲を説明することです。

> 企業の水平的境界

　第2節では，企業の水平的境界について説明します。企業の水平的境界を決める主な要因は，規模の経済と範囲の経済です。規模の経済とは，生産量が増大するにつれて平均費用が逓減することで，規模の経済性があると企業規模が大きくなります。また，範囲の経済とは，複数の財・サービスを1企業で生産するほうが複数の企業で生産するよりも総費用が低くなることで，範囲の経済性があると企業規模が大きくなります。

　第2節では，規模の経済や範囲の経済がどのようにして生じるのか，また逆に規模の不経済や範囲の不経済がどのようにして生じるのかについて述べます。そこから，規模の経済や不経済，範囲の

経済と不経済の大きさにより、水平的境界が決まることがわかります。このように、水平的境界が決まる際に重要な要因は主として技術的な要因です。

企業の垂直的境界

第3節では、企業の垂直的境界について説明します。企業にとって、垂直的な生産プロセスの流れのなかで、組立メーカーが部品の生産・販売を内製するか、市場から購入するかは代替的であり、そのような意味で、企業と市場とは代替的な資源配分メカニズムであるといえます。こうした視点は、コースが見いだし、ウィリアムソンらが発展させました。

市場を利用する主な費用は取引費用です。コースは、市場での取引費用が大きいときに企業内生産を行い、取引費用が小さいときに市場取引を用いると考えました。ウィリアムソンは、取引費用として機会主義的な行動によって生じる**ホールドアップ問題**を取り上げました。企業が結ぶ契約は、本質的に不完備なものです。完備契約とは、起こりうるあらゆる事態への対応を記すものですが、情報の不完全性と契約当事者の限定合理性のために、長期にわたる完備契約を結ぶことができません。このことは、売り手と買い手がその取引に関係する特殊な投資である関係特殊投資を行う場合に、とくに重要になります。取引の合意の事前には、多くの売り手と買い手がいますが、投資がなされた事後には、売り手と買い手はともに容易に取引を停止しがたいロックインされた状態になり、投資によって得られる一方の利益が他方によって収奪されるというホールドアップ問題が起こる可能性が生じ、その結果としてホールドアップを避けるために関係特殊投資が行われなくなるという問題が生じます。そこで、ホールドアップの危険を避けて関係特殊投資を可能にすることが、企業内取引の利点となります。ホールドアップ問題につい

ては Web App ⑥ で数学を用いて詳しく解説します。

<u>垂直統合の代替策</u>　市場取引から生じる取引費用を節約するために企業内取引すなわち垂直統合を選ぶことができますが，統合すると逆に市場取引の利点を活用することができなくなります。そこで，市場取引と企業内取引の中間的なハイブリッド型取引が用いられることがあります。

第 4 節では，そのようなハイブリッド型取引について説明します。ハイブリッド型取引の例としては，提携，長期契約，系列取引，フランチャイズ制，合弁事業（ジョイント・ベンチャー）などがあります。代表的なフランチャイズ制と合弁事業を取り上げ，内容や意義について説明します。

> **ココをチェック！［8-1］**
> 企業の水平的境界と垂直的境界を決めるのはどのような要因ですか？

2　企業の水平的境界

<u>規模の経済と不経済</u>　企業の水平的境界を決める第 1 の要因である規模の経済と不経済から見ることにしましょう。**規模の経済**とは，生産量が増加するにつれて平均費用が逓減することで，規模の不経済とは，生産量が増大するにつれて平均費用が逓増することです。図 8-1 は規模の経済と不経済を図示したものです。生産量が x' になるまでは規模の経済が働き，x' を超えると規模の不経済が働きます。

規模の経済が働く原因としては，分割できない巨額の投資費用の

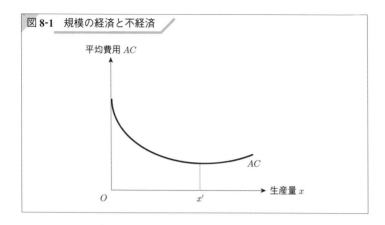

図8-1 規模の経済と不経済

存在があります。企業が参入する際には設備などの物的資本や、生産・営業・管理などの人的資本への投資を必要とします。これらの費用は生産能力に応じて、産業ごとにほぼ一定の大きさとなる外生的な投資費用であり、(生産能力の範囲内で)生産規模が増大すると生産量1単位当たりの投資費用は低下します。

これに対し、広告費や研究開発費も生産量と直接には無関係な投資費用です。ただし、企業は広告費や研究開発費を自由に決めることができるので内生的な投資費用であるといえます。広告や研究開発による製品差別化が重要な産業では広告費や研究開発費が多額にのぼり、生産規模あるいは市場占有率(マーケット・シェア)の大きい企業のほうが広告費や研究開発費の生産量1単位当たりの投資費用が小さくなるので有利となります。

また、生産規模の増大は、社内での分業を推し進めるので、平均費用の低下につながります。さらに、生産量が大きくなることにより、原材料の購入に際して大量購入できるようになり、輸送や契約の費用が低くなったり、価格交渉力が高まったりします。このような理由により、規模の経済が生じます。

他方,規模の不経済が生じる理由としては,生産能力が一定のもとでは効率的な規模を超える生産をすることによる人件費(高額の残業代や非効率的な労働力の投入)や,原材料費(市場での高価な購入)の高騰,非効率な機械や設備の利用(生産性の悪い休眠中の機械や設備の利用など)が起こります。また,より長期的には,組織の肥大化に伴う官僚的階層機構は,事務処理負担の増大や意思決定の遅延等の能率の低下をもたらしたり,第7章で述べられたようなプリンシパル=エージェント関係におけるインセンティブの欠如に起因する費用(エージェンシー費用)を生み出したりして,効率の悪化につながります(これについては,第9章で改めて説明されます)。また,大企業では労働組合が組織される割合が大きくなり,組合の交渉力も高まるため費用が高くなることになります。

　このような規模の経済と不経済が重要な要因となって,企業の規模が決まります。

　範囲の経済と不経済　　**範囲の経済**とは,複数の財・サービス(XとY)を複数の企業で供給するよりも,1社で供給するほうが総費用は小さくなることです。このことは,$C(x,y)$を財Xの生産量がx,財Yの生産量がyのときの総費用とすると,$C(x,y) < C(x,0) + C(0,y)$と書けます。この式を書き直すと,$C(x,y) - C(x,0) < C(0,y) - C(0,0)$となります。ただし,$C(0,0) = 0$です。この式は,財$X$を生産しているときのほうが,財$X$を生産していない場合と比べて,財$Y$を生産するための費用が小さくなることを示しています。

　範囲の経済は,財X(あるいは財Y)を供給するための投資が,財Y(あるいは財X)を供給するためにも寄与する場合に生じます。たとえば,財Xを供給するための生産設備や人的資本が財Yの供給にも用いられたり,財Xの研究開発の成果が財Yの生産技術に

も応用できたり、あるいは、財 X のための広告が企業のブランドを育成することにより財 Y の広告費用を節約したりする場合に範囲の経済が生じます。

範囲の不経済も、規模の不経済と同様の理由によって生じます。用いる技術や資産などの経営資源が異なるために範囲の経済性が得られないにもかかわらず、官僚制の非効率だけが生じるような場合には範囲の不経済が生じるでしょう（なお、財 X と財 Y が垂直的な取引関係にある財である場合には、次節の垂直統合の理由となります）。

> **ココをチェック！[8-2]**
> 規模の経済と範囲の経済が生じるのはなぜですか？

3 取引費用と垂直統合

市場の取引費用　　市場では、価格メカニズムを通じた財・サービスの交換により資源配分が行われます。他方、企業の内部では、企業家が調整者として資源配分を行います。市場取引と企業内取引は代替的な取引の手段であり、資源配分の手段です。なぜ価格メカニズムによる資源配分だけではなく、企業という組織が存在して、資源配分をするのでしょうか。

それは、市場を活用するのに**取引費用**がかかるからです。企業は市場での取引に要する費用と、企業内取引に要する費用を比較し、費用の小さいほうの取引を選択します。それでは、市場での取引にはどのような費用がかかるでしょうか。

まず、財・サービスを売買するには、取引相手をみつけ、財・サービスの内容を調べ、価格を知らなければなりません。取引に

よっては，交渉したうえで契約を結ぶ必要があります。契約どおりに履行されるかを監視しなければならず，もし何らかの事情で契約どおりの取引が行われなければ，法的な措置をとるなどの必要も出てきます。

また，生産や販売で，市場取引や外部の企業を用いる外注（アウトソーシング）をすると，生産技術や商品特性に関する貴重な情報（ノウハウ）の流出につながったり，顧客データが得られなかったりすることがあります。とくに，コアとなる技術や情報が流出したり，手元に持てなかったりすると，長期的な競争力の低下につながるおそれもあります。

さらに，長期的な取引でとくに重要になるのが，関係特殊投資を必要とする場合です。このときに生じるホールドアップ問題について次項で詳しく見ることにしましょう。

関係特殊投資とホールドアップ問題

関係特殊投資とは，特定の顧客との取引のための特殊な資産に行う投資でサンクコストとなるものです。関係特殊的な資産には，人的特殊資産，物的特殊資産，地理的特殊資産があります。人的特殊資産とは，特定の顧客との取引のための知識や熟練技術の蓄積などの人的資産（人的資本）です。物的特殊資産とは，特定の顧客のための備品・機械・設備・建物などの物的資産です。地理的特殊資産とは，顧客と地理的に近接して立地する工場・倉庫や事務所，あるいはそこに働く従業員などの物的・人的資産であり，輸送や在庫のコストを節約し，人的資産の活用が容易になります。関係特殊投資が行われると，その特定の売り手と買い手の間の取引からは大きな利益がもたらされますが，その資産は他の顧客との取引には価値がありません（あるいは小さくなります）。また，実際に投資からどれだけの利益の取り分が得られるかは取引相手との力関係に

依存します。

関係特殊投資はサンクコストとなります。**サンクコスト**（埋没費用）とは，ひとたび支出されると回収不能となる費用です。他の用途には代替しにくい資本設備や人的資産への投資，あるいは広告費用や研究開発費用などの多くがサンクコストとなります。これに対し，自動車や建物などへの投資は，他の用途に転用することができ転売もできるので，サンクコストとなる部分は小さいといえます。

売り手（買い手）は，契約の事前には多くの競争的な買い手（売り手）のなかから取引相手を選ぶことができます。しかし，関係特殊投資を行った事後には，売り手と買い手は容易に他の顧客との取引に入ることができず（ロックインされ），契約を結んだ相手と1対1の双方独占の関係になります。両者とも，双方独占のもとで関係特殊投資による利益を占有しようとするホールドアップの行動をとるインセンティブがあり，それにより，契約の事後に効率的な取引ができなくなったり，それを恐れて契約の事前に十分な大きさの関係特殊投資を実現できなかったりします。したがって，もし売り手と買い手にとって関係特殊投資が重要であれば，ホールドアップ問題を避けるために市場取引ではなく企業内取引を選ぶことが望ましくなります。

例として，ある部品を生産するサプライヤーが組立メーカーとの間で汎用品ではない特注の部品を納品する契約をしたとしましょう。そうすることにより，組立メーカーは汎用品を用いるよりも優れた製品を生産することができ，特注部品の生産コストの増大を考慮しても利益が増大すると考えたとします。組立メーカーはこの部品の設計等に投資が必要です。サプライヤーもその部品を納品するために金型や機械設備に投資する必要があります。納品価格があらかじめ定められていないときはもちろん，定められていても，

実際に納品されるときに,買い手は(原材料が値下がりしているなど,さまざまな理由をつけて)値引き交渉をするインセンティブがあります。売り手はすでに関係特殊投資を行っているので,取引をやめると損失が発生します。そこで,値引きに応じても取引する必要があります。しかし,このとき,同時に買い手が他の売り手を確保していなければ双方独占となり,特注部品を購入できないと生産に支障が出るので,売り手にも交渉力があると考えられます。すなわち,売り手も,(原材料が値上がりしているなど,さまざまな理由をつけて)値上げ交渉をするインセンティブがあります。ただし,もし買い手が他の売り手も確保していれば交渉力が高まり,売り手に不利な状況になるでしょう。

このように,関係特殊投資が行われると全体として利益が生じるにもかかわらず,ホールドアップを避けるための交渉に費用がかかったり,第2の売り手や買い手を用意する費用がかかったり,あるいは,関係特殊投資が行われなくなったりすることがあります。そこで,この特注部品が重要な場合,契約により購入するのではなく垂直的に統合して内製することが望ましくなることがあります。

垂直統合によるガバナンス　垂直統合した場合のメリットは,事業を契約に基づくのではなく,社内のガバナンス(統治)によって行えるようになることです。企業全体の利潤を最大化するという点から統一的な意思決定が行われるならば,ホールドアップの危険を考慮せずに迅速な取引を行ったり,投資を行ったりすることができます。さらに,取引に紛争が生じたり,契約当初に予期していない事態が生じたりした場合に,企業間であれば再交渉や法的な処理に時間と費用がかかりますが,企業内であれば,命令系統で権限を有する者によって部門間の利害調整が図られます。また,社員の企業への所属意識から,協

調や相互扶助の精神が醸成されやすく，効率を高めることも期待されます。

> **市場取引の利点**

それでは，なぜ逆に市場取引が存在するのでしょうか。第1に，市場で専門企業から調達したほうが良質で安価なものが入手できる可能性があります。とくに，汎用品で入手が容易であったり，規模の経済が生じたりするような商品の場合には市場で購入するほうがいいでしょう。第2に，企業内取引にもやはり費用がかかります。生産や研究開発の費用を要することに加えて，階層的な組織では意思決定の遅延や手続き上の煩雑さ，あるいはプリンシパル＝エージェント関係によるインセンティブの欠如の費用といった非効率が生じることがあります。また，社内では権力争いやフリー・ライダー願望といった精神が生じて効率を低下させることも懸念されます。こうした市場取引の利点や企業内取引の欠点が大きければ，企業は企業内取引ではなく市場取引を選びます。

> **ココをチェック！［8-3］**
> 組立メーカーが，部品を市場で調達するより企業内で生産することを選ぶのはどのような場合ですか？

4 ハイブリッド型取引

> **ハイブリッド型取引とは**

本節では，市場取引と企業内取引の中間的な**ハイブリッド型取引**について説明します。とくに，提携・合弁事業とフランチャイズ制については項をあらためて説明します。

ハイブリッド型取引の1つは，長期契約です。投資を回収できるような期間にわたっての長期契約であれば，短期契約と異なり，関係特殊投資へのインセンティブを生み出します。ただし，契約が不完備になることは避けられず，事後的なホールドアップの危険性がまったくなくなるわけではありません。そこで，予想していない事態や紛争が生じたときに調整をしやすくできる契約上の工夫が必要になります。たとえば，購入する契約とともに販売する契約を結ぶといったような，相互に人質をとるような工夫が有効な場合があります。あるいは，損害賠償の予定や情報公開，あるいは調停や仲裁の手続きを定めておくことも有効な手段となります。調停や仲裁は，社内での調整機能と比べれば時間と費用がかかりますが，裁判よりは時間と費用を節約できます。また，予想していない事態に対処する権限を（所有権といった形で）いずれか一方に付与することも，関係特殊投資へのインセンティブを維持しつつ迅速な解決手段となることがあります。これについては **Web App ⑥** で数学を用いて詳しく説明します。

　ホールドアップに対する安全弁としての工夫が有効に機能するのであれば，企業は市場取引の利点を活用するために，関係特殊投資を必要とする取引においても，企業内取引ではなくハイブリッド型の取引を選ぶでしょう。しかし，ホールドアップの危険性が強く残るならやはり統合することを選ぶでしょう。

Case Study ⑥　自動車産業と自動車部品産業の関係

　日本の自動車産業の国際競争力の源泉として，メーカー（トヨタなどの完成車メーカー）とサプライヤー（デンソーなどの部品メーカー）との連携（サプライヤー・システム）が挙げられます。その特

徴としては，開発の段階からメーカーとサプライヤーの協働作業が始まり，企業間のすりあわせを十分に行って特注部品の生産に力を入れていること，そのうえでサプライヤーが部品の生産や検査を一括して行うこと，メーカーは同じサプライヤーと大きなモデルチェンジが行われるまでの期間は継続的に取引すること，少数のサプライヤー間で競争が行われていることなどが挙げられます。在庫の無駄を省くカンバン方式とよばれる部品調達システムのために，サプライヤーはメーカーの工場の近くに立地することなども含め，日本のサプライヤーは関係特殊投資を行うことに熱心であり，品質とコスト競争力を兼ね備えています。しかし，日産自動車がゴーン社長のもとで「日産リバイバルプラン」の一環として従来の系列を解体し，後述するようなモジュール化を進めるなど，サプライヤー・システムに新しい動きが起こっています。

一方，GMやフォードといったアメリカの主要メーカーは，かつては部品の大きな内製部門を保有していましたが，近年には部品部門を独立させました。GMは1999年に部品部門をデルファイとして分離し，世界最大のサプライヤーを誕生させました。またフォードも2000年にビステオンを独立させ，世界第2位のサプライヤーを誕生させました。

アメリカでは1年単位といった比較的短期的な取引を，入札競争で行っています。他の部品メーカーは自動車メーカーの価格引き下げ要求に沿うべくリストラクチャリングを行うとともに，価格引き下げの代償として1社発注・多年度契約を獲得しようとするようになってきました。また，合併・買収を通じて規模を拡大させています。

自動車メーカーは，貿易摩擦に対処したり，生産コストを削減したり，あるいは需要に近いところで生産することでニーズにあった車を生産しようとして，生産を世界各地へ移しています。そのため，サプライヤーは世界中の各地で同品質の部品を求められるようになり，それに応えるために，日本のサプライヤーも海外に進出したり，海外のサプライヤーと提携を結んだりするようになってきています。また，欧米のサプライヤーもアジアへ進出しています。自動車産業の再編や海外進出といった変化が起こるのに合わせて，自動車部品産業も対応

しようとしているといえます。

(参考文献) 柳川隆［2001］「伝統的産業の世界的な寡占」『公正取引』612号。

提携と合弁事業

提携とは企業間で共同して事業をすることで，資本出資を伴わない事業提携と，資本出資を伴う資本提携があります。いずれも，1回限りの市場取引ではなく，生産，販売，技術などで提携して長期的に共同して事業を行おうとするものです。資本関係（株式保有）を有するほうが，利益と損失を共有することになるので，つながりがより深くなります。これに対して，本体で資本出資を行うのではなく，複数の企業が限定された共通の事業のために出資して企業を設立するのが合弁事業です。

提携や合弁事業を行う例としては，企業が海外へ進出するときに，現地のマーケットをよく知る進出先の企業と行うことや，企業が新技術を開発するプロジェクトを進めるために補完的な技術を有する企業と行うことなどがあります。中国進出の際には現地企業との合弁が義務づけられているために行われたことが多くありますが，それ以外でも，たとえば現地でフランチャイズ契約を行うための経営ノウハウが確立されていないときに，現地企業の意欲を引き出し，現地に合った事業を展開するには合弁事業が望ましいことがあります。

提携は契約によるために，将来に予期しない事業環境の変化が生じると，新たな対応に再交渉を必要とする場合が多くなります。合弁事業の場合には，通常は，出資する企業のなかの1社が過半数の議決権を有し，将来の予期しない事態への対処について，最終的に決定をする権限を持ちます（**Web App** ⑥ を参照）。

フランチャイズ制　フランチャイズ制には，自動車ディーラーのように商標ライセンスを付与するだけのものもありますが，マクドナルドなどの外食レストランのように，商品の流通だけではなく，一定の経営ノウハウとそれを示す商標のライセンスをセットとするものが多くなっています。現在の日本の小売業やサービス業の多くでフランチャイズ制が活用されています。フランチャイズ制では，互いに独立した事業者であるフランチャイザー（本部）とフランチャイジー（加盟店）が契約に基づいて事業を行います。フランチャイザーは，一定の地域で，一定期間，自社の商標や経営ノウハウを提供し，フランチャイジーは，それに従って事業を行うとともにその対価を支払います。その対価は，主にフランチャイズ契約締結時に一時金として支払われる「加盟金」と，フランチャイズ契約期間中，継続的に支払われる「ロイヤリティ」の2つの部分により構成されます。なお，将来の市場の変化に対応して事業展開するために，通常，フランチャイザーに事業変更の権限が与えられます（これについても，**Web App** ⑥の所有権アプローチを参照）。

　フランチャイザーにとって，フランチャイズが効果的となるのは，直営店で事業を展開すると，各店舗の営業努力が利益に影響するにもかかわらず，各店舗の営業努力を十分に観察（モニタリング）できない場合です（第7章2節162頁の「インセンティブ契約」の項を参照）。また，資金制約に直面するフランチャイザーが比較的少額の資金（や土地・建物）で急速に事業展開する手段となったり，フランチャイジーとの間でリスクを分担したりすることにもなります。

　一方，フランチャイジーにとっては，経営ノウハウを提供してもらいながら，すでに成功している小売業やサービス業に参入するこ

とができるメリットがあります。比較的低いリスクで事業を行うことができ、実際に、フランチャイズの開業率は廃業率より高くなっています。

フランチャイズ制はすべての店舗で均一な財・サービスを提供しながらチェーン展開するという特徴があるので、消費者にとっても提供される財・サービスを知ったうえで、各地で利用できるというメリットがあります。このように、フランチャイズ制は小売業やサービス業の効率化と発展に寄与するといえます。

> **ココをチェック！［8-4］**
> 市場取引と企業内取引の中間的な形態にはどのようなものがありますか？ またそれらのメリットは何ですか？

Case Study ⑦ フランチャイズの現状

フランチャイズ・システムは、アメリカで誕生したビジネス形態であり、20世紀初頭に、自動車、清涼飲料水、石油製品などのメーカーが自社製品の販売ネットワークを確保する目的で導入されていきました。それらは、自動車のディーラーのように、流通機構に商品の商標ライセンスを付与するものであったため、「商標フランチャイズ」（あるいは「伝統的フランチャイズ」）とよばれました。その後、商品の流通だけではなく、一定の経営ノウハウとそれを示す商標のライセンスを主な目的とした新たなフランチャイズ・システムが作り出されました。このシステムには、経営ノウハウを統一化し、すべての店舗に適用することで均質なサービスを消費者に提供でき、チェーン展開するという特徴があります。1930年代、こうしたフランチャイズ・システムはアメリカの飲食業に取り入れられ、徐々に確立されていきました。このフランチャイズ・システムは「ビジネス・フォーマット・フランチャイズ」とよばれ、現在、各国における小売業、飲食業およびサービス業のフランチャイズの大部分を占めています。

2012年における日本のフランチャイズチェーン数は，日本フランチャイズチェーン協会調べによると1286あり，うち小売業が340 (26%)，外食業が538 (42%)，サービス業 (学習塾，住宅建築，理美容等) が408 (32%) です。店舗数で見ると，全店舗数は24万5000店であり，うち小売業は9万7000店 (40%)，外食業は5万6000店 (23%)，サービス業は9万1000店 (37%) です。また売上高は，全体で22兆2000億円，うち小売業は15兆7000億円 (70%)，外食業は3兆9000億円 (18%)，サービス業は2兆6000億円 (12%) です。小売業の1チェーン当たりの店舗数や売上高，小売業の1店舗当たりの売上高が大きいことがわかります。小売業のうちフランチャイズの典型であるコンビニエンス・ストアは，25チェーンで店舗数が5万店，売上高9兆3千億円を占めています。

　また，2007年の商業統計によると，小売業の事業所数は113万7000店であり，そのうちフランチャイズチェーン加盟事業所は7万7000店であり，約7%を占めています。

　このように事業活動において重要な役割を担っているフランチャイズ制ですが，フランチャイズの本部と加盟店の間で，本部の加盟店募集や契約締結後の本部と加盟店との取引でトラブルが発生しています。加盟店募集の際には本部が加盟希望者に対して開示した情報の内容や説明が不正確や不十分であることがあり，契約締結後には，本部が加盟店に対して，商品の仕入数量，商品の廃棄，商品の販売価格等に関する各種の制限を課したり，新規事業を導入したりすることがあります。こうしたトラブルを避けるには，中小小売商業振興法が情報開示を義務付けたり，公正取引委員会がフランチャイズ・ガイドラインにより，独占禁止法上の不公正な取引方法の指針を示したり，開示が望ましい事項を示したりしています。アメリカで実施されているような，より詳細にフランチャイズ契約を規制するフランチャイズ法の制定も検討課題です。

　（参考文献）　曾黎・柳川隆 [2007]「中国におけるフランチャイズ契約の法整備──情報開示を中心に」齋藤彰編『市場と適応』(法動態学叢書・水平的秩序 2) 法律文化社。フランチャイズチェーン協会「JFA フランチャイズチェーン統計調査報告 2012年度」。公正取引委員会「フランチャイズ・チェー

ン本部との取引に関する調査について――加盟店に対する実態調査」平成23年7月7日。

練習問題

8-1 現実の経済で範囲の経済が生じると考えられる例として,どのようなものがありますか。

8-2 自動車メーカーが,重要な部品の供給契約を1社のサプライヤーとではなく,複数のサプライヤーと結ぶのはなぜでしょうか。

8-3 コースは,「企業の本質は報酬のあり方にあり,企業家は残余としての変動する所得を受け取り,労働者は企業家によって保証された固定的な所得を受け取るといった支払いの型にある」というナイトの考え方を批判しています。その理由を考えなさい。

8-4 自動車産業に関する *Case Study* ⑥と Web Case ③の「自動車生産におけるモジュール化」を読み,日本のサプライヤーはどのような関係特殊投資を行っているのかについて考えなさい。

第9章 企業の内部組織

Introduction 　企業を生産関数のもとで利潤を最大化する存在だとする見方は，企業の内部組織を経済学の問題意識から消してしまうものです。しかし企業には，異なる目標を追求するさまざまな経済主体が関わっているので，その総体として企業が利潤最大化を目的とすると考えるのが妥当かどうかを判断するには，企業の内部組織を経済学の方法で分析しなければなりません。そこで，企業の内部組織を株主と経営者，あるいは経営者と労働者というプリンシパルとエージェントの関係としてとらえます。そして，プリンシパル＝エージェント関係において，経営者および労働者がプリンシパルの利益を考慮して行動するようにするという意味で，いかにエージェントを規律づけするかが問題となります。その問題の根底には両者の間の情報の非対称性があり，そのためにモラル・ハザードが発生するというエージェンシー問題とその解決が議論の中心になります。解決方法として，インセンティブ契約，監視制度のあり方に注目します。

Keywords 　株価最大化，経営の委託，監視（モニタリング）費用，経営者への規律づけ，コーポレート・ガバナンス（企業統治），監査役制度，社外取締役，物言う株主，株式持ち合い，ストック・オプション

1 企業の内部組織の問題とは

ブラックボックスとしての企業

　第Ⅰ部では，企業は利潤最大化を目的とする経済主体として説明されました。企業は，労働・資本を効率的に組み合わせる技術を使って，財を生産するのですが，たとえば完全競争市場では，財と生産要素の価格が与えられたならば，利潤を最大化する財の生産量と，それを実現する生産要素はこれこれですと計算して即実行するような存在でした。このような企業の描き方は，現実の企業の様子とはかなりかけ離れています。実際の企業にはまず社長がいますし，役員もいます。また，労働者にしても，管理職であったり，正社員であったり，そうでなかったりといろいろな人がいます。また，工場がある一方で，営業，研究・開発等異なる職務に専念する部署があります。しかし，ミクロ経済学の立場では，このような多様で異なる人や組織を持っている企業であっても，とにかくうまい具合に協調して利潤を最大化できているならばその中身を問題とする必要はないということになります。なぜならば，そのような企業であれば当然費用も最小化しているため，生産の効率性は達成されているからです。このような見方は企業をブラックボックスとして扱えばよいとする立場だといえます。しかし，現実には企業に関わる多種多様な人々は各自の目的を追求しているのですから，企業全体として利潤最大化が実現できるようにするために，彼らをどうやってうまく束ねていけばよいのか，つまり，どのように異なる主体同士の関係を築けばよいのかという問題として企業内部の組織のあり方が問われることになります。

誰が利潤最大化に熱心なのか

まず問題となるのは、企業のなかにはたして利潤最大化に自分の貴重な時間とエネルギーを捧げようとする主体はいるのかということです。もしこのような人が誰もいないのならば、企業において利潤最大化は話題にもならないでしょう。社長がいるではないかと考える人は多いと思いますが、営業畑出身で売上の最大化やシェアの拡大には熱心であっても利潤の最大化には失敗するケースもありえますし、技術畑出身でやたらと高性能な製品の開発に莫大な資金を投入してまったく売り物にならない代物を生み出すだけというケースもありえます。もっと悪い場合は、社長の芸術的な趣味によって高価な絵画に投資することもありえます。

それでは、そのような偏った人間を社長にするのではなく、バランスよく企業の能力を使って利潤最大化をめざしてくれる人を選び出して、その人に任せればよいではないかという考え方はどうでしょうか。この案を検討するために、社長はどうやって決まるのかを株式公開している法人企業を念頭において簡単に説明しておきます。会社法においては社長の選任は、取締役会において行われることになっています。またその取締役会の構成員である取締役は株主総会において多数決で選任・解任が決議されます。つまり、株主が、株式の所有によって獲得する株主総会での議決権を行使して取締役を決めることで、間接的にではありますが社長を決めるのです（これはあくまでも会社法に沿った説明であり、実態とはかなり異なることについては、207頁の*Column* ⑧を参照）。そうすると、私たちの問題は、株主に利潤最大化をめざす人を社長として選ぶインセンティブはあるのかということになります。

株主とは

ある企業（株式会社）A の株主とは、企業が発行する株式を購入して所有している人

です。企業が株式を発行する理由は，その生産に必要な巨額の資金を広く多くの投資家から調達するためです。企業としては，銀行から融資を受けることで資金を調達することもできますが，その場合は借入額に見合うだけの価値のある資産を担保として差し出さなければなりませんし，少なくとも利子分だけは毎月滞りなく支払っていかなければなりません。これに対して株主は購入の条件として企業に担保を設定しろとは要求しませんし，毎月決まった金額をその見返りとして支払えと請求することもありません。そのような株主が株式を購入する目的はもちろん自分の資産運用の一環として運用益を得ることですが，こうして見るとそれはかなりリスクの高い資産運用の仕方のように思えます。そのような高いリスクに見合うだけのリターンが株主にはあるのでしょうか。

そこで，そもそも株主にとっての利益とは何かが問題となります。基本的には企業 A の株主はその利益を配当によって得ることができます。その配当は企業の収入から生産に必要な費用を差し引いて（賃金や銀行への利子支払いも含めます），将来の投資のための内部留保を差し引いて，さらに経営者に報酬を支払って，最後に残ったものによって支払われます。したがって，配当分に至るまでに収入から差し引かれた部分をひっくるめて費用と考えると，配当は収入から費用を差し引いた金額が大きければそれだけ多く支払われることになります。その意味で，株主には投資からのリターンを高めるために確かに企業の利潤を最大化しようとするインセンティブがあるといえます。

以上の議論は，株主の目的は株式の価格，つまり**株価最大化**にあるとしても同じことです。それは，株式市場が十分に機能しているならば，企業 A の今日の株価は企業 A の株式を購入することで得ることが期待できる将来の配当額全体の現在における価値に等しい

からです。つまり、企業 A が長期的にその利潤をより大きくするだろうと市場での取引者に納得してもらえれば今日の株価はより高くなるのです。

> **経営の委託**

株主に株価を高めるための利潤最大化のインセンティブがあるのならば、株主が社長等の経営者になれば（つまり、自分で自分を選べば）企業は期待どおりに利潤最大化を目的とする経済主体となり、ミクロ経済学の立場に基づいて資源配分の効率性を考えるうえで、企業の内部ではなく外部の市場競争のあり方を注視すればよいことになります。しかし、株主が経営者になるといっても、株主がごく少人数しかいなければそれでよいかもしれませんが、市場公開している株式会社の株主の数は多く、そのなかから誰かを株主総会で選ぶのは困難でしょう。より根本的な問題として、株主のなかに企業の経営を行うだけの能力を持った人が十分な数だけいるとはかぎりません。そこで、現実には株主は企業経営能力が十分にある人間に経営を委託することとなります。そこで、株主総会では企業 A でずっと働いてきたいわゆる生え抜きの労働者や、他の企業で経営者として実績を上げてきた人たちのなかから取締役を選び、取締役会で社長が選ばれるというのは先に述べたとおりです。

このように**経営の委託**をした場合、株主としては経営者が期待どおりに利潤を最大化してくれるかどうか心配になります。というのも一般的に経営者には経営者自身の目的があり、それが株主の目的と完全には一致していないと考えられるからです。たとえば、経営者がその企業の生え抜きである場合、経営者は自分と一体感のある労働者の利益にも重きを置くかもしれません。そこで、できるだけ経営者の経営のありようを監視したくなるわけですが、**監視（モニタリング）費用**は膨大になります。まずそれに必要な時間の機会費

用がかかりますし,そもそも経営のことがよくわからなくて委託しているのですから経営に詳しいコンサルタントなどにお金を払って監視してもらわなければなりません。とくに,小口の株主が多数いる場合,そのような費用を誰がどれだけ負担するかを決めることもできませんし,仮に大株主が費用を負担してくれるとしても,監視のために経営者に日々の経営について報告をさせたり,その裏付け資料を提出させたりしたのでは,経営者からその経営の才能を発揮するのに必要な時間を奪ってしまうことになります。現実には,毎年決まった時期(3月決算期の会社は6月)に開かれる定時株主総会において,その期における経営について説明を受けて質疑応答をするという形でしか監視はなされません。株主はもし経営者が期待にそぐわない経営をしていると判断すれば総会で経営者を解任することはできますが,その判断を正しく行うにはやはり経営実態についての情報が必要です。そして,その情報を提供するのは経営者自身なのですから,もし情報を経営者に都合のよいように歪められてもそれを評価する能力が株主自身になければ,株主総会での監視も役にたちません。このように経営の委託には監視の困難さという問題が潜んでおり,それを放置しておくと経営者が株主の期待に添わない行動をとる可能性が高まります。

ココをチェック![9-1]
株主が経営者に経営を委託するときに,どのような情報の問題がありますか?

2 情報の非対称性と内部組織

エージェンシー問題

以上の議論から，企業の内部組織がミクロ経済学にとって問題となる理由として，企業に出資し，経営を委託した立場である株主と経営者の企業経営に対する目的が必ずしも一致しないことと，株主が経営者の行動を利潤最大化の観点から正確に判断するのに必要な監視ができないために経営者にはかなりの自由裁量の余地が生まれること，の2点が挙げられることがわかりました。なかでも重要なのは，2点目の株主と経営者の間の情報の非対称性の問題です。これは，第7章で説明された，取引や契約の後に一方が他方を監視できないことから生じるモラル・ハザードによるエージェンシー問題といえます。エージェンシー問題は，前節で取り上げたような株主と経営者のような依頼人と代理人の関係，プリンシパル＝エージェント関係において発生する可能性のある問題ですが，企業においては経営者と労働者の関係もやはりエージェンシー問題を孕んでいます。経営者にとっては，自分にはない技術やノウハウを持った人を労働者として雇うわけですが，そのような労働者が経営者の望むような行動を常にとってくれると期待することはできません。エージェンシー問題は適切に対処しないと，経営者の放漫経営や労働者の怠慢によって企業利潤の低下というエージェンシー費用を発生させます。

プリンシパル＝エージェント関係において，エージェントの行動が観察できない場合以外に，エージェントのタイプをプリンシパルが観察できない場合にもエージェンシー費用が発生します。たとえば，経営者が労働者の能力が高いレベルなのか普通のレベルなのか

がわからないというのが問題となる状況です。もしタイプを完全に把握できるのであれば,経営者は普通レベルの労働者にも高いレベルの労働者にもその能力にふさわしい成果を出してもらうように,タイプごとに異なる報酬契約を結ぶでしょう。しかし,もし誰がどちらのタイプであるかを判別することができない場合,報酬契約のメニューが適切に設定されていないと,高いレベルの労働者が低いレベルの労働者向けの契約のほうを選ぶかもしれません。なぜならば,そうすることで報酬は下がりますが,労働量も下がるので,報酬から労働の苦痛を差し引いた労働者の効用は高まる可能性があるからです。その結果,せっかくの高い能力を発揮させることができないので,企業の利潤は情報が完全である場合より低下してしまいます。

インセンティブ契約

情報の非対称性が深刻であるかぎり,利潤を高めるために企業は適切な対応をとらなければなりません。そのような対応策として,1つにはプリンシパルとエージェントの間で情報の非対称性を前提としたうえで適切に報酬契約を結ぶことが必要です。モラル・ハザードの問題に対しては第7章で説明されたインセンティブ契約が使えますし,エージェントのタイプがわからない問題に対しては報酬メニューの適切な設計が必要になります。ただ,インセンティブ契約の例で指摘されたように,エージェントの行動が観察できない状況で十分な努力を引き出すためには,観察できる場合に必要なものより多い成功報酬をエージェントに支払わなければなりませんでした。とくに,エージェントがリスク回避的である場合,努力へのインセンティブを与えるために成果に応じて報酬が変動するインセンティブ契約は,それ自体大きなリスク負担をエージェントに求めることになります。そこで,エージェントにこのような契約を受け入れてもらうために

はそれ相応のリスク・プレミアムを上乗せしなければなりません。もしそのような追加的支出が，高い努力がもたらす便益に見合わないならばプリンシパルは努力を引き出すことをあきらめるかもしれません。

また，エージェントのタイプがわからないというケースでも，有能なタイプが普通のエージェントのタイプのフリをしないようにするためには有能なタイプ向けの契約を選んだ労働者に余分に多くの報酬を支払う必要があります。このときもやはり，プリンシパルは追加的な報酬の負担を抑制しようとして，普通の能力の人に求める成果と報酬を情報が完全な場合での最適な水準以下に抑えるかもしれません。なぜならば，普通の能力のフリをすることの魅力が低ければ低いほど高い能力の人に普通のフリをすることをあきらめさせるために支払うべき補償額が減るからです。その結果，情報の非対称性のもとでは，適切に契約を調整したとしてもある程度の効率性が犠牲となってしまうのです。

> **ココをチェック！[9-2]**
> エージェンシー問題への対策と，そのためにプリンシパルが負担するものは何ですか？

3 経営者への規律づけ

経営者を監視する制度　株主にとってのエージェントである経営者に株主の利益を追求させるという問題は，**経営者への規律づけ**問題として議論されてきています。また，最近では**コーポレート・ガバナンス**（企業統治）の問題として注目され

ています。企業統治の問題では，経営者に内部組織を可能な限り効率的に運営して，より多くの利益を実現させるように規律づけするための方法を問う側面と，経営者に社会的に健全な経営をさせる，不正な経営をさせないように規律づけするための方法を探るという側面とがあります。前節で説明したインセンティブ契約は前者の面での問題への1つの解決策として理解できます。本項では，まず後者の意味での規律づけの問題への対処方法として監査役制度という仕組みを紹介して，前者の意味での規律づけの問題の有効な対処方法として期待されている社外取締役について説明します。

さて，会社の経営では株主総会において株主から選ばれて会社の経営を直接委託されている取締役がその中心となります。

取締役の合議体である取締役会は，その決議によって会社の業務執行の意思決定を行うとともに，決定された業務の執行における対外的取引において会社を代表して契約を結ぶ権利を持つ代表取締役を選任します。また，対内的な業務執行の責任を持つ業務担当取締役も選びます。さらに，業務執行の責任を持つけれども取締役ではない，執行役員も任命します。取締役会のもう1つの重要な仕事は，自ら選んだ代表取締役および業務担当取締役の業務執行を，適法性および経営的妥当性の観点から監督することです。このように，形式上は，株主が選んだ取締役が株主に代わって経営者の監督を行うことになりますが，その実効性には疑念を持たれています。

そこで，取締役を適法性の観点から監視することを期待されているのが**監査役制度**です。図9-1に監査役会と取締役会等の関係が示されています。会社法により株式公開をしている資本金5億円以上の大会社では監査役会を設置しなければなりません。監査役会を構成するために3人以上の監査役が必要で，監視の独立性を保つために，監査役会の半数以上は，以前にその会社・子会社の従業

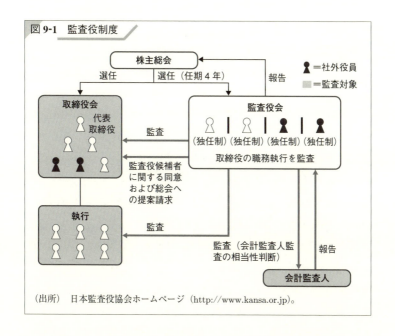

員であったり，役員であったりということのない社外監査役でなければなりません。また，いずれの監査役も株主総会で選出され，監査役1人ひとりの権限行使を制限することは監査役会であってもできません（独任制）。監査役は，すべての取締役会に出席し，問題があれば取締役会を招集することができます。また，監査役は，取締役が会社に著しい損害を与える行為を行った場合にその責任を問う取締役・会社間の訴訟の会社側の代表者でもあります。さらに，監査役は，株主総会で選任された会計監査人に会計監査を実施させ，その報告を受けて妥当性を確認したうえで，業務監督の結果とあわせて監査報告として株主総会で株主に情報提供します。

図9-1では，取締役会のなかに社外役員としての**社外取締役**がいます。社外取締役は，業務は担当せず代表取締役・業務担当取締

役の業務の監督に専念するもので、会社内でのしがらみがある内部昇進の取締役とは一線を画した立場で監督することが期待されています。とくに最近では、社外取締役による効率的経営への規律づけが注目されています。経営者の経営判断において、自己資本利益率（株主の出資したお金がどれだけ稼いでいるか）などの経営指標を意識するように促す存在としての社外取締役を、取締役会の半数以上にせよと求める声もあります。しかし現実的には、まずは2名以上の外部取締役を導入することがめざされています。

　こうした、経営者監視制度が機能するために求められているのは、その独立性です。監視する立場の監査人が経営者との利害関係があると、その結果として経営者の不正行為を見逃し、正しく株主に報告しなかったり、訴訟を起こさなかったりすることがあります。実際、アメリカでは、2001年のエンロン事件が有名ですが、会計監査人を巻き込んだ不正会計によって、実態のない利益を計上して、経営者は不当に高い役員報酬を得て、会計事務所も監査料金やその企業に対するその他の業務から利益を得ることで、結局会社を破綻させるという事件が相次ぎました。こうした事件を受けてアメリカでは、サーベンス＝オックスリー法（SOX法）が制定されました。そのなかで、監査人と経営者の馴れ合い的な利害関係が発生するのは長期的な継続関係がその一因であるとして、会計監査法人側の監査責任者が特定の人間である期間を短くするような規定が盛り込まれています。この点は、第6章で説明された、長期的関係における協調が悪い意味でも起こることとして理解できます。日本でも、カネボウ粉飾決算事件が代表的な例ですが、監査法人が同じ人間を長期間特定の企業の担当に据え置いたことが一因となったと考えられる不正会計事件が起こっています。

物言う株主による監視　取締役会および監査役制度は，経営者への規律づけのために企業内部に設置される機関ですが，より直接的に規律づけの問題を解決するためには，株主自身がもっと会社の経営に積極的に発言すべきだとする動きも強まってきています。物言わぬ株主の尊重から物言う株主の尊重へと，経営者の意識を転換させようとするものですが，経営者の抵抗は容易に予測できます。そこで，株主側も経営者とゼロサム・ゲーム（どちらかが得をすれば他方は必ず損をするという協調の余地のないゲーム）をプレイするのではなく，協調の利益を追求するようなゲームをプレイできるようなルールづくりが模索されています。このような動きについて，Column ⑧，⑨で紹介します。

> **ココをチェック！[9-3]**
> 経営者への規律づけのための企業内部の2つの制度について説明しなさい。

Column ⑧　物言う株主と株式持ち合い

　株主から経営を委託されている経営者にとっての最大の脅威は，株主総会で徹底的に自分の経営をチェックし，問題ありと判断したら自分を解任しようとするような，いわゆる**物言う株主**です。逆に，最も望ましいのはそうした心配のない株主です。日本では，1960年代に資本自由化のもとで，物言う株主となるであろう外国資本によるM&A（合併・買収のことであり，外部の者が企業Aの株式を買い占め株主総会で経営権を握り，現経営陣を追い出すのは1つの方法）の脅威が増しました。これに対して，日本企業の間では，その実現を阻むべく1970年代初めから銀行や保険会社を中心とした**株式持ち合い**が進行しました。その過程で，各企業は自分の業績や株価の変動に関係なく長期的に株を保有してくれる株主の比率を高めることができました。株主総会では，そうした持ち合い企業の中心である金融機関とトップ経営者の間での事前調整で仕切られて，それ以

外の株主の利益は考慮されることはありませんでした。その結果，株主による社長の監視が行き届かなくなっただけでなく，社長のみならず他の取締役も内部昇進で上がってきたこともあって，取締役会からの監視も甘くなりました。そこで，取締役が社長を選ぶというよりも，社長が選んだ者が株主総会で実質的な議論もなく取締役に選任されるという構図ができあがってしまいました。

しかし，1990年代中頃になって，日本市場への参入が進まないことに不満を抱えていたアメリカの企業の利益を反映してアメリカ政府が日本政府に強力に構造改革を迫り，アメリカ資本による日本企業のM&Aを困難にしている要因であるとして株式持ち合いが問題視されました。また，バブル崩壊によって巨額の不良債権を抱え込んだ銀行は，税金投入という形で国民に救済を仰ぐ過程で，持つべき資産と，売却すべきものを資本費用の観点から再評価しなければならなくなり，その結果として株式持ち合いの比率は低下していきました。こうして，最近では日本の経営者にも株主の利益を重視しなければならないという考え方に理解を示す人が増えてきたようで，その一環として投資家への情報開示を多くの企業が進めてきています。

そうしたなか，2007年の改正会社法により，外国企業による日本企業のM&Aがいっそう容易になったことを受けて，株式持ち合いが復活する兆しが見受けられるようになりました。これはかつてもそうであったように，株主からの監視を経営への不当な介入としてとらえて，できるだけそれを排除しようとする反応と理解できます。このような状況で，物言わぬ株主であった日本の年金基金などの機関投資家が物言う株主へと変わっていこうとする動きも出てきました。ただ，経営者側からの一層の反発を招かないように対立ではなく対話する株主であろうとしているようです。機関投資家が経営者とともに企業の中長期的な成長を追求することで，両者が長期的継続関係を成立させて，第6章で議論されたようにもし裏切ったら二度とそのような企業の株式には投資しないぞという脅しを背景により効率的な関係を築こうとするものでしょう。ただ，この場合両者がなれ合いになることを避けるために，機関投資家自体がその契約者，受益者に対して厳格な説明責任を負うことが担保されていなければなりません。

Column ⑨ 日本の会社経営者の報酬

　2008年のリーマン・ショックを経て,日本でも投資家・株主と経営者の信頼に基づくコーポレート・ガバナンスをより強化していこうという動きが出てきています。そのなかで,経営者の行動の誘因となる役員報酬に関する情報の開示について,2010年3月31日施行の「企業内容等の開示に関する内閣府令の改正」で,上場会社には2010年3月期決算から取締役(社外取締役は除く),監査役(社外監査役は除く)で1億円以上の報酬を受けた者を有価証券報告書において個別に開示することが義務づけられました。

　2014年3月期決算において1億円以上の役員報酬について個別開示した上場企業数は191社で,役員数は661人,報酬総額は664億8400万円でした(東京商工リサーチの調査)。役員報酬は,基本報酬,賞与,退職慰労金,ストック・オプション等に種別できますが,10億円以上のケースの多くは退職慰労金を受け取ることで発生しており,開示対象役員の80%は1億円台の報酬を受け取っていました。ちなみに,基本報酬だけでのトップは,日産自動車のカルロス・ゴーン代表取締役社長兼CEOで9億5000万円でした。

　ストック・オプションは,定められた期間内であらかじめ定められた価格で自社の株式を購入できる権利ですから,経営者にその期間内での株価を高めるインセンティブを与えるまさにインセンティブ契約です。2014年3月期決算で開示された報酬総額の内,ストック・オプションで支払われたのは50億4700万円で,全体の約7.5%でした。

練習問題

9-1 株式会社の内部には,株主と経営者,経営者と労働者,管理職労働者と非管理職労働者,銀行と会社などの関係がありますが,各関係においてどのようなエージェンシー問題があるか説明しなさい。

9-2 家族経営の会社や個人商店,あるいは,パートナーで構成されている会計事務所など,あるいは,労働組合が経営を担っている労働者管理企業において,エージェンシー問題が株式会社とはどう違うか説明しなさい。

第10章 企業の市場戦略

Introduction　本章では，不完全競争市場での企業行動に注目します。不完全競争市場では，各企業の行動は相互依存関係にあり，ある企業が特定の行動をとることでどれだけ利潤を増やせるかは競合する他の企業の行動に大きく影響されます。これは第6章で学んだゲーム的状況です。そこで，どの企業も他の企業の反応を予想しながら利潤を増やすための合理的な市場戦略を立てなければなりません。

　本章では，まず製品差別化に注目します。消費者の製品に対する好みの違いによる水平的差別化と，品質の高低という垂直的差別化について，価格競争との関係からその違いを説明します。さらに，垂直的差別化市場においては広告が重要な役割を果たすことを考察します。次に，企業の設備投資戦略について投資のタイミングの問題があることを説明します。このとき，潜在的競合者よりも先に設備投資を行い生産能力を高めることが，参入阻止行動となります。さらに，ネットワーク外部性が現実に多様な市場において活用されていることを説明し，そのような市場における技術規格の統一をめぐる競争について，理解を深めます。最後に企業が直面する不確実性について説明し，環境的不確実性に対するリスク管理の方法としての事業継続計画を ***Case Study*** で紹介します。

Keywords　垂直的差別化，水平的差別化，先行者の優位性，ブランド，参入阻止行動，ネットワーク外部性，標準規格，市場不確実性，事業の多角化，環境的不確実性，事業継続計画

1 価格競争と製品差別化

垂直的差別化と水平的差別化

同じ品質の製品・サービスを同じ費用構造を持つ2つの企業が価格競争を行う場合，価格引き下げ競争が勃発して価格は平均費用レベルまで下がるために，どちらも利潤ゼロとなってしまいます。これは，第5章で説明したベルトラン市場における価格競争の結末でした。利潤がゼロになるとすると，もし市場への参入費用がある程度の大きさであるならば，どちらか1つの企業だけが参入して独占利潤を得ます。しかし，両企業ともに参入したとしてもベルトラン競争を回避できるならば2企業が共存する市場になることが予想されます。製品差別化は，価格競争を緩和させて市場への参入，および残留の可能性を高める手段として現実に利用されている企業戦略です。

製品差別化には，消費者の間でどちらの製品が優れているかどうかについてある程度明確な共通基準がある，つまり品質によるランクづけがある場合の差別化で，**垂直的差別化**とよばれます。もう1つは，どちらの製品がよいかどうかは消費者の好みによる場合で，**水平的差別化**とよばれます。垂直的差別化の場合，もし高品質品と低品質品が同じ価格で販売されるならば，すべての消費者が高品質品を選択します。一方，水平的差別化の場合，異なるタイプの製品が同じ価格で販売されるならば，どのタイプにもある程度の数の消費者が分散します。たとえば，パソコン市場における製品差別化としては，同じ機能水準のパソコンでもノートパソコンとデスクトップパソコンに水平的に差別化されていると同時に，処理速度やメモ

リーサイズ等において、垂直的に差別化されています。垂直的差別化の見られる市場での企業行動については次項でさらに理解を深めていきます。

水平的差別化のもとでは、各消費者には好みに違いがあって、自分の一番好きなタイプの製品とは異なる製品を買うことに大きな不満を感じると考えられます。このとき、企業としては、特定のタイプの製品を好む消費者グループに向けた製品・サービスを開発して販売することでそのグループからの強い支持を獲得することをねらいます。各企業が、異なるグループに焦点を当てた製品戦略をとる水平的差別化によって、市場での価格競争は緩和されます。というのは、この場合、価格を下げたとしても他企業の顧客の一部分しか奪うことができないので、どの企業も原価からある程度高い価格を設定して、お互いに限定的なグループの消費者に販売することを選択するようになるからです。

広告と垂直的差別化

品質によって消費者の間でのランクづけがある程度はっきりしている垂直的差別化が見られる製品においては、広告戦略が大きな役割を果たしています。たとえば、食品、洗剤、歯磨き粉等の繰り返し購入される日用品の場合、品質の良し悪しは一度買って食べたり使うことで認知されます。そして、高品質だと認知したメーカーの商品をあえて他のメーカーのものに替える必要性はあまり感じなくなります。それは、他のメーカーの製品で高品質であったとしてもいまのメーカーの品質とあまり大きく違わないだろうという予測のもとで、他メーカーに替えるのは低品質の製品を買わされるリスクを高くするだけだと考えるからです。このことを企業側から見ると、何をおいてもライバルに先んじてより多くの消費者に自社の製品を手にとって買ってもらうことのメリット、**先行者の優位性**が大きいということ

で，そのために広告への投資が重要なのです。

ここで，広告が単なる「当社の商品はいいですよ」という宣伝だけでは意味がないことに注意しなければなりません。第7章4節の逆選択の解決の問題（166頁）で説明されたように，品質についての情報の非対称性を乗り越えて消費者に訴える品質情報を伝えるためには，たとえば，「当社はこれまでに多くの高品質の商品を販売してきた信用があります」というような広告をすることで，消費者に「この企業はこの商品で低品質のものを販売することでこれまでの信用を失うようなことはしないだろう」と推測してもらうようにすることが考えられます。あるいは，巨額の費用をかけた派手な広告をすることで，「そのような広告投資をするのはきっと品質に自信があるからだろう」と推測してもらって，手にとってもらうということも考えられます。そのほか，品質保証期間をアピールすることも有効でしょう。

> **ココをチェック！[10-1]**
> 価格競争の観点から考えて，水平的差別化と垂直的差別化の違いは何ですか？

Column ⑩　ブランドの確立とブランド価値

企業名あるいは製品名が**ブランド**として確立するためには，まずその前提として製品の差別化が必要です。ただ，差別化をするだけでは不十分であり，差別化の内容を消費者に正しく認識してもらわなければなりません。さらに，正しく認識してくれた消費者がそのブランドだったら他の企業の製品より余分に支払ってもよいと考える金額が，ブランドの確立にかかる費用を十分に賄えるだけのリターンを生み出し，それを長期間継続することができてようやくブランドが確立できたということになります。

このようにブランドは，利益率を高めるとともに市場における優位性の

基盤になるものでもありますから,企業の経営者にとっては特許や人的資産と同じように目に見えないけれども長期的な利益をもたらす無形資産として評価されています。最近では,ブランドの価値を数値化して客観的に測れるようにするための評価モデルが模索されています。その目的は,経営者が確立したブランドを発展・維持するための目安データとして利用してもらうだけでなく,ブランド価値を反映した企業価値を測定してそれを投資家に開示することで,より適正な投資判断を投資家にしてもらうためです。

(参考文献) 伊藤邦雄［2002］「コーポレート・ブランドの評価と戦略モデル」,M. バージェエン［2002］「ブランドエコノミクス：EVA と BAV の融合モデル」いずれも『DIAMOND ハーバード・ビジネス・レビュー』3月号）。

2　設備投資競争

設備投資のタイミング

企業が他の企業に先んじて先行投資することで競争上の優位性を獲得するケースとして,前節では垂直的差別化における広告投資の重要性について説明しました。その場合,徹底した効果的な広告をすることによって先んじて認知度を高めることで,その後にライバル企業が市場を獲得するのが難しくなることが説明されました。

同じように,設備投資も先行投資することで優位性を高めることができます。とくに,製造費用を低下させるような技術の研究開発と製造能力の拡大がセットになった設備投資の場合,先行して費用を削減することで,ライバル企業を生産費用上不利な立場に追い込むことによって生産拡大の意欲を減退させることができます。

設備投資が巨大な生産能力を持つ工場の建設であり,そこで生産される製品が,より高い性能を持つ製品となるために設置される製

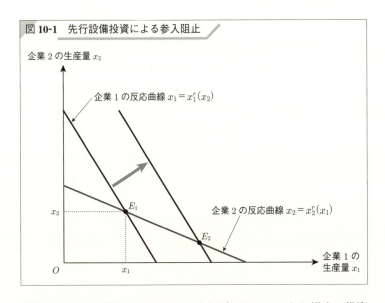

図 10-1 先行設備投資による参入阻止

造装置もすべて新しいものにしなければならないような場合，投資を完了するためには数年の時間が必要となります。また，投資をどのタイミングで行うべきかの判断には，製品への需要の予測のみならず，投資に必要な資金がどの程度用意できるかにも大きく依存します。よって，ライバル企業の間での設備投資のタイミングはずれてしまい，ライバルが先に投資を済ませて高い収益をあげられそうだということがわかったとしても，すぐにそれに対応して自社も同じような新しく大規模な工場を建てることはできません。設備投資競争にはこのようなライバル間でのタイミングの大きなずれが生じやすく，この意味でうまく先行することで一気に優位に立つことができるのです。

参入阻止行動　このような設備投資競争において，先行投資をうまく行った企業が，遅れをとったライバル企業を市場から追い出してしまうことができるならば，こ

のような行動は**参入阻止行動**とよばれます。既存企業（先行投資をするのにはより有利な立場にある）と新規に参入しようとしている企業との競合関係は第5章で説明されたクールノー市場で説明できます。図10-1では，既存企業（企業1）が設備投資を先行することで，その反応曲線が右方向にシフトすることが示されています。その結果，そのような投資が行われる前の市場での均衡 E_1 での利潤ならば参入を考えていた企業2にとっては，既存企業の投資後の新しい均衡 E_2 での利潤では参入において必要な費用（自社工場を建設する）は回収できないと判断して参入を見送ることになります。

こうした参入阻止行動については，第6章では，参入ゲームにおける既存企業の参入阻止をねらったコミットメント戦略として，また，第13章4節において独占化行動の観点から説明しています。

> **ココをチェック！［10-2］**
> 設備投資が戦略的なコミットメントとして利用されるのはなぜですか？

Case Study ⑧　メモリー市場における設備投資戦略

パソコンで主に使われているDRAM（記録保持動作が必要な随時書き込み読み出しメモリー）市場では，1990年辺りまでは日本企業5社が世界市場の80％のシェアを誇っていました。それが，2000年までに1社が撤退し，2002年には市場に実質的に残っていたのはNECと日立製作所（それと2003年に撤退した三菱電機）の各社のDRAM事業部門が統合されてできたエルピーダメモリの1社だけとなり，そのシェアも4％にまで落ち込んでしまっていました。

このような日本のDRAM生産の退潮は，メモリーの集積度が短

い期間で倍々と向上していき，それを実現するための高度な製造技術を導入し，それを量産するための開発費用，設備投資費用が巨額化する時期と重なっています。集積度の高いメモリーは，メモリー1単位（ビット）当たりの生産費用を低下させる一方で，それを部品とするパソコン，携帯電話等のデジタル機器の性能が向上するため，需要が一気に成長しまたその規模も大きいために，DRAM企業としては収益を高めるためには毎年かなりの額の投資を継続する必要に迫られていました。

　サムスン電子は，まさにこの時期からより攻撃的な研究開発・設備投資戦略を採用しました。それは，DRAM生産における規模の経済性によるコスト削減の利益を最大限に活かすために，最先端の技術を必要とする製品の量産化を常にライバルの1年前に実現することをめざした戦略でした。1999年には，当時の主力製品であった64メガバイトDRAMから2世代先の256メガバイトDRAMへと一気に生産をシフトするために巨額の設備投資を行いました。

　一方，日本企業は，どこも総合電機企業であったために，2000年前後に企業内での半導体分野と非半導体分野での経営資源の比重の変更が行われていました。1990年代後半のWindows 95ブームの後の半導体不況および2000年のアメリカのIT好況の後の需要の落ち込みなども相まって，基本的には，それまで多くの研究開発・設備投資を得ていた半導体部門から通信・自動車・AV関連機器への資源のシフトがなされました。そうしたなかで，1999年にNECと日立製作所は，折半出資でDRAM専業のエルピーダメモリ（以下，エルピーダ）を設立したのですが，それは双方の企業内での経営資源配分の見直しの過程で行き場を失ったDRAM事業部門同士が統合したものでした。さらに悪いことにはエルピーダの経営の意思決定は親会社に従属するものでした。その結果，DRAM企業としての独自の戦略を持てず，株式上場もしていないため研究開発・設備投資資金も親会社頼みであったので，2002年の投資額は500億円を割り込みました。同じ年にやはり総合電機企業であるサムスン電子は，半導体の売上は全体の20%であるにもかかわらず，企業全体の研究開発・設備投資の80%となる4000億円を半導体部門に投資していま

す。その結果，サムスン電子は2000年から2002年にかけてシェアを21%から32%に伸ばしている一方で，エルピーダは統合のメリットを発揮できずに，シェアを6%から4%に落しました。そこで，エルピーダは，2002年末に経営陣を総入れ替えして，2004年には株式上場も果たし，ようやく完全に親会社から独立した企業となりました。新たな企業戦略のもとで，2004年から2006年にかけて総額5600億円の投資を行い，生産能力・販売力を持ち直し，シェアも上向きました。

しかし，2008年のリーマン・ショックによる半導体不況と円高（および韓国ウォン安）の逆境においてサムスン電子は高収益を維持したのに対して，エルピーダは収益を悪化させてしまいました。それでも設備投資を維持しなければ市場に残れないという状況は変わらないために，どうにかして設備投資資金を確保するために台湾企業との経営統合や，日本政策投資銀行の融資等模索しましたが，ついに資金繰りがつかなくなり2012年に会社更生法を申請することになりました。2013年には米マイクロンに全株取得する形で吸収されて，2014年時点ではマイクロン・ジャパンの社名で主要工場であった広島工場でスマートフォン向けのDRAMを製造しています。

（参考文献）　吉野一郎［2004］「DRAM市場における世界的な寡占の動向」NUCB（名古屋商科大学）*Journal of Economics and Information Science*, **48**（2）：299-307頁。

3　ネットワーク外部性

直接的・間接的ネットワーク外部性

これまで例として挙げられてきた製品・サービスでは，消費者が消費することから得る効用の大きさは，消費者のその製品・サービスに対する好みと消費者自身の消費量によって決まりまし

た。これに対して、消費から得られる効用の大きさが他の消費者がどれだけ同じ製品・サービスを消費しているかにも影響を受ける場合もあります。情報通信に関連するさまざまな製品・サービスがこのような特性を持っています。電話が最も代表的な例ですが、多くの人が電話でつながっていればいるほど電話機の利便性は高まります。このように同種の製品を持つあるいはサービスを利用してお互いに結びついていくことで需要が高まることを**ネットワーク外部性**とよびます。

ネットワーク外部性の考え方は、消費者の数の増加と需要の増加が直接的に関係する場合に加えて、ある製品・サービスを購入する消費者の数が増えることによって、それと整合的な製品・サービスが充実することで需要が高まるといった間接的な場合にも適用されます。直接・間接のネットワーク外部性が見られる例としてパソコンの基本ソフト（OS）があります。あるOSが普及すればパソコン間でのファイルの互換性が高まることで利便性が高まってさらに普及するという直接的なものと、普及が予想されるOSに対しては、それと整合的に作動するアプリケーションソフトが豊富に開発されるので、結果としてOS自体への需要が高まるという間接的なものとが存在します。

技術規格の統一

ネットワーク外部性を持つ製品・サービスでは、基本的な技術においての規格は統一されたほうが利便性は高まります。

たとえば、FAXは通信速度についての技術の規格が統一されて相互利用ができるようになって一気に普及したという経緯があります。しかし、ある規格が**標準規格**として選ばれるということは他の規格は捨てられるということで、そのような規格のベースとなる技術に注ぎ込まれた投資はほとんど無駄となります。また、自社の

規格が標準規格となれば，その技術の利用による特許料収入が期待できます。こうした理由で，技術の規格の統一化をめぐっては，異なる規格を持つ企業あるいは企業グループの間で激しい競争が起こってきました。代表的な例は，家庭用VTRのVHSとベータをめぐる競争がありますが，より最近ではDVDの規格をめぐる業界の分裂などが挙げられます。ネットワーク外部性の働く市場での規格間の競争の勝敗は，技術的に他の製品・サービスより優れているかどうかだけでなく，消費者がどちらの規格の利用者がより多くなると予想するかによっても左右されます。そこで企業としては，より多くの利用者を獲得することが必要になるので，広告やキャンペーンによって認知度を高めることはもちろん，消費者の予想に働きかけるために，たとえばDVDであれば，競合する規格よりも利用できるコンテンツが豊富であることを示すことも重要になります。また，一度利用した消費者を囲い込むために，ある規格の製品・サービスを利用することでポイントがたまって，その規格の範囲内に限ってそのポイントが使用できるというようなスイッチング・コストを発生させることも有効な戦略となります（スイッチング・コストの他の例は第5章120頁の **Case Study** ④を参照）。いずれにしても，統一をめぐる競争で業界が分裂すれば消費者が標準規格の定まるまで買い控えることで市場そのものの成長が阻害され，そのために生産が制限されて価格が高止まりしてしまうという悪循環を招きます。ソフトウェア企業も開発費用を回収するために規格の統一化が定まるまで積極的な開発をしないことも事態を悪化させます。こうした問題を克服するために，企業間であらかじめ話し合って分裂を避けることもあります。最近では，携帯電話の第5世代の技術においてそのような対応がとられているようです。

> **ココをチェック！ [10-3]**
> 直線的なネットワーク外部性と間接的なネットワーク外部性の違いは何ですか？

Column ⑪ プラットフォームとネットワーク外部性

　間接的なネットワーク外部性は，ある製品・サービスに対する異なる利用者のグループがその製品・サービスによって結びつくことによってお互いの利用価値を高めるという場合に成立します。本節では，パソコンのOSを挙げましたが，そこではあるOSで作動するパソコンの利用者というグループとそのOSと整合的なアプリケーションソフトを開発する企業グループがそのOSをプラットフォームとしてつながっています。そして，パソコン利用者にとって，そのOSの価値はソフト開発企業グループの数に比例して増大していきます（その逆も同様です）。

　このようなプラットフォーム・ビジネスの別の例としては，クレジットカードがあります。あるクレジットカードをプラットフォームとしてそのカードの利用者グループとそのカードで決済をすることができる加盟店グループが結びつくことで，間接的なネットワーク外部性が働きます。アメリカやEUでは小額の買い物でもカードでの決済を受け入れる店が多いので，カード利用者も多いのですが，日本，とくに地方ではカードでの決済を受け付けない店が多く，東京でも少額の買い物ではカード不可というケースがまだまだ見受けられます。また，ここ10年では，小額での支払いではクレジットカードと競合するプラットフォームである電子マネーが普及してきており，交通系，コンビニエンスストア系，ショッピングモール系が混在して，その利用者および利用可能な店舗はお互いに増加してきています。こうしたなか，2020年開催予定の東京オリンピックの際にカード決済を当然だと思っている外国人客が大勢押し寄せてくることが予想されますが，クレジットカード会社としては加盟店を増やす絶好の機会となるかもしれません。

　インターネットを利用したプラットフォーム型ビジネスのケースは，デジタル音楽配信サービス市場で見られます。アップルのiTunesミュー

ジックストアは,豊富な音楽コンテンツを保有するBMG, EMI, ユニバーサル,ワーナー,ソニー・ミュージック・エンターテイメントというグループと音楽をいつでもどこでも気軽に楽しみたいというユーザーグループをインターネットでつなぐことで,この市場でのシェアを一気に伸ばすことに成功しました。とくに,ユーザーを増やすうえで,1曲当たりの料金を一貫して低く設定したのが有効だったようです。電子書籍サービス市場ではもともとオンライン書店であるアマゾンのKindleストアが先行しています。圧倒的な電子書籍の数と新刊の価格を書店での販売価格に比べて格段に低く設定することで,アマゾンはアメリカで圧倒的なシェアを獲得しました。ただ,アップルも,iBooksストアをプラットフォームとするビジネスを展開していますし,第3の競合者としてグーグルも追い上げをねらって,主要な出版社や書店との連携を深めてそのプラットフォームとしての価値を高めようとしています。

(参考文献) 雨宮寛二 [2012]『アップル,アマゾン,グーグルの競争戦略』NTT出版。

4 不確実性と企業行動

市場不確実性

企業活動は多くの不確実要因に囲まれています。*Case Study* ⑧で取り上げたメモリー製品に代表される半導体製品の企業にとっては,競争に生き残るために必要な巨額な設備投資によって建造される最新鋭の生産工場が稼働するのは2,3年後であり,その時の市場需要を予測してタイミングを見極めるとしても,変動の激しい市場における将来の製品価格を正確には予測できません。

とくに,半導体製品は,携帯電話,パソコンおよび家電製品など

の最終消費財の部品なので，そうした多様な製品の需要の動向は数カ月先でも予測は容易ではありません。こうした不確実性をミクロ経済学では，**市場不確実性**とよびます。設備投資のタイミングを計るときに考慮されるのは需要の変動リスクだけではなく，ライバル企業の投資のタイミングも重要な要因となります。先行者の利益をめぐっての競争で，ライバルの投資の時期・規模・内容についてもあるばらつきをもってしか予想できないという意味で，やはり市場不確実性として理解できます。

企業経営者にとっては，もし自身がリスク回避的な判断をするのであれば，このような市場不確実性に対しては，同じ期待収益についてできるだけリスク（収益の変動）を小さくする経営を望むでしょう。そのような経営を実現する戦略として，**事業の多角化**があります。事業の多角化は，第8章で説明した範囲の経済を利用する経営戦略としても説明できますが，異なる収益変動をする複数の事業を展開することで，不確実性に対応しようとする行動としても理解できます。

環境的（技術的）不確実性

市場不確実性は，ある行動がもたらす結果のばらつきについてはある程度は予測がつき，その変動にもあるパターンやその上下のブレの規模もある一定の範囲に収まるような不確実性だと考えられます。これに対して，大規模地震・巨大台風あるいはテロ等は市場の誰もがその時期・被害の規模について予期できないタイプの不確実性です。このような不確実性は，**環境的不確実性**（技術的不確実性）とよばれます。発生事態を誰もコントロールできない事象がもたらす事業収益の変動をできるだけ小さくするためには，起きてしまった場合の対処能力を高めておくようにしっかり準備することがまず大事となります。次頁の *Case Study* ⑨で説明している事業

継続計画はまさにこのような意味でのリスク管理なのです。

環境的不確実性のリスクを保険会社に引き受けてもらうのも一案です。しかし、地震保険などのように損害が甚大であるものに対する保険の場合、保険会社自体もその保険金の支払い義務というリスクが大きくなるので、そのリスクを再保険会社にさらに引き受けてもらわなければなりません。再保険会社は、大きなリスクをカタストロフ債などに証券化して、巨額の資金を多様な投資先に分散している年金基金などに販売します。したがって、再保険会社でさえ引き受けてくれないようなさらに巨大なリスクに対しては、保険契約が成立しません。

> **ココをチェック！[10-4]**
> 市場不確実性と環境的不確実性の違いは何ですか？

Case Study ⑨　自然災害と事業継続計画

経済取引のグローバル化が進むなかで、費用の有利さの点、あるいはマーケットの近くで生産することの有利さを理由にして海外に広く製造拠点を展開する企業が増えてきています。最近になってこのような企業が経営戦略上大きな関心を払っているのが**事業継続計画**です。これは、自然災害・火事災害のみならず経営上の不祥事が発生した場合にいかに事業の中断によって被る損失を最小限に食い止めるかという問題意識によるものです。この問題への対処として、自らが災害に見舞われたときの復旧プランの実効性を高めるだけでなく、取引先の部品企業・製造機械企業および製造委託企業等、いわゆるサプライチェーン全体における事業中断リスクを可能なかぎり小さくすることが重要であることが認識されてきています。そのため、海外に多くの取引先を抱える企業は、たとえばカントリー・リスク（軍事政権の成立や宗教問題による国内政治の不安定化等）あるいは、テロ・自然災

害・伝染病等による事業中断の可能性に直面せざるをえないので，事業継続は重要な経営課題となるのです。

　事業継続を企業の市場戦略として高く位置づけたのは，半導体メーカーのインテルです。1999年の台湾地震によって製造拠点が壊滅的打撃を受けて製品の出荷が長期的に停止してしまい大きな損害を受けたことを教訓にして，インテルは，まず地震に対する事業継続プランの立案のために調査・研究を始めました。続く2001年にアメリカで起こった「9.11テロ」によって，インテルは地震だけでなくあらゆる予期せぬ事態に対して事業継続を確保することを経営の中核におくことになりました。

　その後，2003年頃から，日本の半導体メーカーはインテル等から事業継続のためにどのようなプランを持っているか，そのためにどれだけの投資を行っているかについて契約時に問いただされることになりました。このような要求に対して日本企業は着実に対応してきており，インテルやモトローラを主要な取引先とする半導体用精密加工装置メーカーであるディスコは，2005年度に事業継続を経営の中核において本格的取り組みを行い，広島の呉市に一極集中していた工場を2007年には長野県茅野市にも分散し，工場の免震化も行いました。

　2011年3月11日に発生した東日本大震災においては，一部の企業が被災することでサプライチェーンの流れが途絶することが懸念されました。そのなかで，多くの企業が事業継続を意識した経営判断を行い，自社の生産の復旧のみならずサプライチェーンへの負の波及効果を食い止めようとする努力がなされました。たとえば，同業他社同士がお互いの被災しなかった工場を相互利用する，販売取引先に迷惑をかけないために競合する企業をあえて代替取引先として紹介する，メーカーが被災した部品企業に対して人員や工場スペース等を提供する等の事例が挙げられます。また，メーカーが主要部品の取引先を分散化していたにもかかわらず，その主要部品自体の部品を，どの取引先も1つの被災企業から納入していたために，サプライチェーンが機能しなくなったという事例が多数指摘されています。今後は「取引先の取引先」までも見据えた事業継続計画がさらに求められているのです。

(参考文献) 戸堂康之ほか［2014］「自然災害からの復旧におけるサプライチェーン・ネットワークの功罪」, 中田啓之［2014］「巨大災害の保険メカニズム」, いずれも澤田康幸編『巨大災害・リスクと経済』日本経済新聞出版社, 所収。

練習問題

10-1 水平的差別化と垂直的差別化の実際の例を挙げなさい。

10-2 DRAM市場では, どの企業も継続的に設備投資をしなければならない理由を説明しなさい。

10-3 リアルなショッピングモールとバーチャルなネット上のショッピングモールをプラットフォームビジネスの観点から比較して, その相違点を説明しなさい。

10-4 以下の事業多角化の例が, 第8章で説明した範囲の経済によるものか, 市場不確実性に対応するものか, あるいはそのいずれもかについて説明しなさい。

(1) Xホールディングズは, 和食, 中華, タイ, インド料理のレストランを同時に経営している。

(2) Y製薬は, ガン, 高血圧, 糖尿病各疾病向けの治療薬への研究開発を同時に実施している。

(3) Z鉄道は, 旅客運輸サービス, 不動産, 商業施設経営を同時に展開している。

政府の機能と限界
～政策を読みとく～

Contents

第11章　外部性と公共財

第12章　税制，社会保障制度と分配

第13章　競　争　政　策

第14章　規　制　政　策

第15章　公共政策とミクロ経済学の新たな展開

　市場メカニズムによる効率的資源配分がうまく機能しない場合（市場の失敗）や市場メカニズムでは扱えない所得分配の公平性が問われる場合，当事者である消費者や企業という第Ⅰ部や第Ⅱ部の主要なプレイヤーではなく，政府という第3のプレイヤーが主役となります。この政府の機能やその限界について学ぶのが第Ⅲ部の目的です。第11章，第13章，第14章では市場の失敗の具体的なトピックである外部性，公共財，不完全競争，に対して政府が効率的な資源配分を回復するために何ができ，何ができないかを検討します。また，第12章では政府の実際の歳入・歳出に関する分析を通して社会的な分配の公平性について考察します。

　以上のように政府は伝統的なミクロ経済学では扱わなかった問題に直面していますが，政府自身も，政治家や官僚など，経済的な自己利益最大化のみではなく異質な目的や行動基準を持つさまざまな人々から構成されます。本書の最終章である第15章では，こうした政府の複雑な仕組みや多様な問題点について，新しい政治経済学，情報の経済学，行動経済学，進化ゲーム理論などの最新のミクロ経済学の研究成果もふまえて考察します。

第11章 外部性と公共財

Introduction 　市場の失敗にはさまざまのタイプがありますが、その1つが公害などで知られている外部性によるものです。本章で詳しく見ていくように、外部性が存在するとすべての財・サービスが市場を通じて売買されるという前提が崩れてしまい、効率的な資源配分が実現できなくなります。同じような問題が公共財についても生じ、そのため公的規制や公的な財・サービスの提供などの活動が正当化されます。

　本章では、第1節から第3節で外部性と公共財が市場の失敗を引き起こす仕組みと対応策について（うち第2節は外部性の特殊なケースである共有資源について）理論的に検討します。最後の第4節では国や地方公共団体の財政支出の中味を検討することによって、日本における公共財の供給や、私的財でありながら公共財的性格を持つ社会保障サービスの供給の仕組みについて考察します。

Keywords 　外部性, ピグー税, コースの定理, 共有地の悲劇, 共有資源, 公共財, リンダール均衡, 社会保障, セーフティ・ネット

1　外部性の問題と対応策

外部性とは何か　　たとえば、隣家の手入れの行き届いた庭が見える場合、隣家の費用や努力のおかげで、お金を出さずにそれを楽しむことができます。逆に隣家の建て増しのため、それまで見えていた遠くの山々が見えなくなること

もあります。また、製造過程で無塵(むじん)に近い環境が必要な工場の近くに、新たに他企業の工場が建ち空気中の塵が増えると、(環境基準をクリアしているとしても)元からあった工場の空気清浄化費用が増加してしまいます。このように、ある経済主体の消費や生産という経済活動が、市場での売買を経ずに、他の経済主体の効用や利潤に及ぼす効果を**外部性**(あるいは外部効果、外部経済)とよびます。正の外部性の場合に外部経済、負の外部性の場合に外部不経済とよぶこともあります。また、市場価格の変化を通じる場合は金銭的外部性、他の経済主体の効用関数や生産関数に直接影響を与える場合は技術的外部性とよぶこともありますが、外部性という場合、通常は後者を意味します。

> 外部性によって引き起こされる問題

第1章と第4章で学んだ余剰分析を使うと、理論的には外部性を測ることができます。たとえばある財 X を作る企業の生産活動が、排気ガス、排水、騒音など、周辺の環境に負の外部性を与える場合を考えてみます。同じ製品を生産する企業は多数あり、この財の市場は競争的だとします。図11-1に描かれているように、この財の生産量は需要曲線と供給曲線(=限界費用曲線;第1章、第3章参照)が交わる点での生産量 X' です。外部性がなければ、これが効率的な(=総余剰を最大化する)生産量です。しかし、外部性が存在する場合の効率的な生産量は需要曲線と社会的限界費用曲線が交わる点での生産量 X^S です。社会的限界費用とは、限界的な生産の費用に限界的な外部不経済(限界的生産が社会に与える負の外部効果)を足した費用です。市場での均衡生産量である X' が実現した場合の外部性を余剰で測ると △OEG の大きさとなり、そのなかで消費者余剰(△EFH)や生産者余剰(△OEH)と相殺される分を除いた △EFG が外部性のもたらす総余剰の純減少分(死荷重)

第11章 外部性と公共財

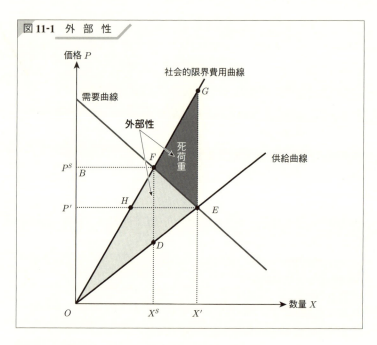

図 11-1 外部性

となります。

政府による対応：ピグー税

他の市場の失敗と同様，外部性の存在による社会的非効率を改善する手段として，政府の介入が考えられます。外部性に対する経済学的に最も有名な対処方法は提案者である経済学者ピグーにちなんで名づけられた**ピグー税**です。それは，社会的に効率的な生産量での社会的限界費用と私的限界費用の差額を，生産1単位ごとに各企業に課税するという方法です。図11-2で市場の需要曲線と社会的限界費用曲線の交点における社会的限界費用曲線と市場の供給曲線の差額である FD に相当する額をピグー税として，生産1単位ごとに企業に課します。個々の企業にとっての需要曲線は，図11-3に描かれているように新たな均衡価格 P^S を通る水平線で

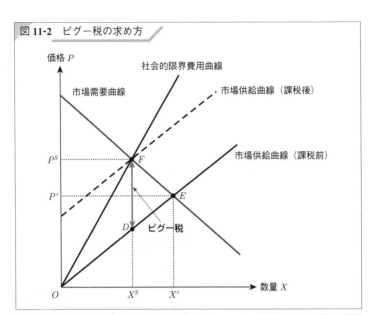

図 11-2 ピグー税の求め方

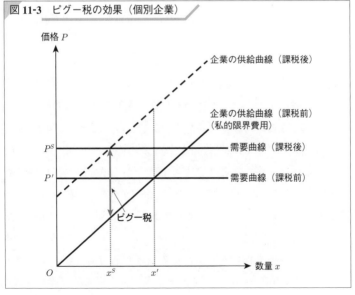

図 11-3 ピグー税の効果（個別企業）

す。供給曲線は私的限界費用曲線を FD と同じ値だけ上に平行移動させた破線になります。それと需要曲線との交点での生産量 x^S が，この企業の最適生産量です。

ピグー税の利点は，直接的な数量規制と比べれば明らかです。産出量規制であれば，個々の企業の社会的に最適な生産量を求めるには，市場全体の需要曲線，社会的限界費用曲線に加えて個々の企業の限界費用曲線を知らなければなりません。しかし，ピグー税であれば，市場全体の需要曲線と社会的限界費用曲線がわかれば実行可能です。

しかし，現実には市場全体の社会的費用がどのくらいかを測ることは容易ではありません。また負の外部性の問題が表面化するケースの多くは，個別の損害賠償をめぐる紛争や訴訟です。そのため，実際には工場・企業に対する直接規制や汚染物質ごとの数量規制が，負の外部性に対する主要な対策となっています。

さらに以上の議論は負の外部性の存在が客観的に証明され，それを法的に賠償させられることが暗黙の前提になっていましたが，現実にはこの前提が満たされるとはかぎりません。その場合のピグーの提案は，外部性がない場合の（私的な）効率的生産量から生産量を1単位減らすごとに，上述の課税額と等しい額を補助金として企業 A に与える，というものです。なぜなら，たとえば図11-3の x' では企業 A の私的限界費用と価格 P' が等しいので，限界的な利潤はゼロとなり，企業 A にとってはその1単位を生産せずに補助金をもらうほうが得だからです。各企業が同様の行動をとり，市場全体の供給量が減れば価格は上昇しますが，限界的な利潤（需要曲線と私的限界費用曲線の差）と補助金（FD の長さ）を比べると，図11-2の破線が需要曲線より上にあるかぎり補助金をもらったほうが得な企業が存在するので，破線と需要曲線の高さが一致する X^S

に到達するまでは生産量が減り社会的に効率的な生産量を達成できます。このとき個別企業では，新たな市場価格 P^S のもとでの限界的利潤と補助金 FD が一致する図 11-3 の x^S まで生産量を減らしています。

ピグー税・補助金が実際に使われた例をあまり聞きませんが，その理由の1つとして，社会的限界費用を測ること，すなわち FD の長さを測ることの難しさがあります。この問題を避けるために，ボーモルとオーツという経済学者は，まず規制する排出量の目標を決め，税率を調整しながら徐々に目標が達成される税率に近づけていくという，ボーモル＝オーツ税を提唱しました。最近欧州各国で採用されつつある環境税または炭素税も同様の考え方に基づいています。

今までのところ，現実の環境問題対策の主要な手段は直接規制です。これは，特定地域での汚染物質による重大な健康被害によって環境問題が社会的に知られてきたことと関係していると思われます。もちろん有害物質の排出禁止や基準値設定のような直接規制は重要な政策ですが，地球温暖化のように影響が広域的・長期的で，しかも直接の健康被害がないような問題に対しては，直接規制は難しいと思われます。したがって今後は，負の外部性を抑制するインセンティブを与える環境税や後述する排出量取引市場（***Case Study*** ⑩，236頁参照）のような間接的対策も重要性を増してくるでしょう。

交渉による対応：コースの定理

負の外部性の存在が認められ，かつ立証可能なら，企業 A に対して損害補償を求める動きが出てもおかしくありません。これは上述のような公的介入ではなく，私的交渉によって社会的に効率的な生産を達成するものです。逆に負の外部性の存在が認められ

ないか立証できないなら，生産を減らす見返りの対価を企業 A に払って，社会的に効率的な生産量まで減らすという交渉もありえます。このような可能性を理論的に明らかにしたのが，ロナルド・コースが示した次の定理です。

コースの定理： 市場が不完全なため効率的な資源配分がなされていない場合，経済主体間の交渉に取引費用がかからなければ，交渉を通じて効率的な資源配分が達成できる。

図 11-1 をもう一度見てください。このとき負の外部性を発生させる業界と，損害を受ける住民側が交渉すると考えてみます。ピグー税の場合と同様に，住民側の環境に関する権利が認められ，業界の生産活動との因果関係が立証された場合，住民側は賠償金を得られます。社会的に最適な生産水準 X^S での住民側の損害額は，社会的費用である $\triangle OFD$ に相当する額なので，これ以上の補償をされれば，この水準での生産を受け入れます。このときの業界の生産者余剰は台形 $OBFD$ なので，$\triangle OFD$ 以上，台形 $OBFD$ 未満の額を払っても利益が出ます。この範囲内のどの金額に落ち着くかは両者の交渉力次第です。賠償額がいくらになるにせよ，この業界がそれ以上生産することはありません。図 11-1 から明らかなように，生産量が X^S 以上になると，限界収入が P^S であるのに対して私的限界費用と限界的な賠償金との合計（社会的限界費用）が P^S を超えるので，損になるからです。また，生産量が X^S 未満になることもありません。生産を X^S 未満の水準から増やせば，限界収入のほうが社会的限界費用より大きいからです。したがって生産は社会的に最適な水準 X^S に落ち着きます。

逆に住民の環境権が認められない場合も，ピグー補助金と同様の論理で，交渉によって生産量はやはり社会的に最適な水準 X^S に落ち着くことがわかります。

以上のように、コースの定理は（上の例では）当事者のどちらかに環境の利用権が設定されていれば、交渉の結果、最適な生産水準が達成されますが、定理のなかにある「取引費用がかからなければ」という条件は、現実の問題を考えるときには大きな障害となります。損害の額や原因を調査したり証拠を集めたりする時間や経費、弁護士その他の専門家への支払額は決して小さくありません。とくに日本のように、裁判になると、（第一審では終わらない可能性もあり）最終的な判決までの期間がきわめて長い場合、取引費用は交渉による解決を断念させるほど高くなる可能性があります。また、環境汚染の場合は汚染源が複数であったり被害者が多数であったりして、そもそも交渉の当事者、範囲を決めることが難しい場合もあります。

その他の対応策

　政府の介入、当事者間の交渉以外にも、外部性の問題への対応策はあります。たとえば外部性を与える側と受ける側がともに企業であれば、その複数の企業の合併によって外部性は合併企業の費用として内部化され消滅します。ただし、現実に合併するにはお互いの利害が一致しなければならず多くの費用もかかるので、稀なケースといえるでしょう。

　逆に、外部性をもたらすモノの市場を作ってしまうのが、*Case Study* ⑩で説明する排出量取引です。排気ガスを減らすのが技術的に難しい、あるいは膨大な費用がかかる企業と、それが比較的安価にできる企業が存在する場合、前者が後者から排出枠（あるいはクレジット）を買い、後者の排出量をより削減することで、削減目標を効率的にクリアすることができます。社会全体としても、目標削減量を効率的に達成できる方法です。地球温暖化問題解決方法の1つとしての排出量取引は、以上の議論を国単位に拡張したものです。*Case Study* ⑩にもあるように、基準やルールの合意は難しい

ため協力可能な地域ごとに利用が広がってきています。

> **ココをチェック！［11-1］**
> 外部性とは何ですか？　またその対策としてのピグー税とはどのような税ですか？

Case Study ⑩　排出量取引，その後の動向

Web Case ⑦「京都議定書と排出権取引」では，世界全体の温室効果ガスの効率的な削減のため，世界各国が排出量の削減目標を定め，それを達成する仕組みとして排出量取引（⇒ ★）の市場が創設されたこと，また，先進国が途上国で行ったプロジェクトで削減した排出量の一部（国によっては全部）を自国での削減量としてカウントできるクリーン開発メカニズム（Clean Development Mechanism: CDM）が動き始めたことを紹介しました。

その後の動きを見ると，排出量取引市場は京都議定書が締約された当時（1997年）に議論されていたような世界全体の市場にはなりませんでしたが，取引市場は世界各地でつくられ現在でもその数は増加中です。主な市場としては，欧州連合の欧州域内排出量取引制度（EU Emissions Trading System: EU-ETS, 2012年取引量21億トン），CDM（2012年取引量3億トン），アメリカの北東部諸州（カナダからも3州がオブザーバーとして参加）による北東部地域温室効果ガス削減イニシアティブ（2012年取引量1.5億トン）があり，そのほかに，ニュージーランド排出量取引制度，アメリカ・カリフォルニア州（2014年からカナダ，ケベック州ともリンク）キャップ・アンド・トレード制度など単独の国や地方政府によるもの，さまざまな自主的団体による市場などがあります。また，オーストラリア，韓国，中国主要諸都市などが新たに導入予定です。世界の年間の温暖化ガス総排出量が500億トン弱ですから，その数パーセントに当たります。

しかし，金融危機後の景気後退に加え，再生可能エネルギーの予想

外の増加などから（主要市場のある先進国での）温室効果ガスの排出量が大幅に減り，排出枠の供給過剰が累積して価格が暴落し，とくに最大の排出量取引市場である EU-ETS は一時存続が危ぶまれるほどの状況になりました（EU-ETS の市場安定化案が EU 議会で否決された直後の 2013 年 4 月には 3 ユーロ/トンを切る水準まで低下し，その後新たな提案が可決される過程で徐々に回復し，2014 年 7 月現在では 5 ユーロ/トンを超えるまでに回復しています。しかし金融危機前の 2008 年の最高値 30 ユーロ/トンや 2009～10 年の 10～15 ユーロ/トンには届いていません）。EU-ETS の改革案には，短期的には排出枠の実施時期の一部の延期，長期的には削減目標の引き上げや CDM の利用制限強化などが含まれています。

　排出量取引の地域市場については，当該地域企業の競争力低下や工場の途上国など規制のない地域への移転（排出の「漏れ」）が懸念されていましたが，いまのところそうした影響は少ないようです。しかしそれは，競争力低下が懸念される産業への優遇措置や景気後退による予想以上の排出量減少の結果でもあり，排出量取引市場が排出量削減に果たした役割の小ささを物語っているともいえます。今後，こうした地域市場が統合されていくかどうかはまだわかりません。最近の貿易自由化をめぐる交渉やユーロ危機に見られるように，異なる地域の市場を統合するためには，関係者の利害対立を調整したり，各国に政策自由度の制限を受け入れてもらったりするために，多大な外交努力と制度的工夫が必要になります。しかし，市場メカニズムの効率性というメリットを持つ排出量取引市場という制度は，自動車の排ガス規制のような直接的規制や炭素税など他の規制政策などと組み合わせながら，今後も温暖化防止政策のなかで重要な役割を担っていくと思われます。

★ 「排出量取引」という言葉は "emission trading" の訳ですが，排出権取引，排出枠取引などとも呼ばれます。ここでは京都議定書の用語に従って「排出量取引」という言葉を使います。なお，温室効果ガスはさまざまなガスも含めて構成比が最大の二酸化炭素換算で表示されるので取引市場は総称して "Carbon Market"（炭素〔ガス〕市場）とよばれることもあります。

(参考文献) Newell R. G., *et al.* [2013] "Carbon Markets 15 Years after Kyoto: Lessons Learned, New Challenges," *Journal of Economic Perspectives*, **27** (1): 123-146, "Carbon Trading; ETS, RIP?" *The Economist*, April 20th 2013.

2 共有資源の問題と対応策

　近年の世界の経済成長は，中国やインドなど巨大な人口を抱える国々の高度成長もあって目覚しい伸びを示しています。その結果，石油などの鉱物資源，水，森林，水産資源など，再生不可能な，もしくはそのおそれがある天然資源の地球レベルでの管理の問題や，地球環境の問題がクローズアップされています。地球全体が1つの地域共同体になって，かつて小さな地域共同体で共有地を管理していたように，地球環境や公海での水産資源，鉱物資源など，人類が共有する資源や環境を管理しなくてはならなくなったと考えられます。

　このような見方を広めたのは，1968年に生物学者のハーディンが「**共有地の悲劇**」という論文（*Science*, 1968, 12月）で使った次のようなたとえ話です。ある村の人々が，誰にも所有されていない放牧地で家畜を飼っていました。家畜の数がだんだん増えて，このままでは牧草を維持できる水準を超えてしまうことはわかっていましたが，協調して家畜数を抑制することができず，ついにその放牧地から牧草がなくなってしまったという話です。

　この放牧地では，家畜の数がある程度までなら，家畜が十分に牧草を食べても自然に元の状態に回復したのですが，放牧地が自力で

回復できる規模を超えて家畜が増えたので、牧草は自然には元の状態に戻らなくなったのです。これは、個々の家畜を育てるために牧草を食べさせるという経済活動が、(負の) 外部性である放牧地の回復力低下をもたらすという問題です。この放牧地はただで利用できる土地であり、牧草の原状回復にかかる社会的費用を支払う義務は誰にもありません。結果的に牧草の消費量は社会的な最適規模を超えてしまい、最終的にこの放牧地は消滅してしまいます。利用者たちが、牧草の維持費用を負担する、あるいは家畜に食べさせる牧草の量を自制する、という協調ができないのは、まさに第6章で学んだ囚人のジレンマと同じ構造です (プレイヤーが多数の場合、社会的ジレンマとよばれることもあります)。

　上述の「共有地の悲劇」の説明はハーディンの単純なたとえ話なので、歴史的な共有地の事例、現実の共有資源や環境汚染の問題にそのまま応用できるわけではありません。歴史的な共有地や入会地はむしろ「共有地の悲劇」が起こらないように、地域の**共有資源**を守るための細かな規則が慣習化されたものです。しかし社会構造の変化や、急速な技術進歩や人口増加によって、多くの共有地が消滅していったこと、それが「共有地の悲劇」を起こしたことも事実でしょう。また、ハーディンが「共有地の悲劇」の話を使って実際に議論していたのは、地域社会の「共有地」の問題ではなく、地球規模の人口問題や環境問題です。このような、地域社会を超え、場合によっては国境も超える共有資源の問題は、社会的ジレンマであると同時に、第7章で見たモラル・ハザードの問題、すなわち違反者の監視・制裁が難しいという問題も抱えています。*Case Study* ⑩で取り上げた排出量取引など地球環境問題への近年の国際的取り組みは、それを防ぐために、ハーディンの警鐘から40年近くたってようやく動き出した、地球という「共有地」を守るための協調の

試みだといえます。

> **ココをチェック！ [11-2]**
> 「共有地の悲劇」とはどのような状況のことですか？

3 公共財の問題と対応策

公共財とは何か

「公共財」と聞くと，公共機関が提供し公共的な性格を持つ施設やサービスという一般的なイメージを持つかもしれませんが（そういうものが公共財であることは多いのですが），経済学の用語としての**公共財**は次の2つの性質を持つ財・サービスと定義されています。

非競合性： 消費者全員が同時にその財・サービスを（同じ量）消費できる。

非排除性： 他の人をその財の消費から排除できない（したがって，費用を負担しないで消費〔フリー・ライド〕することが可能になる）。

しかし，これらの性質を持つと思われる道路や公園を考えてみると，実際には混雑によって非競合性が損なわれたり，出入り口を限定して料金をとることで排除可能になったりします。

常にこの2つの性質を持つ純粋公共財は，国防のようなきわめて限られたものです。純粋公共財ではないけれど，上の2つの性質をある程度持つものを，準公共財とよぶこともあります。理論的な議論では公共財という場合は純粋公共財を想定しますが，一般的な議論では多くの準公共財も含めて公共財とよぶのが普通です。また，この2つの性質を持たない一般の財を公共財と区別するとき

表11-1 財の分類

	競合性あり	非競合性あり
排除可能性あり	私的財	クラブ財，地方公共財
非排除性あり	共有資源，混雑現象のある公共財	純粋公共財

(注) 純粋公共財以外の非競合性や非排除性は私的財に対する相対的なもの。

には私的財とよびます。

表11-1は上記の2つの性質の組合せを基準にして，いくつかの特殊な財について整理したものです。前節で説明した共有資源は，公共財の2つの性質のうち非排除性はあっても非競合性が完全にはない準公共財とも考えられます。クラブ財は共有資源とは逆に，クラブのメンバーになるための条件があるので排除可能性はありますが，いったんメンバーになればサービスを他のメンバーと同時に消費できるという非競合性を持ちます。地方公共財は，特定の地域の住民でなければ享受できないという意味では，地理的な排除性を持つ財といえます。

また，公共財は正の外部性の特殊なケースと考えることもできます。なぜなら，外部性とは「ある経済主体の消費や生産という経済活動が，市場での売買（あるいは直接取引）を経ずに，他の経済主体の効用や利潤に及ぼす効果」です。公共財の非競合性という性質は，ある消費者のために公共財が供給されると，その消費者だけでなく同時に他のすべての消費者がその公共財を消費できることですから，正の外部性といえます。

公共財の最適供給量

第2章で見たように，私的財の価格は各消費者にとって市場の需要曲線と供給曲線の交点で決まり，どの消費者にとっても同じ1つの値です。その価

図 11-4 公共財と私的財の需要曲線

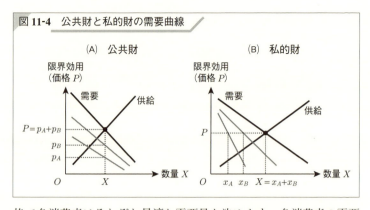

格で各消費者はそれぞれ最適な需要量を決めます。各消費者の需要の水平和が市場全体での需要となります。これに対して公共財は，非競合性のために，供給量（＝消費量）が全消費者にとって1つしかありません。私的財でも公共財でも，各消費者の需要曲線は図11-4のように個人ごとに異なる右下がりの曲線です。したがって，ある特定の消費量に対しての支払許容額（＝限界効用；第1章参照）は消費者によって異なります。上述のように公共財の場合，実現する供給量は1つです。それを全員で消費するので，全員が支払ってもいいと思う価格を足した額までは，その量の公共財に対して支払えることになります。以上のことから，公共財と私的財の市場の需要曲線の導出についての違いを図11-4のように概念化することができます。なお，図11-4で，x_A, x_B はそれぞれ消費者 A, B のこの私的財の均衡価格 P のもとでの需要量，p_A, p_B はそれぞれ消費者 A, B のこの公共財の供給量 X に対する限界効用を表しています。公共財の市場の需要曲線は各消費者の需要曲線の垂直和となり，私的財の市場の需要曲線が各消費者の需要曲線の水平和であるのと逆の決まり方です。

所与の公共財の量に対する各消費者の限界効用は，他人にはわか

らない各消費者の私的情報ですから、もし公共財の供給に各消費者の限界効用に応じた支払いが求められるとしたら、消費者にはそれを過少申告するインセンティブが働きます。すると、各消費者の需要曲線の垂直和である市場の需要曲線は真の値より下方にシフトし、公共財は過少供給になります。逆に公共財の供給が、たとえば政府の一般財源から賄われ、直接消費者のコスト負担に結びつかなければ、消費者は限界効用を過大申告し、市場の需要曲線が真の値より上方にシフトし、公共財が過大供給になるおそれがあります。

リンダール・メカニズム 前項で見たように、公共財を消費者の自発的申告に基づいて供給しても、真の需要曲線に基づく社会的に最適な供給は保証されません。真の需要を引き出す仕組みについては、理論的には長年の研究蓄積があります。本章では代表的な仕組みの1つである、リンダール・メカニズムについて説明します（別のメカニズムの例は **Web App** ⑧ 参照）。

前世紀初めに経済学者リンダールが考えた公共財の供給メカニズムでは、まず政府が各消費者の負担率を提案します。たとえば消費者が A, B 2人で、提案されたそれぞれの負担率が θ_o と $1-\theta_o$ だとします。次に、各消費者はその提案のもとで自分が望む供給量を申告します。負担が少ないほど公共財の需要量は増えるので、A, B それぞれが図 11-5 に示されるような需要曲線になります。また、各消費者の需要曲線は、それぞれの無差別曲線の頂点を結んだ曲線であり、公共財の量が増え負担が減る（A は右下、B は右上）ほど効用が高くなります。θ_o に対応する公共財の申告需要量は A が x_A、B が x_B で $x_A < x_B$ です。それを受けて今度は政府が、需要量を多く申告した人の負担率を上げ、少なく申告した人の負担率を下げて再び提案します。この負担率の提案と求める供給量の申告と

第 11 章 外部性と公共財

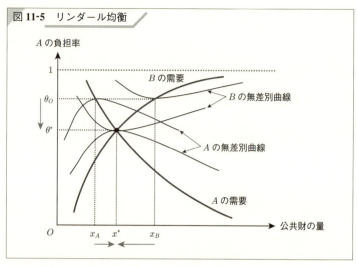

図 11-5　リンダール均衡

いう過程を繰り返していくと，最終的には図 11-5 で示されるように，両者の申告する需要量が一致する負担率がみつかります。この点が**リンダール均衡**です。なお，消費者の数が 3 人以上に増えても同様の方法で均衡が達成されます。

　リンダール・メカニズムの問題点は，消費者には負担を避けて過少申告するインセンティブがあり，その場合公共財の供給量が真の均衡より過少になることです。図 11-6 の破線の曲線は消費者 A が偽って低めに表明した需要です。この需要曲線にしたがって需要量を申告すると最終的な A の負担率と供給される公共財の量は，それぞれ図中の θ' と x' になります。公共財の供給量も減りますが，自分の負担率も下がるので，A にとっては真の均衡点より高い効用を得られる可能性があります。A は図の右下にいくほど効用が高まるので，図 11-6 のように偽の申告による均衡点 (x', θ') が真の均衡点を通る無差別曲線より右下にある場合は，偽りの申告をするインセンティブを持つことになります。

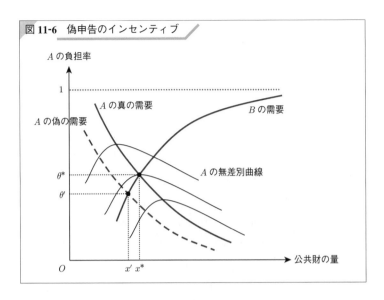

図 11-6 偽申告のインセンティブ

　公共財の供給については，他の市場の失敗と同様，完全な解決策があるわけではありません。現実の公共財の供給も，地域の伝統的な祭りの運営のように，長年の間に慣習化した自発的なサービスの供給から，国防のように国内政治や国際政治の複雑な意思決定過程を経て供給が決まっていくものまでさまざまです。しかし本項で取り上げた公共財の性質，効率的供給を歪める理由，その対応例を理解しておくことは，それぞれの場面で，より適切な意思決定に役立つでしょう。

> **ココをチェック！[11-3]**
> 経済学における「公共財」とは何ですか？ また，公共財はなぜ「市場の失敗」を引き起こすのですか？

4 公共財供給の実態

●財政の支出構造

国と地方の財政支出

前節で公共財の供給について理論的な検討をしましたが,本節では政府による公共財供給の実態を国と地方公共団体の支出項目から見てみましょう。国の支出の内訳は図 11-7 に示したように,社会保障関係費が予算の 3 割以上を占めます。そのほかでは,最終目的が多岐にわたる国債費や国税のなかから地方公共団体に財源不足の程度に応じて交付される地方交付税交付金を除くと,公共事業関連,文教及び科学振興費,防衛関係費が主な支出項目です。

地方の目的別歳出構造を見ると,図 11-8 に示されているように,市町村では社会福祉（内容については,次章 272 頁参照）や生活保護のための支出である民生費の割合が最も大きく,次いで土木費が大きくなっています。都道府県では教育費の割合が最も大きく,次いで民生費の割合が大きくなっています。国や地方の主要支

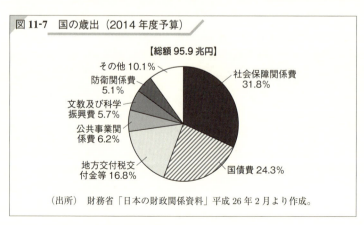

図 11-7　国の歳出（2014 年度予算）

【総額 95.9 兆円】
- その他 10.1%
- 防衛関係費 5.1%
- 文教及び科学振興費 5.7%
- 公共事業関係費 6.2%
- 地方交付税交付金等 16.8%
- 国債費 24.3%
- 社会保障関係費 31.8%

（出所）　財務省「日本の財政関係資料」平成 26 年 2 月より作成。

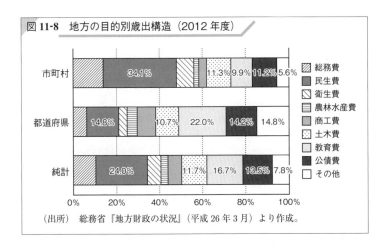

図11-8 地方の目的別歳出構造（2012年度）

（出所）　総務省『地方財政の状況』（平成26年3月）より作成。

出項目のうち，一般的な公共財のイメージに当てはまるのは国の公共事業関係費，防衛関係費や地方の土木費といったところでしょう。一般会計予算を見るかぎり，このような公共財への支出は意外に少ないことがわかります。しかし，公共事業への支出はそれ以外にも，特別会計を経て各種の公的企業・団体から支出される分などがあり，マクロ経済統計（GDPの公的資本形成額）で見ると，2012年度で21兆円にのぼっています。これは後述する社会保障関係の公的負担分（249頁の図11-10）の半分程度の大きさです。ただし，GDPの公的資本形成額は1990年代半ばのピーク時には40兆円を超え，当時は社会保障関係の税負担分の2倍程度でしたから，近年の財政改革で大きく減少したことになります。

公共事業は，道路，河川などの部門ごとに対応する縦割りの官庁組織の主導で，まず国全体の長期の計画が作られ，政治家による修正を受けつつ，その計画に従って毎年の予算枠のなかで進められてきました。前節まで理論的に考察してきた公共財の供給量の決定が行われるのは，まず当初の長期計画の決定のときだと考えられ

ます。その原案を作る官庁の担当部局や，原案を検討する審議会では，主に専門家の技術的見地から望まれる目標が提案されることになります。予算は毎年の担当省庁と財務省との交渉やそれ以前の省内での調整で決まりますから，縦割りの諸官庁の予算全体を見渡して中味に立ち入って検討した優先順位の決定はできず，部門間の予算枠は固定化しがちでした。

公共財の供給がこのように決められると，その便益を受ける住民はもとより，事業案を作る担当部局でも直接のコスト負担と供給量が結びつかないので，前節の理論的説明のように，必要性（限界効用）は過大申告され，過大供給になるおそれがあります。近年の財政改革に関する議論のなかでも，無駄な公共事業の多さが指摘され上述した公共事業支出の削減につながりましたが，公共事業が過大になることは理論的に予測される事態だったといえます。

国の一般会計予算の最大支出項目である社会保障関係費は，供給される社会保険や社会福祉といったサービスが私的財であることから，分配または公平性（第4章4節，第12章，第15章参照）の観点から議論されることも多いですが，次項で見るように，情報の非対称性への対応手段としての役割やセーフティ・ネットとしての公共財的役割も重要です。また都道府県の最大支出項目である教育も，社会全体の生産性や文化水準を上昇させる正の外部性があるため，公共財の性質を持つ財（サービス）であるといえます。

社会保障とセーフティ・ネット　国の財政支出の最大項目である**社会保障**のシステムは，国民すべてが，傷病，失業，老齢期の所得減といったリスクに備えられるような**セーフティ・ネット**です。防衛システムと同様，制度としては，国民なら誰もが享受できる公共財的な性質を持っていますが，個別のサービス自体は私的財なので，競合性や排除性がありま

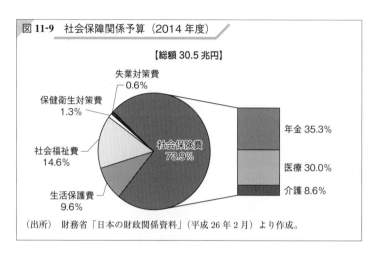

図 11-9 社会保障関係予算（2014 年度）

（出所） 財務省「日本の財政関係資料」（平成 26 年 2 月）より作成。

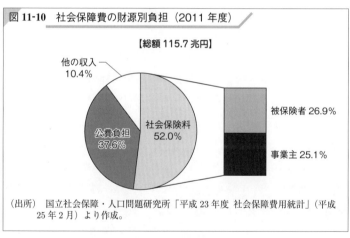

図 11-10 社会保障費の財源別負担（2011 年度）

（出所） 国立社会保障・人口問題研究所「平成 23 年度 社会保障費用統計」（平成 25 年 2 月）より作成。

す。また，社会福祉はもちろん社会保険も，財政による多くの負担部分があり，所得分配という性格を強く持っています。

国の社会保障関係予算を項目別に見ると，図 11-9 のように 4 分の 3 近くは社会保険に属するもので，その多くは公的年金や医療保険（制度名としては健康保険）の国庫負担分です。社会保険にはそ

のほかにも失業保険（制度名としては雇用保険）や介護保険などがあります。保険というサービスは，民間の保険会社が供給できる私的財ですが，第7章で見たように，情報の非対称性によって逆選択の問題が生じると，市場では十分に供給されなくなります。逆に保険会社がスクリーニングによって情報の非対称性を解消できる場合には，高リスクの人の加入できる保険がなかったり，あっても保険料が高くて加入できなかったりすることになりがちです。したがって，セーフティ・ネットとしての保険の供給を維持するために，財政的な負担が必要になるのです。

これに対して生活保護や社会福祉の目的は，生活をするうえで何らかの助けを必要とする人々に最低限の支援を行うことであり，ほぼ完全に税で負担されるので，社会保険と異なりセーフティ・ネットとしての性格が明確です。

次に，予算だけではなく社会保障費全体の財源別負担構成を見てみると，図11-10のように，社会保険料で全体の5割以上を負担しています。社会保険の私的財の側面が現れています。とくに公的年金には，支払額に応じた報酬比例部分の受け取りという貯蓄的な役割も混在しています。また，医療費の場合は医療保険から支払われない自己負担分もありますが，これは私的財だからというより，（第7章で説明した）モラル・ハザードによる医療費増加を抑制する役割が大きいと考えるべきでしょう。

生活保護や社会福祉はほぼ税金で賄われるので，フリー・ライダーを防ぐための資格検査（スクリーニング）や利用条件は厳格です。その結果，生活保護に該当する水準の所得しか得ていない層のうち，生活保護を受けている割合（捕捉率）はきわめて低いともいわれています。スクリーニングは第7章で説明した事前の情報の非対称性への対策の1つで，その厳格さに対する批判はあります

が，生活保護の申請者が適格かどうかを判断するためには必要な方法です。しかし，生活保護を脱する努力を促すような，すなわちエージェンシー問題を防ぐような対策は（第7章で専門家のエージェンシー問題への対応の遅れを指摘したのと同様）十分整備されているとはいえませんし，自立支援のためのプログラムも体系的に始められたのは最近のことです。たとえば，最低賃金の水準は，最近まで生活保護で保証される所得水準とは関係なく決められており，前者が後者を下回っている地域もあり生活保護を脱するインセンティブという観点からは逆効果になっていました。こうしたエージェンシー問題への対応の遅れや政策全体の効率性については第15章でも議論することになります。

また，生活保護や社会福祉の水準をどうするか，社会保険と民間保険の役割分担をどうするか，という点はともにセーフティ・ネットの内容を決める問題であり，税や保険料の負担，あるいは分配と表裏一体の問題であり，税と分配を議論する次章で改めて取り上げます。

> **ココをチェック！［11-4］**
> 国と地方の主な支出項目には，それぞれどんなものがありますか？　（地方は都道府県と市町村に分けて説明しなさい）

練習問題

11-1　鈴木さんの隣家の佐藤さんが，家の増築を考えています。実現すると，鈴木さんの家からの眺めが悪くなります。鈴木さんにとってその眺めの価値は100万円，佐藤さんにとって増築による（費用を除いた後の）価値の増加は200万円だとします。このとき，

(1) 法律で鈴木さんに佐藤さんの増築を差し止める権利がある場合とない場合の，佐藤さんにとって最適な行動は，それぞれどのようなものですか。また，2人の（金額で量った）価値の変化額の合計はそれぞれいくらですか。

(2) 鈴木さんにとっての眺めの価値が200万円，佐藤さんにとっての増築による価値の増加が100万円の場合，(1)の答えはどのように変わりますか。

11-2 漁場に漁業権を設定することが「共有地の悲劇」の対応策になるのはなぜですか。

11-3 図11-6（245頁）と同じA，Bの2人によるリンダール・メカニズムで，Aが負担率に対して真の需要を申告するとき，Bが偽の申告をするインセンティブを持つ場合について，図を描いて説明しなさい。

11-4 あなたの住んでいる都道府県と市町村の歳出の規模と構成について調べ，図11-8（247頁）と比較しなさい。

第12章 税制，社会保障制度と分配

Introduction 第1章で述べたような，人々が安心して自由な経済活動を行うための政治的・法的環境を提供することと，第4章で概説し，第Ⅱ部，第Ⅲ部で個別に議論している市場の失敗を補正することは，政府の役割として一般に受け入れられています。また，本書では扱わないマクロ経済学の領域ですが，財政・金融政策によって景気回復やインフレ抑制を図るのも政府の役割の1つとされています。

これらのどの政府活動を行うためにも膨大な資金が必要です。具体的には，社会保障，警察，消防などさまざまな公的サービス，あるいは道路，公園，美術館などの公共施設の建設・維持にかかる費用です。本章では，こうした活動のための資金を調達する税制や社会保障制度について，ミクロ経済学の手法を使って，主に効率性と公平性の観点から考察します。第1節と第2節では日本の税制，第3節で社会保障制度について，制度の概説とミクロ経済学的分析例を紹介します。最後に第4節で税や社会保障の所得再分配の側面についての議論を整理します。

Keywords 応益負担，水平的公平，垂直的公平，応能負担，効用可能性フロンティア，社会的厚生関数，アローの一般不可能性定理，ロールズ，セン，パレート改善，補償原理

1 税の基本知識

税の役割　税（租税）は **Introduction** で述べたような政府活動の費用を賄うものであるため、税の役割とは結局のところ政府の役割と同じであるともいえます。しかし、経済の効率性に与える影響や結果としての分配の状況は、税の徴収方法・制度によって異なります。また、税には（本書で扱わないマクロ経済学の領域ですが）好景気のときに税収が増加して景気を抑制し、不景気のときに税収が減少して景気を刺激するという、経済の安定化機能もあります。

このように税は社会的に重要な役割を果たしていますが、納税者は実際に税を払うときに、こうした税の役割を意識しているでしょうか。現在の日本の主要な税としては、所得税、消費税、法人税などがありますが、所得税の場合、普通のサラリーマンは、予定税額をあらかじめ毎月の給料から差し引かれるので、あまり意識することなく税を払っています。これは、会社などの雇用主が本人の代わりに支払う源泉徴収というシステムです。消費税の場合、モノやサービスの代金に含まれているのが普通です。法人税も企業経営者や企業の財務・経理責任者でなければ、支払いを意識する機会もないでしょう。

税の払い方だけでなく、使い方も納税者の意識しにくい仕組みになっています。第4章や第11章でも多少触れましたが、実際に使い方を決めるのは、縦割りで細分化された中央官庁や地方自治体の官僚と、その予算作成過程で予算配分を左右する（主に与党の）政治家です。したがって、補助金など政府からの支出が大きな収入源

となっている業界の関係者を除けば，税金の使い途への納税者の関心が低いのも仕方がありません。このような政策決定過程の問題は第15章でもう一度議論します。

しかし，仮に政治家や官僚が最適な税の使い途を決めたとしても，それを賄う資金の調達方法によって，社会全体の資源配分や所得分配は変わってきます。そこで本節では，政府の資金調達方法に関する問題のうち，税制が社会の

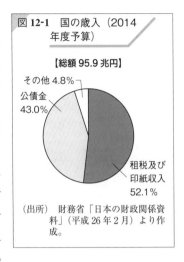

効率性や公平性にどのような影響を及ぼすのか，そして望ましい税制とはどのようなものかについて，いくつかの基本的な問題を取り上げてミクロ経済学の分析枠組みを使って考えてみます。

日本の財政の現状　税についてのミクロ経済学的分析を始める前に，日本の歳入構造や税制の実態を概観してみましょう。2014（平成26）年度の国の一般会計予算の収入（歳入）構造を見ると，図12-1のように政府歳入額約96兆円の4割以上を公債（国債）すなわち借金に頼っていることがわかります。また，前章で見たように（図11-7，246頁），支出のうち公債の返却（償還）や利子の支払いに充てている比率も約4分の1に達しています。

財政赤字は1970年代の石油危機以降拡大し，バブル期にその伸びは一時低下したものの，バブル崩壊後は急速に拡大し，結果的に累積した借金の総額は表12-1にあるように，2014年度末で約811兆円になると予想されています。地方も日本全体で見ると歳出に見

表 12-1　国と地方の債務残高

(単位：兆円)

年度末	1995	2000	2005	2010	2014 見通し
国	285	464	556	662	811
地方	125	181	201	200	200
計	410	646	758	862	1010
対GDP構成比	83%	128%	151%	179%	202%

(注)　2014年度は政府見通し。
(出所)　財務省ホームページ「財政関係基礎データ」(平成26年2月)および「財政関係資料」(平成21年4月，平成19年3月)の「国及び地方の長期債務残高」より作成。

合う税収を確保できていないので，同時点で国と地方の累積債務の合計は1010兆円，日本のGDP（国民総生産）の2倍を超えることがほぼ確実です。日本政府は1990〜2000年代前半にかけて，まずバブル崩壊後に景気を刺激するために支出を増やし減税を行い，景気が上向きになると財政再建のための支出削減，増税を試みました。しかし，税収は伸び悩み，増税の試みは再び景気後退を招き，結局累積赤字は急速に増え続けたのです。

　この膨大な債務を減らす道筋が定まっていないままでは，将来世代への大きな負担になるだけでなく，少子高齢化や環境問題などさまざまな問題への政府の対応能力が限られてしまいます。したがって，現在の日本の税制を考えるうえで，効率性や公平性という一般的課題に加えて，債務を減らすための支出削減や収入増加の方法を考えることが緊急の政策課題となっています。

主な税の特徴　まず日本の実態に即して，国税と地方税に分けて見ていきます。国税には20程度の税目がありますが，税源が所得か消費か資産かによって主に3つ

のグループに分けられます。税源の違いは，税の調達方法を評価する際の重要な要素です。図12-2で2014年度予算の国税の構成比を見ると，税源が所得である所得税と法人税，税源が消費である消費税で8割以上を占め，この3つが主要な税目であることがわかります。一方，地方税は道府県税と市町村税に分けられ，それぞれ十数個の税目があります（ただし

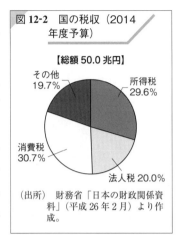

図12-2 国の税収（2014年度予算）

（出所）財務省「日本の財政関係資料」（平成26年2月）より作成。

東京都とその特別区の課税区分は他の都道府県と市町村の区分とやや異なります）。図12-3と図12-4からわかるように，道府県税では住民税，事業税，地方消費税，市町村税では，住民税と固定資産税が主要な税目となっています。住民税と事業税は税源が所得で，地方消費税は消費，固定資産税は土地や建物などの資産が税源になっています。

主要な税のうち，国税では所得税と法人税，地方税では住民税（個人住民税，法人住民税）と事業税（個人事業税，法人事業税）が所得に課す税です。なかでも国税の最大の税目である所得税は，他の税に比べると，税を課される人と最終的に負担する人が同じで，しかも経済力を測る現実的な指標として使える所得を対象としているため，公平性を実現するのに最もわかりやすい税といえます。ただし，職業によって所得として捕捉される率が違う点や公平性を確保するためのさまざまな控除項目（扶養控除，医療費控除など）によって複雑化している点が問題として指摘されています。

地方税である住民税は，課税最低限が低く，一定額以上の所得が

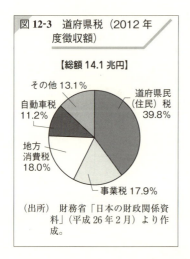

図 12-3　道府県税（2012年度徴収額）

【総額 14.1 兆円】

- その他 13.1%
- 自動車税 11.2%
- 地方消費税 18.0%
- 事業税 17.9%
- 道府県民（住民）税 39.8%

（出所）財務省「日本の財政関係資料」（平成26年2月）より作成。

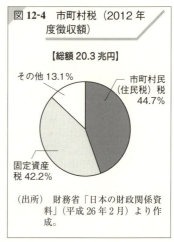

図 12-4　市町村税（2012年度徴収額）

【総額 20.3 兆円】

- その他 13.1%
- 固定資産税 42.2%
- 市町村民（住民税）税 44.7%

（出所）財務省「日本の財政関係資料」（平成26年2月）より作成。

あればその高さにかかわらず均等に払う部分があり，また所得に応じて払う部分についても税率が累進的ではない，という特徴を持っています。これは，住民税が，自分たちの住んでいる地方公共団体から提供されている公共財・サービスの費用を自分たちで負担する，という**応益負担**の考え方を反映した税であるためです。

　法人税は会社の利益を対象とする税で，税収規模としては所得税や消費税と並ぶ主要な税ですが，両者に比べて誰に負担させようとしているのかがわかりにくい税です。会社を株主のものと考えると，株主にとっては個人所得との二重課税という問題が生じます。会社を独立した存在だとみなすと，投票権のない法人が課税されていいのかという問題があります。また，実質的に誰が負担しているのかも不明確です。なぜなら，本来利益にかけられている税ですが，費用として生産物価格に上乗せされて消費者に転嫁されたり，賃金が抑制され従業員に転嫁されたりする可能性もあるからです。また，政策的，政治的な各種の税制上の優遇策も，この税をわかり

表 12-2 消費税の仕組み（例）

(単位：万円)

	仕入額 A	累積税額 B＝A×10%	売上 C	税額分 D＝C×10%	納付税額 E＝D－B
原材料生産者	0	0	100	10	10
完成品生産者	100	10	200	20	10
小売業者	200	20	300	30	10
消費者	300 (購入額)	30 (消費税)	―	―	―

にくくしています。

　さらに，多くの個人事業主が節税のために法人化し，個人的費用を会社の費用として処理していることや，享受する公共サービスに見合う負担を払っていない赤字企業が多い，という公平性の問題もあります。逆に企業側からは，国際競争力の観点から，海外の税率より高くなることへの抵抗があります。

　(一般) 消費税は，私たちが買い物をするときにその金額の 8%（執筆時点。2017 年 4 月から 10% の予定。以下の議論は 10% を前提）を払っている税で，1989 年から導入されました（当時の税率は 3%）。それ以前にも個別の財・サービスを対象とした個別消費税はあり，いまも続くものとして揮発油（ガソリン）税や酒税などがあります（ただしガソリン税は揮発油税と地方道路税の総称）。表 12-2 に示したように，消費税の納付は，原材料，製造，小売などの各段階の業者が，売上額の 10% から，原材料などの仕入額の 10%（＝それ以前の段階での累積税額）を控除された額を支払います。しかし，納付する税の分は次段階へ売り渡す価格に転嫁できるので，各段階の納付税額を足した累積税額は，最終的には消費者が支払う財・サービス価格に含まれます。したがって消費税は消費者が負担していること

第 12 章　税制，社会保障制度と分配

になります。なお，日本の消費税の運営上の問題点として，小規模事業者に対する非課税制度によって，消費税の一部が非課税業者の儲けになる「益税」の存在が指摘されています。

　固定資産税は，市町村税の半分近く，地方税全体の4分の1を占める税です。土地，家屋などの資産を対象としているので，次節で説明する（負担能力に応じて支払う）応能負担とも考えられますが，その土地や建物の価格や地代・家賃にはそれらを利用するときに享受できる道路や学校などの地方公共財・サービスの価値も含まれているので，応益原則に沿った税と考えることもできます。地価に一定の税率をかけたものが税額となっており，公共財・サービスを考慮した価値以上に地価の高いところに住んでいる人にとっては，応益負担原則で正当化される以上の額になるおそれもあります。そのため，市場取引価格が高い場合は，低く修正した値で計算するなどの配慮もされています。

> **ココをチェック！［12-1］**
> 国税と地方税の主な税にはどのようなものがありますか？

2　望ましい税制とは

税制の評価基準　　税制を評価する基準としてはさまざまな意見がありますが，税の負担が公平であること（公平性），効率的な市場メカニズムによる資源配分を歪ませないこと（効率性），納税が容易で徴税費用が小さい簡素な制度であること（簡素性），という3つの基準がよく使われます。さらに近年の拡大し続ける財政赤字と少子高齢化の進行から，公平性のなかでも

とくに世代間の負担の公平性をもう1つの基準とする場合もあります。最後の点については項を改めて議論します。

まず，公平性ですが，経済学（とくに財政学）ではこれを**水平的公平**と**垂直的公平**に分けて議論します。水平的公平とは，同じ経済状況にあるものは同じ扱いを受ける，ということで，垂直的公平とは，異なる経済状況にあるものは異なる扱いを受ける，ということです。一般論としては当然のことですが，まず水平的公平に関して言えば，たとえば同じ所得を得ている2人が公平に課税されているかどうかを比較するのは，意外に難しいものです。資産，職業，家族構成，住んでいる場所，健康状況，などによって，その2人は「同じ経済状況」でないことのほうが普通でしょう。また，垂直的公平についても，異なる経済状況にある人たちに対して，どのような基準でどの程度異なる扱いをするべきかを決めるのは難しい問題です。

これらの問題をどう考えるかについては，税金を払える経済力の水準を重視する**応能負担**という考え方と，実際に消費する公共財の量やサービスの水準を重視する，前節で説明した応益負担という考え方があります。2つの基準は，どちらかを選ぶというものではなく，両方を，税の性格，その地域の経済状況，課税される側の価値観，などによって使い分けるものです。上述の住民税でも，サービスを受ける住民自身によって税を支払うという性質が他の税より明確な点では応益負担ですが，所得に比例して払われるという点では応能負担です。負担の公平性については次節の社会保障でも重要な論点であり，本章第4節の分配についての議論のなかで改めて取り上げます。

次に効率性の点で望ましい税とは何か，について考えてみましょう。理論的には，課税される人が行動を変更してもその税への負担

を軽減することのできない「一括税」は，経済主体の意思決定に歪みをもたらさない効率的な税であるとみなされます。しかし，たとえば所得にかかわらず一定の額を全員に課す人頭税は一括税ですが，税による同額の所得減があっても，第2章で学んだように所得効果は人によってさまざまです。また，もともと所得差が存在する以上，同額の所得減は公平な税とはいえません。

さらに，1人の人から同じ税額を徴収する場合でも，課税の仕方によってその人の反応は異なり，結果的に経済の効率性にも違いが生じるのは確かです。そこで，以下の2つの項で，簡単なミクロ経済学のモデルを使って，課税方法の違いが効率性に与える影響をどのように分析するかを説明します。

次項に進む前に，第3の評価基準である簡素性を考えるうえでの留意点を指摘しておきます。たとえば所得税の源泉徴収は，徴税機関や雇用されている人にとっては，労力削減で簡素化になりますが，雇用している側にとっては負担になります。また源泉徴収されている人にとっては，自己申告をする自営業者や農家に比べて，所得の捕捉率が高い，必要経費が認められにくい，という不公平感を持たせる制度でもあります。また，中小事業者の納税事務負担軽減のための消費税の非課税化や算定簡素化は，結果としてそれらの業者を儲けさせてしまうという不公平を生むこともあります。したがって，簡素化を進める場合には，そのために何が犠牲にされるかという検討が不可欠です。

以上，税の代表的な評価基準について個別にその性格を見てきましたが，以下の2つの項では，このような基準に基づいたミクロ経済学的手法による評価例を，個別消費税と一般消費税の簡単なモデルを使って説明します。

図12-5 税の非効率性

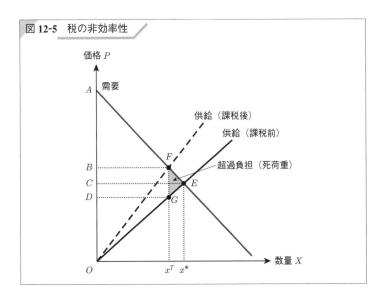

税の経済への負担：ミクロ経済学的分析

税によって経済に非効率性が生じる基本的な仕組みは，図12-5に示されています。簡単な例として，ある製品に税率10%の個別消費税が課されるとしましょう。税の徴収は生産者側から行うとすると，この製品市場では，供給曲線の傾きが課税前の1.1倍になります。したがって，均衡点は課税前の点Eから課税後は点Fに移動します。このときの1単位当たりの税はFGなので，総課税額は四角形$BFGD$の面積で示されます。課税で得られた歳入は公共サービスの費用として社会に還元されるとすると，これに消費者余剰$\triangle ABF$と生産者余剰$\triangle ODG$も足した総余剰は台形$AFGO$の面積で示されます。しかし，総余剰は課税前の均衡である点Eでの$\triangle AEO$に比べると$\triangle EFG$の面積分小さくなります。この差$\triangle EFG$が個別消費税による社会の超過負担（死荷重）となります。

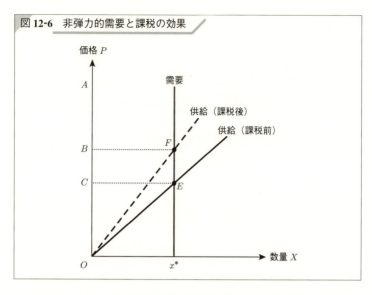

図 12-6 非弾力的需要と課税の効果

　超過負担を伴う税の徴収が正当化されるのは，前章で見たように，公共財の供給を市場に委ねて過少にならないようにするなど，市場の失敗を補正する政府活動が必要だからです。しかし，政府活動による余剰の増加が△EFGの面積より大きくなるかどうかはわかりません。たとえば前章では，公共財をすべて税で負担することによってフリー・ライダーの問題が生じ，過大な供給になるおそれがあることも学びました。

　ここでは税の超過負担についてもう少し考えて見ましょう。簡単化のために極端な場合を考えて図 12-6 のように需要曲線が価格に対して非弾力的（すなわち垂直）であるとすると（需要の価格弾力性については第 5 章 115 頁の *Column* ③を参照），同じ消費税がかかっても超過負担がありません。需要曲線が垂直なので，供給曲線の傾きが変わっても均衡の数量は変わらず，価格が上昇するだけだからです。しかし，税負担の四角形 BCEF はすべて消費者余剰の減少で

賄われ、生産者余剰は減っていません。

　需要曲線の傾きをいろいろ変化させてみるとわかるように、需要が非弾力的なほど、超過負担は小さいですが、消費者の負担割合は大きくなります。したがって、需要が非弾力的な財への課税は、効率性という観点からは望ましいといえますが、価格が上昇して消費者余剰のみが減るということは、とくにその財が生活必需品の場合には公平性の観点から、望ましいとはいえないでしょう。

　逆に、図 12-7 のように供給曲線が非弾力的（すなわち垂直）であっても超過負担はありません。供給曲線が課税後に上にシフトしても課税前と同じですから、価格も変化せず消費者余剰も変化しません。生産者余剰が税額分の四角形 $BCEF$ の分だけ減るだけです。供給曲線が非弾力的な財としては、短期的に供給量を変えられない農産物などがあります。しかし農産物の場合、現実には税ではなく補助金（負の税）によって供給曲線が下にシフトする場合のほうが多いでしょう。その場合、生産者余剰が補助金分だけ増えることになります。

　同様の分析で需要が完全に弾力的な場合（図 12-6 で需要曲線が水平な場合、練習問題 12-1(1)）は超過負担が生じ、負担はすべて生産者が負い、供給が完全に弾力的な場合（図 12-7 で供給曲線が水平な場合、練習問題 12-1(2)）も超過負担が生じ、ただし負担はすべて消費者が負う、ということもわかります。

一般消費税の効率性と公平性

　公平性という観点からは、個別消費税より一般消費税のほうが望ましいと直観的に思うかもしれません。そのことを第 2 章の消費者行動の分析を応用して考えてみましょう。図 12-8 は 2 種類の財（ここではパンとジュース）を消費する消費者の無差別曲線と予算制約線を描いたおなじみの図です。課税前の均衡は点 E_0 です。パ

図 12-7 非弾力的供給と課税の効果

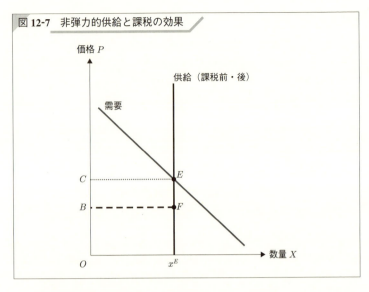

ンに個別消費税が課せられる場合は，パンの価格 p_x のみが上昇して予算制約線が AB から AC に変化し，均衡も E_1 に移動します。パンの消費量を固定すると，元の予算制約線 AB であれば，E_1 よりはジュースを DE_1 分だけ多く買えたことになり，その額は，ジュースの価格を p_y とすると，$p_y \times DE_1$ です。これが予算の減少額，すなわちこの消費者が支払う税額です。

これと同額を一般消費税で徴収しようとするとどうなるでしょう。一般消費税では両方の財に同率の税が課され，価格も同じ率で上昇するので，予算制約線 AB の傾き（$-P_x/P_y$）は変わらず，DE_1 分だけ下方に平行移動したものとなります。その結果均衡は E_1 から E_2 に移動します。図から明らかなように，破線で表される新たな予算制約線は，点 E_1 を通り AC より緩やかな傾きを持つので，それに接する無差別曲線 U^2 は，個別消費税のときの均衡点 E_1 を通る無差別曲線 U^1 より右上にあります。すなわち，同じ税

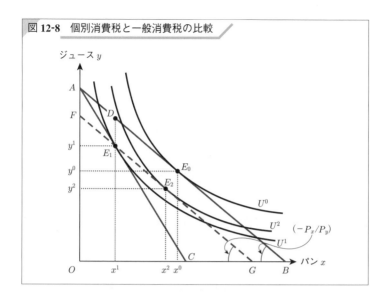

図 12-8 個別消費税と一般消費税の比較

額なら、一般消費税のほうが個別消費税より少ない負担（効用の低下）で徴収できるということです。もちろん、現実には個別消費税にはそれなりの理由（たとえばたばこ税なら健康への配慮）があって受け入れられやすい場合や、逆に一般消費税に対して上述のように生活必需品には課税すべきでないという考え方もあります。しかし、ミクロ経済学的分析枠組みを使うことで、直観的な不公平感だけでなく効率性の観点からも、個別消費税より一般消費税のほうが原則的には優れていることがわかります。

また、図 12-8 から、この単純なモデルでは一般消費税が所得税と同じ結果を導くこともわかります。図中の一般消費税課税後の予算制約線は、単に所得から一定額ないし一定比率の税を支払った後の予算制約線と同じです。所得税と消費税という一見まったく異なる税が、同じ効果を持ちうることもこうした分析によって理解できます。

第 12 章 税制、社会保障制度と分配

所得税は累進税率によって垂直的公平を達成しやすいなど，公平性の点で望ましいと思われてきましたが，現実には，既述のような職種による所得捕捉率の差という問題があります。これ自体は水平的公平性の問題ですが，税を源泉徴収されない高額所得者の捕捉率が低くなることから，垂直的公平性の点でも問題があります。また最近では，国際的な変化に合わせて日本でも所得税の累進性は低下しています。

　一方消費税は，低所得者層ほど消費性向が高いので所得に対する税の割合も高くなるという逆進性の問題があります。しかし，食料品を除けば所得と消費性向には相関がないという研究もあり，食料品や他の生活必需品への軽減措置などの配慮があれば，公平性の問題も緩和されます。

　もちろん，そのときの経済情勢，所得分布，国民の意識などさまざまな要因によってどのような税制が望ましいかは異なるので，実際の税制の選択に際しては，詳しい定性的・定量的な評価が必要なことはいうまでもありません。

財政赤字と世代間の公平性

　本節の初めに述べたように，公平性のなかでも世代間の負担の公平性は現在の税制を考える際の重要な基準になっています。それは，近年の拡大し続ける財政赤字と少子高齢化の進行のため，これまでの世代が先送りにしてきた税負担を，今の若者世代や将来世代に押し付けているのではないかという懸念が高まっているからです。

　財政赤字は国や地方自治体の借金ですが，国の場合は国債，地方自治体の場合は地方債という債券（公債）を発行することによって資金を借り入れています。同じ借金でも将来の世代に役立つような社会資本整備などであれば，将来世代が払う税のなかから，そ

の借金の一部を返すことは公平性の点でも納得できます。ただし，1950年代，60年代のように道路，鉄道，港湾，上下水道，電力など生活や産業のための基本的社会資本がまったく不足していた時代とは違い，本当に将来世代にとって必要なものが何かの判断は難しくなっています。さらに，現在の国や（一部の豊かな地方を除く）地方の財政赤字は，投資目的のための支出を賄うだけでなく，日常的な経費の分にまで及んでいます。また，公債発行による景気刺激のための支出も，最近では効果の低下が指摘されています。しかも政治的には常に財政支出の増加や減税の圧力があり，予算削減や増税は不人気なため，景気回復期に歳入増があっても累積赤字の削減まではなかなか進まないという状況です。

公債の負担に関する経済理論としては，合理的な納税者は財政赤字分だけ将来の税金が増えることを考慮して現在の消費水準を決定するので，経済に対して中立的だ（影響を受けない）という「リカードの中立命題」があります。さらに，子や孫のことを考えて財産を残す納税者を仮定すれば，複数の世代にわたって同様の中立命題が成立するというバローの理論もあります。これらの理論の詳しい説明は本書の範囲を超えますが，中立命題が成立するには，借入が容易にできて，将来の景気や政策に対して正しく予測でき，皆が子孫に対する利他的効用を持っているなどの理想的条件が必要です。したがって現実には中立命題が成立することは考えにくく，現在の日本の財政赤字が，現在の納税者より将来世代にとって大きな負担になることは間違いなさそうです。とくに日本の場合は，少子高齢化の進行で，退職する高齢者が増加するのに，それを経済（財政）的に支える若い世代の人口は減っていくため，問題の解決はさらに難しくなります。この点は次節で社会保障の問題を考えるなかで改めて議論します。

> **ココをチェック！[12-2]**
> 税の水平的公平性と垂直的公平性とは，それぞれどのような考え方ですか？ また，応益負担と応能負担とはどのような考え方ですか？

3 社会保障

社会保険　　前章で見たように（図11-7，246頁），政府の支出額最大の項目は社会保障関係費です。社会保障のうち，医療保険（日本の制度上は健康保険），失業保険（同じく雇用保険），介護保険，さまざまな公的年金などからなる社会保険は，傷病，失業，高齢期の収入減，などのリスクに備える「保険」であるため被保険者や雇用主の保険料にも支えられていますが，政府の支出，すなわち税によって支えられている部分も少なくありません（社会保障費全体では4割近くが税による負担，図11-10〔249頁〕参照）。

前章でも説明しましたが，保険は私的財であり，実際に民間の保険会社が提供する医療保険や個人年金に加入することもできます。しかし，民間では個々の加入希望者のリスクを評価できず商品化できない場合（すなわち第7章で議論した逆選択で市場が成立しないケース）でも，社会保険では対象となりうるすべての人に加入を義務づけることでリスクの計算が容易になり，逆選択という市場の失敗が回避できる可能性は高まります。

民間の保険に全員加入を義務づける考え方もありますが，それだけでは，保険会社は損失を避けるためにスクリーニングを行い，リ

スクの高い顧客には高い保険料を要求したり加入できる保険商品を制限したりしなければなりません。社会保険であればリスクの高い人も安い保険料で加入できます。もちろん，そのためには税による支えも必要ですが，税を使ってでも社会保険制度を維持する根拠は，前章で説明したように，社会保険がナショナル・ミニマムを保障するセーフティ・ネットという公共財的役割を果たしているということです。

次項で説明する公的扶助（生活保護）や社会福祉はほとんど税だけで支出を賄いますが，社会保険で保険制度の仕組みを利用するのは，市場を活用しつつその足りない部分を補完するほうが効率的だからです。完全に税で賄うと，税による支えを当てにするモラル・ハザード（第7章参照）が増えるおそれもあります。

ただし，ナショナル・ミニマムをどの程度に設定すべきかについては別の議論が必要です。この点は公的扶助や社会福祉，あるいは税制にも共通する公平性や分配に関わる問題であり，次節で改めて議論します。

なお，社会保険のなかでも公的年金は，所得に応じた保険料と給付という部分もあり，必ずしもナショナル・ミニマムの保障だけを目的とはしていません。また，他の社会保険が保険料を払う世代自身でほとんどのリスクを負担しているのに対して，公的年金には退職者世代が受け取る年金を在職者世代の払った保険料と税金で負担する，賦課方式（あるいは世代間扶養）であるという特徴もあります。年金には，自分たちが若い時代に積み立てた保険料を運用して老後に受け取るという積立方式もあります。日本の公的年金は，1960年代に両者の性格を持ち拠出と給付を別々に定める方式として本格的に制度化されました。しかし，制度が拡張した70年代は高度成長期だったこともあり，1人当たりの拠出水準に比べて高い

給付水準を設定したため，結果的に積立方式は成り立たず賦課方式と同様のものになってしまい，さらに年金の長期的な収支バランスも損なうことになりました。このように，支出は増えやすく収入は増えにくいという構図は，前節で説明した税の場合と同じです。

公的扶助（生活保護）と社会福祉

社会保険以外の社会保障には，公的扶助（生活保護），社会福祉などがあります。社会福祉という言葉は，社会保障全体を意味することもありますが，ここでは障害者，児童，老齢者などの援助という意味で使います。公的扶助や社会福祉はほとんどが税で賄われるので，社会保険とは異なりナショナル・ミニマムを保障するセーフティ・ネットという目的が明確です。また，ナショナル・ミニマムを保障するということは，所得の高い層から徴収した税金が所得の低い層のために使われることになるので，第4章で述べた所得の再分配という機能もあります。ナショナル・ミニマムの水準（あるいは再分配の程度）をどのくらいにするのが適切かについては，さまざまな意見がありますが，この点については次節で議論します（第15章も参照）。

分配の問題とも関連しますが，現在の日本の社会保障における大きな問題は，深刻化する国や地方の財政状況と少子高齢化の進行によって給付水準の低下や負担の増加が進んでいることと，そのために各種社会保険制度の維持可能性に対する信頼が揺らいでいることです。さらに旧社会保険庁のずさんな運営が次々に明るみに出たことも，公的社会保障制度の信頼失墜に拍車をかけました。信頼性の問題は，本節で何度か説明した政治的に支出は増えやすく収入は増やしにくいという問題を一層解決しにくくしています。また，旧社会保険庁の問題は，第7章で扱い，他の章でも指摘したエージェンシー問題でもあります。こうした問題を解決するさまざまな試み

や考え方については第 15 章で改めて議論します。

> **ココをチェック！[12-3]**
> 年金の賦課方式と積立方式はそれぞれどのような仕組みですか？

4 ナショナル・ミニマム，再分配，補償原理

ナショナル・ミニマムと再分配

　ここまで何度か説明したように，すべての国民に最低限の生活水準を保障する制度は，国民に安心感をもたらし社会の安定に寄与する点で，消防などと通じる公共財的性格を持っているといえるでしょう。これは，憲法で保障されている生存権という「健康で文化的な最低限度の生活を営む権利」を守るための仕組みであり，何が最低限度かという議論はあるとしても，ナショナル・ミニマムを保障することに対する国民のコンセンサスはあると考えられます。

　ナショナル・ミニマムという考え方は，分配の観点からは，社会の分配状況に最低限の保障という 1 つの制約条件を課していると言えます。これに対して，第 4 章で紹介した厚生経済学や社会的選択論は，最適な分配状況（あるいは分配方法）とは何かを探すというアプローチをとっています。したがって，理論的にはナショナル・ミニマム以上の再分配を望ましいと結論づける可能性もありますが，望ましい分配状況について考えることは，ナショナル・ミニマムの水準をどの程度に設定すべきかを考えるためにも有益です。

社会的厚生関数とアローの一般不可能性定理

まず、図4-6（93頁）の契約曲線を今度は横軸が U_A、縦軸が U_B のグラフに描きなおすと、2人の効用はトレードオフの関係にあるので、図12-9の細い実線のような右下がりの曲線になります。これを効用可能性曲線とよびます。図4-6は生産のない交換経済を前提としていましたので効用可能性曲線は1本しかありません。しかし、生産のある一般的な世界では、限られた資源のもとでも2財の生産の組合せはさまざまな可能性があるので、図4-8（95頁）のような生産フロンティアの各点に対応してエッジワース・ボックスが描け、契約曲線あるいは効用可能性曲線も無数に存在します。これらの効用可能性曲線の包絡線（最も外側の部分をつないだ線）は、生産も含めた広い意味でこの経済におけるパレート最適な点を集めたものであり、**効用可能性フロンティア**とよばれます。

いま仮に「望ましさ」の指標について何らかの社会的合意ができたとすると、第4章で紹介したように個人の序数的効用関数と類似の社会全体の厚生関数（**社会的厚生関数**）を想定できます。それが個人の無差別曲線と同じような性質を持っていれば、図12-9のように、効用可能性フロンティアと社会的厚生関数の接する点が、この経済で最も「望ましい」分配を達成する点だといえるでしょう。

もし図12-9に描かれるような原点に向かって凸の形をしている社会的厚生関数が定義できるとすると、A、B 両者の効用が同じ程度である点のほうが、両者の効用が極端に異なる点よりも厚生が高くなっているので、平等主義的な価値観を反映していることになります。しかし、このような原点に向かってきれいな凸の形をしている社会的厚生関数があるとは限りません。実際、現実的な社会的厚

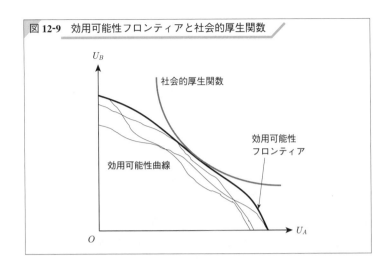

図 12-9 効用可能性フロンティアと社会的厚生関数

生関数を想定できないことを厳密に証明したのが、第4章でも少し触れた**アローの一般不可能性定理**です。アローは、社会的選択において、以下のような条件をすべて満たす選択方法は存在しないことを証明しました。

(a) 全員一致（パレート改善）の場合は合意される。
(b) その人の選好が常に優先するような、独裁者的な立場に立つ人はいない。
(c) 異なる順序で選択しても結果は同じ。
(d) 選択肢間で可能なすべての選好順序は選択できる。
(e) 比較の対象ではない選択肢が含まれても結果が変わらない。

ロールズの正義論とセンの潜在能力

アローによって否定された社会的厚生関数の議論は、社会の厚生という指標を（消費者の効用最大化のように）最大化するというミクロ経済学的な考え方の延長線上にありますが、社会の厚生以外の要素に注目した規範的な考え方として、**ロールズの正義論**や**セン**

の潜在能力の平等論などがあります。

政治哲学者であるロールズの正義論は，大胆に2つの原則に整理したこともあってさまざまな議論を巻き起こし，本人も後にいくつかの修正を加えていますが，直観的には強くアピールする論理であり，社会科学全般に大きな影響力を持つ考え方です。彼の正義論は2段階の構成になっており，第1段階では公正な制度を作り出すために，身体的・知的な能力や好み，職業，社会的地位などの自分自身についての情報も，どのような場所，どのような時代であるかという社会的環境についての情報も一切わからない「無知のヴェール」のなかで意思決定することを想定します。第2段階として，「無知のヴェール」のなかで合意される内容（社会契約＝正義）がどんなものであるかを推定します。「無知のヴェール」のなかでは誰も自分がどんな状況におかれるかわからないので，「各個人が，全員が同じ自由を持てるという条件と両立する範囲で，侵されることのない，同じ基本的自由を持つ」という原則が合意される，というのがロールズの主張です（より詳細な議論は，Web App ⑨ を参照）。

このロールズの議論に対してセンは，ロールズの平等に関する議論は財の分配にとどまっているが，財ではなくその財を利用して何ができるかに注目しなければならない，と（ロールズは，それも考慮していると反論していますが）批判します。センはまず，人間のさまざまな生活の質（健康であること，自由に移動できること，コミュニティ活動に参加できること，など）を「機能」とよびます。さまざまな財を使っていろいろな「機能」を達成できますが，所有する財で達成可能な「機能」の全体を「潜在能力」とよびます。このことを逆に考えると，ある「機能」を達成するための財の量や組合せは人によって異なるので，たとえば障害者であると，同じ「機能」を達成するために必要な財が多くなる場合もあります。したがって，平等

の指標としては、財ではなく「潜在能力」を基準にすべきだというのがセンの主張です。

このように、ある「機能」を達成するにはそれぞれの人の事情に応じた支援のやり方（財の組合せ）があるという考え方は、生活保護、介護保険などの制度の運用上のルール作りにも参考になる考え方です。とくに介護保険は、1人ひとりの事情を考慮した支援をすることが当初から制度にも組み込まれていますが、それに必要な資金、人的資源を確保できているとはいえません。ほかの社会保障制度についても、今後の日本の財政状況を考えると達成の難しい目標です。

ここまで、ナショナル・ミニマムとは異なる考え方として、分配の問題を説明してきましたが、ロールズの「無知のヴェール」の考え方は、最悪の状況になる場合に備える、という意味では、ナショナル・ミニマムやセーフティ・ネットの目的と同じです。現実との大きな違いは、「無知のヴェール」のなかではプレイヤーは自分の立場や利得を知らないので、プレイヤー間で利害対立の生じる理由がないことです。しかし実際に税制や社会保障制度が作られるのは、「無知のヴェール」（の大部分）が取り去られた後の、プレイヤー間に立場や考え方の違いがある世界です。そのなかで、政治過程を経て社会の最終的な制度選択が行われることになります。したがって、現実の社会で選択される制度は「無知のヴェール」がある場合とは異なるでしょう。

現在のほとんどの社会では、単純な利害関係を超えて、時代や文化を反映したナショナル・ミニマムへの配慮がなされていると思われます。そうした配慮について、最近のミクロ経済学では、プレイヤーの効用のなかに利他主義や互酬性などを含めたり、慣習や規範が形成されるメカニズムを分析したりして説明していますが、それ

については，第 15 章で改めて議論します。

補償原理による再分配 政策評価の方法として，その政策実施後に効用が減少した人に，仮に効用が増加した人から補償（たとえば所得移転）をするとしたら，その結果政策実施前より両者とも効用が増加（これを**パレート改善**とよびます）する可能性があるかどうかを判断基準とする**補償原理**という考え方があります。政策実施前後の比較で優劣がつけられない場合もあるといった問題点はありますが，比較的現実に応用しやすい考え方です。

最近の各種制度改革の背景にある考え方もこれと共通するものです。たとえば，第 14 章で紹介するインセンティブ重視の規制改革などは，従来非効率的であった部門の効率性を向上させ，その成果を社会全体に再分配することでパレート改善を図るという考え方です。しかし，非効率的な部門の効率化が成功したとしても，成果の再配分が適切に行われているか，成果が効用の減少分を補償するのに十分か，といった点をクリアできるとはかぎりません。

上述のように少子高齢化や家族形態の変化などの社会的変化によって，（上述のセンの議論を援用すると）ナショナル・ミニマムの「潜在能力」を保障するのに必要な財の量は増加していると思われますが，既述のような膨大な財政赤字のもとでも増税などの負担増は政治的に難しい選択肢です。ここ数年，規制改革が進められる一方で，Web Column ④ や *Column* ⑫ で紹介している格差問題が議論され続けるのも，こうした効率化の成果がパレート改善を実現するほど十分でないか，再分配が十分でないかのどちらか（あるいは両方）が原因と思われます。前者が正しければ政治的に不人気な国民の負担増の議論が必要で，後者が正しければ利害対立を伴う再分配の議論が必要になりますが，いずれにしても国民的合意に達するのは難しい問題です。

> **ココをチェック！[12-4]**
> 社会的に望ましい資源配分とは何かについて，どのような考え方がありますか？

Column ⑫ 欧米での格差論（ピケティの『21世紀の資本』） ●●●

Web Column ④「格差社会」では日本での格差問題をめぐる議論について紹介していますが，欧米ではフランスの経済学者トマ・ピケティの『21世紀の資本』（原著はフランスで2013年，英訳は2014年に発行）がベストセラーになっています。邦訳も2014年末に発売され大きな話題になっています。各国の研究者の協力を得て欧米，日本などの長期にわたる（英仏については200年間の）資本と所得のデータを収集し格差の歴史的実態を明らかにしたことと，成長と分配の理論を統合した新たな枠組みで格差拡大のメカニズムを説明した点が高く評価されています。さらに，格差の将来見通しや格差是正のための政策も大胆に提案している点も議論を巻き起こしています。

彼（ら）のデータから各国の資本蓄積を国民所得比で見ると，二度の世界大戦や大不況で20世紀前半に大きく低下したものの，現在は18～19世紀の水準に近づいています。また，資本利益率は資本が増えても低下していないので，所得のうち（労働所得に比べて）資本所得の占める比率が増えています。ただし18～19世紀には富裕階級のほとんどが，資本からの収入（地代や利子）だけで暮らしていてそれ以外の人は非常に貧しかったのに対して，現在は（主にアメリカで）巨額の報酬を得るトップ企業の経営層が富裕階級の多くを占める点と，先進国の上位50％のうち（上位10％を除いた）40％程度の中間層が存在する点で古い欧州とは異なります。しかし経済成長率が低下するなかで資本利益率は低下しておらず，しかも資産額が大きいほど利益率が高い傾向があるので，資産が富裕層（トップ10％，あるいは1％，0.1％）に集中する傾向がますます強まっています。さらに各国が企業（資本）を自国に誘致（あるいは流出を阻止）するため，あるいは税負担が極端に軽いタックスヘイブンの存在のため，資本所得への税も低下しています。また，資産の上位集中は人口の成長率低

第12章 税制，社会保障制度と分配

下とも相まって，能力や努力より遺産の多寡が生活水準を決定するかつての欧州のような社会へ移行しているようにも見えます。こうした不平等の拡大を止め，極端な不平等が政治的危機に至らないようにするためにも，各国が協調して資産に対する累進的課税を行うべきであるというのが彼の主張です。

過去から現在にかけての彼の分析に対しては，専門家はほぼ一致して同意していますが，現在の資本利益率が低下しない理由（メカニズム）や今後の見通しについては，厳密な分析はまだ行われていないこともあり，評価が分かれています。しかしこの本をきっかけに，さらに格差問題に関する研究が進展することは間違いないでしょう。

（参考文献）Milanovic, B. [2014] "The Return of 'Patrimonial Capitalism': A Review of Thomas Piketty's Capital in the Twenty-First Century," *Journal of Economic Literature*, **52**(2): 519-534. Piketty T. [2014] *Capital in The Twenty-First Century* (translated by A. Goldhammer), Harvard University Press.（山形浩生ほか訳『21世紀の資本』みすず書房，2014年）

練習問題

12-1 ある財に定率の個別消費税が課され，生産者が納税します。次の2つのケースについて，税が消費者と生産者でどのように負担されるか，社会にどのような超過負担が生じるか，図を描いて説明しなさい。また，具体的にどんな財が例として考えられるかについても述べなさい。

(1) 供給曲線は右上がりで需要が完全に弾力的（水平）な場合。
(2) 需要曲線は右下がりで供給が完全に弾力的（水平）な場合。

12-2 所得税と消費税について，公平性の観点から長所と短所を述べなさい。

12-3 次頁の表のような結果をもたらす3つの政策の選択肢があるとして，既存政策がBで，政策Cへの変更を考慮しているとき，補償原理に基づく政策とはどんなものか説明しなさい。

1人当たり所得

	北海道の平均	東京の平均
政策 A	500	500
政策 B	750	650
政策 C	700	1000

12-4 あなたの住んでいる都道府県と市町村の歳入の規模と構成について調べ，258 頁の図 12-3，12-4 と比較しなさい。

第13章 競争政策

> ***Introduction*** 本章では，市場の失敗として企業が市場支配力を持つ場合を扱います。大きな利潤を獲得するために，市場支配力を有する企業がどのような戦略をとるのか，それに対して，社会の利益を守るためにどのような政策がとられるかについて説明します。競争政策においては，正当な競争により市場支配力を獲得し，行使すること自体が妨げられるわけではなく，不当な手段で市場支配力を形成・維持・強化することが規制されます。そのため，競争政策は独占禁止法に基づき，入札談合などのカルテル（不当な取引制限），反競争効果をもたらす合併・買収（企業結合），ライバルを排除・支配する独占化行為（私的独占）の規制をしています。さらに，公正な競争を阻害するおそれのある，再販売価格維持行為などの不公正な取引方法を禁止しています。
>
> ***Keywords*** SCPパラダイム，カルテル，暗黙の協調，不当な取引制限，課徴金減免制度，企業結合，合併・買収，市場画定，私的独占，略奪価格，ライバル費用引き上げ，不公正な取引方法，再販売価格維持

1 競争政策とは

競争政策の役割　市場経済の利点として，企業が顧客に商品やサービスを受け入れられることをめざして低価格や高品質を実現するようにさまざまな工夫を凝らす競争を自由に行う結果として，望ましい資源配分がもたらされることがあ

ります。そのような公正で自由な競争の結果,たとえ独占企業が現れて独占利潤を得ることになっても,それだけでその企業の行動が妨げられるべきではありません。やがてその高利潤をめざして新たな企業が参入に挑戦しようとします。いずれ,新たな企業がより高品質や低価格の製品やサービスを武器に参入し,新たな競争が生まれてくるでしょう。こうした競争による市場のダイナミズムが資本主義のエンジンであるといえます。

　しかし,独占や寡占の状態で,企業間の競争が消滅して高価格が続くことは,一般的に資源配分としては望ましくありません。そのため,公正で自由な競争ではなく,人為的に市場支配力（費用を上回る価格を設定する力）を形成したり維持したり強化したりする行為（競争を実質的に制限する行為）は阻止するべきであると考えられます。そこで政府は,①企業が共謀してカルテルを結ぶこと,②合併・買収を通じて競争を制限しようとすること,③ライバルを排除・支配して市場を独占しようとすることを禁止します。また,④公正な競争を妨げるおそれのある行為を,不公正な取引方法と指定して規制します。こうした競争政策は,主として,日本では独占禁止法,アメリカでは反トラスト法,ヨーロッパでは競争法に基づいて行われます。なお,日本で独占禁止法を担うのは,独立した行政委員会である公正取引委員会（公取委）です。

　このように,競争政策とは,企業が競争を制限するような行為を規制し,企業が競争できる場を整備しようとするものです。したがって,完全競争市場で達成されるような資源配分,すなわち価格と限界費用が等しくなるような資源配分を,究極的には望ましいものであると考えたとしても,直接的にはその実現をめざしているわけではありません。あくまで,競争を制限する行為から市場での競争を守ることが,直接的な目的です。

もっとも，企業は価格，品質，設備投資，広告，研究開発，合併・買収あるいは取引契約などでさまざまな戦略的行動をとることで利潤を獲得しようとしており，利潤動機による公正で自由な競争と，競争を制限しようとする動機でとるさまざまな行動とを区別することは容易ではありません。そうした場合には，市場全体，とりわけ消費者への影響を考慮して，そうした行為の反競争効果の有無を判断することになります。これは独占禁止法が消費者の保護をめざしているといってもよいし，あるいはそもそも企業は自らの行為で利益を得ようとしているのであるから，消費者にも利益が及ぶものであれば社会全体として利益につながると考えてもよいでしょう。

産業組織論とSCPパラダイム

競争政策は，次章で述べられる規制政策と並んで産業組織論というミクロ経済学の重要な応用分野で主に研究されています。産業組織論は，さまざまな市場の基礎的条件，市場構造（Structure），市場行動（Conduct），市場成果（Performance），および産業に関する公共政策について，それぞれの実態を知るとともに，それらの間の関係を理論的，実証的に分析するものです。また，もし市場成果が社会にとって望ましくないものであれば，産業に対するどのような公共政策が適切かについても検討します。

市場の基礎的条件とは，需要と供給の状況であり，需要の成長率，価格や所得に関する弾力性，技術進歩の機会やサンクコストの大きさなどが挙げられます。市場構造の代表的なものには，製品差別化，参入障壁，垂直統合の程度や市場の集中度などがあります。企業が決定すべき重要な市場行動としては，財・サービスの種類や品質，価格や生産量，設備や研究開発への投資，広告や販売戦略などのマーケティング，合併・買収などがあります。市場成果とし

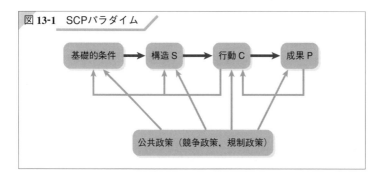

図13-1 SCPパラダイム

ては，市場の静態的・動態的効率性が挙げられます。静態的効率性は，企業における生産の技術的な効率性や市場支配力の程度などで測られ，動態的効率性は産業の成長率や技術進歩率で測られます。

市場構造と市場行動と市場成果の間の関係は図13-1に示される構造—行動—成果パラダイム，略して **SCPパラダイム** という考え方で理解することができます。これは，短期的には，市場構造（や市場の基礎的条件）が市場行動（や市場成果）に影響を与え，長期的には，市場行動（や市場成果）が市場構造（や基礎的条件）に影響を与えるという因果関係です。

たとえば，短期的には，市場集中度の高い市場構造ほど明示的か暗黙的かにかかわらず協調して競争を回避する市場行動をとることが容易になり，価格が高止まりしやすく，望ましくない市場成果になることが考えられます。しかし，長期的には，高利潤をめざして参入するという市場行動が促進されると市場集中度が低下します。このとき，産業内で協調的な行動が維持されると市場集中度は低いままですが，競争が活発になると非効率な企業が退出することになり，市場集中が進むことになります。一般的に，市場規模の小さな産業や，資本設備費用が大きかったり広告・研究開発が重要であったりするサンクコストの大きな産業や，競争の活発な産業では市

場集中が進む傾向があります（第2節292頁の「カルテルと市場集中」の項を参照）。

市場成果が不十分な場合には産業に対する公共政策が必要となりますが，そのうち重要なものは，本章で扱われる競争政策と次章で扱われる規制政策です。規制政策では市場の機能を重視した規制緩和が重要になっています。また，最近では規制緩和との関係で公共サービスの民営化政策の重要性が増しています。

Column ⑬ 競争政策の3つの学派

戦後のアメリカの反トラスト法の思想に関して3つの時代がありました。1950～60年代の間は，ベインをはじめとするハーバード学派の影響力が強く，市場成果や企業行動は市場構造に左右されるという短期的なSCPパラダイムの因果関係を重視していました。市場成果が悪いのは市場集中のためであると考えられ，市場に対する介入主義的な政策が主張されました。ところが，70年代になると，市場の効率性に対する信頼を寄せるポズナーたちのシカゴ学派の考え方が勢力を伸ばしました。80年代以降になると，ポスト・シカゴ派とよばれる，ゲーム理論を活用して戦略的な企業行動を説明する分析が盛んとなっています。実際の政策においても，政策当局がこの新しい考え方に立って，ある種の戦略を不当な行為とみることがあります。そして，裁判所はそうした考えを受け入れることがある一方で，自由な企業活動を支持することもあります。

囚人のジレンマと競争政策

競争に対して企業がどのような行動をとるかについて，すなわち企業が競争するか協調するかをどのように決定するかについて見ることにしましょう。ここでは競争して自己利益を追求するか，協調して利潤合計を最大化するように**カルテル**を形成するかの2通りの戦略を想定し，企業が一度限りの市場での行動をとる際に，戦略としてどちらを選ぶかという問題について考えてみましょう。

いま,ある市場に同じ費用曲線を持つ2つの同様(対称的)な企業(企業1と企業2)が存在し,生産量を選択するとしましょう。各企業がとりうる戦略は「協調」または「競争」のいずれかであるとします。価格差別ができないならば,市場で獲得できる最大利潤は独占利潤であるため,両企業が協調して利潤合計を最大化するのは,それぞれの企業が独占均衡の生産量の半分ずつを生産し,独占利潤を半分ずつ分け合うことになります。このときの各企業の利潤を72としましょう。これに対し,2つの企業が競争的に自己利益の追求のために生産量を選ぶ場合には,クールノー競争(第5章参照)を行うと考えられるので,利潤として64を得ることになるとしましょう。クールノー競争では互いに自己の利益のみを追求しており,自己の生産量増加が価格下落を通じて他企業の利潤を減少させるという効果(負の外部性)を考慮に入れないために利潤合計を最大にできなくなり,各企業の利潤はカルテルにおける利潤より小さくなります。さて,いま両企業がカルテルに合意したにもかかわらず,企業2がカルテルから逸脱する場合にはどのようなことになるでしょうか。企業2は,企業1がカルテルを守るときの生産量を選ぶと想定するとき,その生産量に対する最適反応をとると考えます。企業2は裏切ることにより生産量を増やして,(互いに協調しているときよりも)利潤を高めることができ,逆に裏切られた企業1にとっては,自己の生産量を減らしているのに企業2の増産により価格が下がるため,競争のときよりも利潤が小さくなります。裏切った企業1の得る利潤を81,裏切られた企業2の得る利潤を54としましょう。反対に企業1がカルテルを守ったときに企業2が裏切ると,これと反対の状況になります。

　各企業のとりうる戦略を「協調」(カルテルを守る)と「競争」(反応関数に従って行動する)の2つとし,それぞれの企業のとる戦略

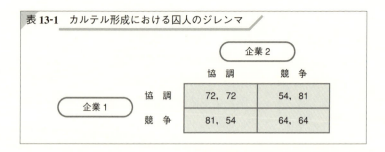

表13-1 カルテル形成における囚人のジレンマ

と，その組合せの結果として生じる利潤を数値例として利得表の形で示したのが表13-1です。それでは各企業はどちらの戦略を選ぶことになるでしょうか。このゲームは，第6章で学んだ囚人のジレンマとなっており，両企業とも競争的に行動するという戦略の組合せがナッシュ均衡となります。各企業とも，相手企業が競争的に行動すると想定すれば，自らが協調的に行動することは利潤を下げるため競争的に行動します。他方，各企業とも相手企業が協調的に行動すると想定したときには，自分が裏切って競争的に行動することで利潤が大きくなるため，協調は成立しません。両企業にとっては互いに協調することができれば利潤は増大するにもかかわらず，競争することになります。

それでは，企業は囚人のジレンマの状況から抜け出して高い利潤を得ることは可能でしょうか。ここで述べた状況のゲームでは協調は考えられず不可能ですが，何らかの理由により，ゲームのルールが変わる，あるいは変えることができるならば可能となります。具体的には，①カルテルを結ぶことが均衡となる，②合併・買収により独占企業となることが均衡となる，③ライバルを市場から排除して独占企業となることが均衡となる，というようなゲームのルールへの変更が可能であれば囚人のジレンマから脱出できます。それらについては次節以降で1つずつ見ていきます。

しかし，競争が行われることは企業にとっては望ましくありませんが，総余剰という社会的な視点からは望ましい結果になります。そこで，こうした（ゲームのルールの変更も含む）企業の戦略に対して政策としてどのように対応すべきかが，競争政策の主たる課題となります。これについても次節以降で検討することにしましょう。

> **ココをチェック！[13-1]**
> 競争政策の目的は何ですか？ また，企業のどのような行動を禁止しますか？

2 カルテル

カルテルの形成と維持の不安定性

囚人のジレンマで見たように，カルテルを形成し維持することは必ずしも容易ではありません。第1の理由は，カルテルを形成するためには，市場への参加者の合意が必要であり，そのためには労力を必要とすることです。とくに，各企業にとっては，他の企業にはカルテルを形成してもらい，自社はアウトサイダーとしてカルテルに参加しないことが最も利益となるので，カルテルの合意に達することが難しくなります。

第2の理由は，たとえカルテルについての合意が得られたとしても，それを維持していくことも容易ではないことです。他の企業がカルテルの合意を守っているかどうかをモニタリング（監視）する必要がありますが，情報の不完全性のためにそれは必ずしも容易ではありません。たとえば，ある財の市場価格が下落した場合，それはカルテルを形成する他の企業がカルテルを逸脱して生産量を増

やしたために生じたのか，あるいは景気悪化のために需要が減少したために生じたのかを見分けなければなりません。さらに，たとえカルテルからの逸脱を発見したとしても，合意を守らせるような適切な措置をとることも容易ではありません。そもそもカルテルは違法であるので，拘束力のある合意の契約を結ぶことが不可能です。たとえ契約を結んでも，公権力により契約を守らせることはできません。また，私的に合意を守らせるための合法的な手段を探すことも難しいです。カルテルからの逸脱者に対してカルテルを維持させるために有効な手段で違法性の乏しいことといえば，対抗的な増産により市況を悪化させ，ライバル企業に対してカルテルからの逸脱が利益とならないことを示すことでしょう。カルテルからの逸脱が利益とならないことがお互いに理解できれば逸脱するインセンティブが低下するからです。

こうした点から見て，どのような市場でカルテルが起こりやすいかを考えてみましょう。まず，企業数が少ない場合には，カルテルは合意に至りやすいと考えられます。また，市場参加者が固定的な市場のほうが変動の多い場合よりも容易となるでしょう。たとえば，入札では，あらかじめ入札に参加できる企業を限定する指名競争入札のほうが，資格を有する企業が誰でも参加できる一般競争入札よりもカルテル（談合）を行いやすいでしょう。そして，カルテルからの逸脱の情報が容易に入手できるようであればカルテルを維持するのが容易となるでしょう。さらに，カルテル参加者がライバルの逸脱に対して懲罰的な増産ができるだけの余剰生産能力を維持していることもカルテルの維持に有効となるでしょう。

長期的な関係と暗黙の協調

この項では，どのような状況であればカルテルが成立しうるのかについて説明しましょう。前項で述べたように，市場で長期的

に競争関係にある少数の企業が，容易に逸脱を発見することができ，増産による懲罰行動が可能な場合には，**暗黙の協調**により，カルテルを形成しうることを示します。暗黙の協調とは，直接的な合意のための意思疎通なしに，自発的に協調的な行動をとることです。以下では，無限回繰り返しゲームで，各企業がトリガー戦略をとるときに，自己の利益を最大化する企業により，部分ゲーム完全均衡として暗黙の協調が実現することを示します（無限回繰り返しゲームとトリガー戦略については第6章3節を参照）。

表13-1で表される囚人のジレンマのゲームを，企業1と企業2の2つの企業が無限期間にわたって繰り返すとし，来期の利益を今期の価値として評価する際の割引因子をδ（デルタ）とします。トリガー戦略とは，第1期は協調することを選び，第2期以降は，相手が前期に協調すれば協調し続け，競争（裏切り）すれば競争することを選ぶ戦略のことです。このような戦略のもとで，各企業は協調し続けることを選ぶでしょうか。企業2がトリガー戦略をとると第1期には協調するので，企業1は，自らも協調することを選べば72を得ます。すると，第2期以降も企業1が協調し続けることで，企業2も協調し続けるので，毎期72を得ることができると予想します。反対に，もし第1期にカルテルから逸脱して競争的行動をとれば利益はどれだけになるでしょうか。第1期には，企業2は協調的に行動すると想定するので，企業1は81を得ることができます。しかし，第1期に企業1が裏切ると，第2期以降に，企業2も競争的に行動することになります。すると，企業1も第2期以降に競争的に行動することになり，各期の利益は64となります。したがって，企業1が第1期に協調することを選ぶ条件は，$72 + 72\delta + 72\delta^2 \cdots \geqq 81 + 64\delta + 64\delta^2 + \cdots$ と書けます。これを書き直すと，$72/(1-\delta) \geqq 81 + 64\delta/(1-\delta)$ となり，これを解

くと，協調が成立するための条件は，$\delta \geq 9/17$ となります（この計算については第6章145頁の *Column* ⑤と Web App ②を参照）。δ が十分に大きい場合，すなわち，将来の利益を十分に大きく評価する場合にはこの不等式が成立し，自己の利益のみを考えて行動する企業により，拘束力のある契約を結べなくとも，暗黙のうちに協調が成立します。

カルテルと市場集中

暗黙の協調により市場での競争が抑制されると，長期的に市場構造にどのような影響が生じるでしょうか。短期的には企業数が一定ですが，暗黙の協調により大きな利潤が得られるならば，この市場への新規参入がもたらされるでしょう。

いま，この市場に参入するには I の大きさのサンクコストが必要であるとします。企業は生産活動による利潤でサンクコストを回収できると予想するかぎり参入します。企業数が増加するにつれて，各企業の得る利潤は低下し，生産による利潤がサンクコストにちょうど等しくなる状態で長期均衡に達し，参入企業数が決まることになります。

カルテルが行われる場合の長期均衡を求めましょう。n 個の対称的な企業がサンクコスト I を支払って参入すれば，各企業は生産活動から利潤を Π^M/n ずつ得ることができます。ただし，Π^M は市場全体の独占利潤を表します。最終的に利潤がサンクコスト I と等しくなるところで参入が止まり均衡に達します。式で表すと，$\Pi^M/n = I$ が成り立つ n，すなわち，$n = \Pi^M/I$ が均衡企業数です。この式より，サンクコストが大きいほど，参入する企業数は少なくなることがわかります。

それでは，カルテルにおける均衡企業数をクールノー競争が行われる場合と比較してみましょう。長期のクールノー均衡は，各企業

の得る利潤がサンクコストと等しくなる企業数のときに成立します。もし市場に存在する企業数が同じ場合，クールノー競争における各企業は自社の生産量増加が価格の下落を通じて他社の利潤を減らすという負の外部性を考慮しないために，産業全体の利潤を最大化するカルテルのときよりも生産量が多く，価格が低くなり，各企業の得る利潤はカルテルにおける利潤よりも小さくなります。言い換えると，企業数が同じときにはカルテルのときのほうがクールノー競争のときより利潤が大きくなります。クールノー競争のもとで利潤がゼロになった企業数のときに，カルテルのもとでは利潤が正になっており，まだ参入が起こります。したがって，利潤がゼロとなる企業数は，カルテルの場合のほうがクールノー競争の場合よりも多くなります。企業数が多いほど市場集中度は低くなるため，協調（競争）が行われるほうが，競争（協調）が行われるよりも市場集中度は低く（高く）なることがわかります。

このように，カルテルが行われると，多くの企業が参入することになり，市場集中度は低くなります。SCPパラダイムでは市場集中度が高いと競争が活発でなくなると考えられますが，それは短期的な関係であり，長期的には，競争が回避されると市場が非集中化することになります。

カルテルの罰則と抑止

カルテルが行われると，企業の利潤は増大しますが，価格が高く，生産量が少なくなります。価格と限界費用が乖離し，社会的には総余剰が小さくなって望ましくありません。そのため，カルテルは独占禁止法で**不当な取引制限**とよばれて違法とされ，企業の違反者には行政罰として課徴金が科されます。課徴金は，違法行為によって得た不当な利得を徴収するだけでなく，将来のカルテルを未然に防ぐ抑止力としても働きます。さらに，悪質な場合には刑事罰（懲役）の対象ともなり

ます。また，損害を受けた当事者が民事上の損害賠償請求訴訟を起こすこともあります。

独占禁止法改正により，2006年から課徴金が引き上げられるとともに，**課徴金減免制度**（リニエンシー）が導入されました。課徴金は従来，大企業製造業等の場合で，カルテルの対象となった売上の6%を，期間に応じて最大3年分まで科されていました。それが，改正により，10%に引き上げられました（小売業や卸売業，および中小企業は課徴金率が軽減されています）。また，10年以内に再度の違反行為を繰り返した場合には，50%増しになりました。

課徴金減免制度とは，カルテルを公取委に通報した場合には課徴金を減免されるという制度です。公取委の調査（立入検査等）前の第1申請者は全額免除され，第2申請者は50%，第3申請者と立入検査後の申請者は30%をそれぞれ減額されます。ただし，減免されるのは調査開始前と開始日以後であわせて5社まで（ただし，調査日以後は最大3社まで）です。これはカルテルを行っている企業に，いつ通報されるかわからないという疑心暗鬼の念を持たせることによってカルテルを行わせなかったり，行っているのをやめさせたりするインセンティブとなります。また，公取委にとっても，カルテルは通常，秘密裏に行われ，物的証拠も残さないので摘発が難しかったのですが，当事者の通報によりカルテルを発見し，事実関係を解明することが容易になりました。

> **ココをチェック！[13-2]**
> カルテルが生じにくいのはなぜですか？ また，どのようなときにカルテルが成立しやすいですか？

Case Study ⑪ 課徴金減免制度と談合の抑止

　2006年1月に課徴金減免制度が導入されて3月までに26件，06年4月からの1年間に79件の申請者が現れました。それまでは，カルテルの摘発が年間約20～30件であったことと比較すると，課徴金減免制度の導入によりカルテルが表面化することが多くなったといえるでしょう。

　課徴金減免の適用を受けた第1号となったのが，日本の重工業を代表する三菱重工業等であったのは衝撃でした。旧首都高速道路公団が発注するトンネル換気設備工事の入札で談合を行ったことを三菱重工業が通報し，課徴金を100％免除されました。石川島播磨重工業と川崎重工業もともに30％減額されました。結局，荏原製作所に約3億8000万円，日立製作所に約3億2000万円，石川島播磨重工業に約1億8000万円，川崎重工業に約1億3000万円の課徴金納付命令が出されました。2007年6月までに課徴金減免制度の適用を受けた事業者のうち，適用を受けたことを公取委が公表することを申し出たのは10件ですが，このうち三菱重工業は4件で免除を受けているのが目立ちます。

　その後，2013年末までの8年間に合計725件の減免の申請がありました。減免申請がどの程度事件の摘発に結びついたかをみると，課徴金減免制度の対象になりうる事件全体の106件のうち86件，すなわち8割程度が課徴金減免制度を利用した事件となっています。また，この間で，課徴金が100億円を超えた8件のすべて，および刑事告発された4件のすべても課徴金減免制度を利用した事件でした。

　制度の導入前には，日本には談合の風土があり，このような制度が有効に機能するだろうかという疑問の声もありましたが，日本企業のカルテル体質・談合風土を改善するのに効果を持ったようです。

（参考文献）「公正取引委員会事務総長定例記者会見」平成26年2月25日（火）。

3 企業結合と私的独占

企業結合 株式保有や役員兼任，あるいは合併・買収や事業譲渡などの手段により，複数の企業が部分的あるいは全面的に一体化することを**企業結合**といいます。この項では最も代表的な**合併・買収**（M&A）について説明します。合併には，市場で競争関係にある企業の間で行われる水平合併と，取引関係にある企業の間で行われる垂直合併，およびそれ以外の混合合併があります。この項では主として競争に悪影響をもたらしやすい水平合併について取り上げます。

　通常，合併・買収は経営の効率化をめざして行われるので規制する必要はありませんが，市場支配力の形成・維持・強化につながるときには規制する必要があります。たとえば企業にとってカルテルは違法であり，カルテルを形成し，維持することには困難が伴うため，カルテルの代わりに合併・買収をする動機があります。合併・買収によって1つの企業となれば，生産量や価格を決めることができるようになり，しかも裏切りを心配する必要もありません。カルテルの形成と維持に必要な労力は不要になります。その意味で，合併はいわば合法的なカルテルとなりえます。

　合併によって競争を制限するメカニズムとしては，企業の単独行為による市場支配力の発生と，他の企業を含む暗黙の協調行為の容易化にわけることができます。

　通常，合併によって生産費用が節約されず，合併後も，合併前と同様にクールノー競争を続けると仮定すると，次のことを示すことができます（以下の内容について詳しくは，たとえば柳川隆・川濱昇編

[2006]『競争の戦略と政策』有斐閣,第5章〔中野桂・川濵昇「水平的企業結合」132頁〕参照)。同質的な財の市場で,対称的な企業がn社あり,そのうちの$k+1$社が合併すると,企業数はk社減るので,合併後は$n-k$社による寡占となりますが,このとき,合併する企業が1企業当たりの利潤を増やすことができるのは,$n=3$ならばkは2(すなわち独占になる),$n=10$ならばkは8以上のときとなります。このことから,同質的な財の市場でクールノー競争が行われているならば,企業の単独行動による競争制限効果だけで合併する可能性は低く,もし企業に合併をするインセンティブがあるなら,費用削減する効果や暗黙の協調を容易にする効果があるはずであると考えられます。暗黙の協調についてはすでに第2節で述べていますので,ここでは,費用削減効果について見ておきましょう。費用削減効果として考えられるのは,まず,生産面においては,規模の経済による量産効果,技術力や研究開発能力の相互利用による効率化が考えられます。また,販売面では,販売の一元化や販路の拡大,広告費の節約ができるでしょう。さらに,管理面で人材の有効活用,資本調達力の強化,管理費用の削減が考えられます。合併がカルテルと異なって社会的に価値を有する可能性があるのは,こうした費用削減効果が見込まれるからです。

さて,以上は同質的な財の市場について述べてきましたが,製品差別化された財の市場では競争制限効果について,より注意が必要となることを指摘しておきましょう。第10章1節で説明された水平的に差別化された財の市場では,各消費者は同質財のようにどの企業から購入してもよいというのではなく,自分の好みにより,購入の対象となる財・サービスの範囲が限定されます。あるいは,同じ財を購入する場合でも地理的に近くの店舗を利用しようとします。このような場合,似通った財・サービスを生産する企業同士が

合併したり，近隣の店舗同士が合併したりすると，他に選択肢を持たない消費者は，たとえ価格を引き上げられても，容易に他の企業から購入することができないため，企業は合併によって価格支配力を有することができるのです。

Column ⑭　合併ガイドラインの改定

　公正取引委員会は，合併・買収が市場における競争に対して反競争的な効果が生じないかを事前に審査します。公正取引委員会はその手続きを2007年4月に改定しました。これにより，審査基準で従来よりも欧米と共通するものとなりました。この実際の手続きについて見てみましょう。

　まず，合併・買収する当事者の事業について市場の範囲を定めます。これを**市場画定**とよびます。市場は商品・サービスの範囲と地理的な範囲について画定されます。次に，画定された市場の寡占の状況と，当該合併・買収の寡占度への影響をハーフィンダール＝ハーシュマン・インデックス（HHI）の大きさとその変化により見ます（この指数の計算方法については第5章129頁の *Column* ④参照）。水平的な合併・買収の場合に，セーフハーバーといって，それ以上の検討の必要がないとされるのが，①HHIが1500以下であるか，②HHIが1500超2500以下で，しかもHHI増分が250以下であるか，または③HHIが2500超かつHHI増分が150以下である場合です。そうでなければ合併・買収が競争を実質的に制限する効果を有するかについて検討します。競争制限効果は，当該企業の単独行為による価格引き上げ効果と，当該企業と他の企業による暗黙的な協調行為による価格引き上げ効果の2つの観点から検討されます。問題があれば一部の事業を他企業に営業譲渡をする等の問題解消措置をとったうえで認めたり，場合によっては合併・買収を認めなかったりします。

私的独占

企業には，ライバル企業の市場への参入を阻止したり，ライバル企業を市場から撤退

させたりして市場を独占化し,独占利潤を得ようという,ライバル排除の動機があります。こうしたライバル排除による独占化は,独占禁止法で排除型**私的独占**とよばれます(私的独占には株式保有や役員派遣などを通じた支配型もあり,前節の合併・買収の議論と重なります)。ライバル企業を不当な行為を用いて排除し,その後に独占利潤を獲得しようとする行為は社会にとって望ましくない結果になると考えられ,規制の対象となっています。

ライバル排除の戦略の主なものとしては,低価格攻勢によりライバルを排除しようとする**略奪価格**戦略と,ライバル企業の費用を高めることによりライバルを排除しようとする**ライバル費用引き上げ**戦略があります。ライバル費用引き上げ戦略の例としては,低コストの原料を買い占めたり,必要不可欠な生産要素をライバル企業が利用するのを妨げたり,ライバル企業の製品の販路を妨げたりすることなどが挙げられます。いずれの場合も,不当な競争を正当な競争と区別することは,カルテルの場合と違って簡単ではありません。たとえば,価格を引き下げることは競争の主たる手段であり,しかも価格の引き下げにより消費者は(たとえ短期的であっても)利益を得るために,不当な略奪価格と区別しにくいのです。また,原料の購入や販路の開拓も,本来は正当な競争上の手段でもあり,契約自由の原則もあるため,違法性の判断が難しくなります。

> **ココをチェック![13-3]**
> 市場を独占化する行為として規制すべきなのは,どのような行為ですか?

Case Study ⑫　航空市場の略奪価格問題

　1994年に、アメリカのバンガード航空がアメリカン航空のハブ空港（乗り換えする拠点空港）であったダラス＝フォートワース空港（DFW）に参入し、95年DFW―カンザス・シティ線に3便で参入しました。アメリカン航空は、4月に運賃をそれまでの108ドルから80ドルに値下げして対抗し、5月にはそれまで6便運航していたデルタ航空が退出した際に6便増やしました。12月にバンガード航空が退出すると、アメリカン航空は減便し、運賃を112～147ドルへと値上げしました。96年に、再度バンガード航空がDFW―ウィチカ線の継続とともに、DFW―カンザス・シティ、シンシナティ、フェニックスの各路線に参入することを発表すると、直ちにアメリカン航空は各路線で増便を打ち出しました。そのため、結局、バンガード航空は参入を断念することとなりました。アメリカン航空はその後運賃を30～80％値上げし、座席数を約30％減少させました。

　一般に、アメリカの略奪価格訴訟では、裁判所はアリーダ＝ターナー・テストと埋め合わせ基準を採用しています。前者のテストは価格が平均可変費用を下回っていないならば価格設定を合法的とするものです。価格が平均可変費用を上回っているならば、平均総費用を下回っていたとしても短期的には固定費の一部を回収できるので、企業にとっては合理性のある価格設定であると考えられるのに対し、平均可変費用を下回る価格は営業上の合理性がなく、ライバル排除を意図していると考えられるからです（第3章5節74頁の「操業停止点と短期の供給曲線」の項を参照）。また後者の基準は、短期的な低価格による損失を長期的に取り戻すことができないと考えられると合法的とするものです。2つのうち1つでも合法的となれば違法とされないため、略奪価格に対する規制は比較的弱く、アメリカン航空の戦略も合法的であると判断されました。

　これに対し、日本では、2002年8月末に、日本航空（JAL）と日本エアシステム（JAS、後にJALと合併）が東京―宮崎線の11月分運賃を大幅に値下げするよう届け出、全日空がそれに追随したところ、公正取引委員会が調査を開始し、私的独占のおそれがあると指導

することになりました。

問題となったのは、東京—福岡、宮崎、鹿児島の各路線です。宮崎線では、11月に大手3社は2万2000円の特割運賃をスカイネットアジア航空（SNA）の2回回数券運賃に一致する1万8500円に値下げしました。鹿児島線では、5月以降スカイマークエアラインズ（SKY）の1万9500円のスカイバリュー運賃（大手の特割運賃に対応）に2万5000円であった大手3社の特割運賃が追随しました。10月にSKYは往復運賃を廃止して、普通運賃を1万7500円に値下げすると、大手3社の特割運賃はそれにふたたび追随しました。また、福岡線におけるSKYと大手3社の運賃設定の動きも鹿児島線と類似しています。公取委の指導を受け、大手3社は福岡線、宮崎線、鹿児島線の運賃を12月分から値上げしました。

公取委は、大手3社の特割運賃が新規参入者の運賃と同等または下回る運賃を設定していること、新規参入者と競合がある路線の割引率が大きく、一部の路線の運賃がコストから見て低いものとなっていること、大手3社が東京—宮崎、鹿児島路線のみを対象としたマイレージの優遇を行っていたことから、私的独占の禁止に違反するおそれがあるとしました。

（参考文献）　柳川隆［2004］「航空運賃自由化後の略奪価格問題」『産業組織と競争政策』第13章、勁草書房。

4　不公正な取引方法

不公正な取引方法とは　　不公正な取引方法とは、公正な取引を阻害するおそれのある行為のうち公正取引委員会が指定するものです。具体的には、取引拒絶（単独あるいは共同で取引をしないこと）、差別対価（取引相手により価格を変えること）、不当廉売（費用を下回って安く販売すること）、抱き合わせ販売（異なる

商品をセット販売すること),排他条件付取引（専売店のようにライバル企業の商品を扱わないという条件付きで取引すること),再販売価格の拘束（商品の売り手が買い手に対し、その商品を再販売するときの価格を拘束すること),拘束条件付取引（テリトリー制とよばれる販売地域の限定などの条件付きで取引すること）などがあります。これらはライバル企業の排除のための手段として用いられたり、カルテルと同様の効果を生み出す手段して用いられたりして競争を抑制することがあるときには、不公正な取引であるとされます。また、財・サービスの品質や取引条件を誤認させて取引を行うことや、取引上で優越した地位を濫用して取引を行うことも不公正な取引とされます。しかし、企業に契約の自由を認めるべきであるという考えと、これらの取引が必ずしも経済厚生を悪化させるとは限らないという事実もあるので、こうした行為の違法性については、ケースバイケースで判断されることになります。

| 再販売価格維持 | それでは、不公正な取引方法の1つとされる**再販売価格維持**行為（再販）についての理論を見ることにしましょう。ここではある商品のメーカーが流通業者の小売店に対して、小売価格（再販売価格）を定めることを想定しましょう。再販は、競争の最も基本的な手段である価格設定を拘束することで、小売業者間の競争を抑制することになります。価格競争を避けたい小売業者は、メーカーに対して再販を行うよう求めることがあるかもしれません。メーカーにとっても、メーカー間のカルテルを維持しようとすると、小売価格を維持できることが必要となるので、そのためには再販が有効となるでしょう。このように、再販はカルテルを維持する手段として用いることが可能です。

しかし、再販には効率を高める可能性もあります。その1つは、サービスへのただ乗りの回避です。小売店が販売量を増やすために

商品説明などの販売努力を行うとき，もし再販がなければ消費者は販売努力を行う店舗でサービスを受け，そうしたサービスを提供しないが価格は安い店舗で購入する行為をとることが考えられます。サービスを提供しない店舗はサービスを提供する店舗にただ乗りをしていることになります。ただ乗りが起こると，サービスを提供する店舗は採算が合わなくなるので，サービスを提供しなくなり，メーカーにとっても販売量が低下することになるでしょう。そのため，ただ乗りをなくし，小売店が販売サービスを提供するインセンティブを確保するために，再販は有効な手段となります。再販のもとで，小売店は価格を引き下げることができないため，販売量を増やすために販売サービスを高めることになるでしょう。

　もう1つは，二重マージンの回避です。メーカーと小売店がそれぞれ費用を上回る価格を設定できる市場支配力を有しているとしましょう。再販がないと，メーカー段階と小売段階で二重にマージンが付加され，小売価格は高くなり販売量は減少するので，消費者の不利益になります。メーカーにとっても，販売量の減少は望ましいことではありません。しかし，再販が可能ならばメーカーは小売価格を定めることができるので，小売業者の価格支配力を奪って小売価格を自社にとって望ましい水準まで引き下げることができるようになります。このように再販によってサービスのただ乗りが回避されたり，二重マージンが回避されたりすると，生産量が増加するので社会的な経済厚生の点からは望ましくなります。

　再販は経済厚生の点から見てプラスの面とマイナスの面があります。かつては再販を認める適用除外が数多くありましたが，近年では新聞・書籍・雑誌・音楽用CD（・音楽用テープ・レコード盤）の著作物6品目に限定され，一般的には再販は違法とされています（著作物のなかでも映像ソフト，コンピュータソフト，ゲームソフト，

電子書籍等は適用除外となりません)。

> **ココをチェック！[13-4]**
> 再販が望ましい理由と，望ましくない理由はそれぞれ何ですか？

練習問題

13-1 ある市場に8社が存在し，それぞれの市場シェアが24%，19%，15%，12%，10%，8%，7%，5%であるとする。
(1) この市場のHHIを求めなさい。
(2) 市場シェアの3位の企業と4位の企業が合併をする場合はセーフハーバーに該当するか否かについて確かめなさい。また，4位の企業と5位の企業が合併する場合についても確かめなさい。

13-2 「市場が集中すると競争が行われにくい」ということと，「競争が行われると市場が集中する」ということを矛盾なく説明しなさい。

13-3 *Case Study* ⑫「航空市場の略奪価格問題」(300頁)を読んで，日本とアメリカの略奪価格に対する考え方の違いを述べ，その背景について考察しなさい。

13-4 抱き合わせ販売がライバル企業の排除に使われうる場合を述べなさい。

第14章 規制政策

Introduction 　市場の失敗があるときに，政府が市場経済に介入することで経済厚生が改善される可能性があります。第11章では外部性と公共財について，第13章では市場支配力についてそれぞれ説明しました。本章では主に自然独占の場合を扱います。自然独占とは何か，自然独占から生じる市場の失敗に対してどのように対処すべきか，について説明します。自然独占に対しては規制や公的供給を行うというのが伝統的な対処法でしたが，1980年代以降，規制改革が進み，規制緩和や民営化の流れに変わりました。その背景や内容について，とくに，価格に関するインセンティブ規制の導入，参入規制緩和とオープン・アクセス制の導入，日本と海外の民営化の特徴について説明します。さらに，自然独占に対処するための規制は経済的規制とよばれるのに対し，規制政策には，このほかに健康や安全や環境などを守るための社会的規制があり，これについて最後に説明します。

Keywords 　自然独占，限界費用価格，平均費用価格（ラムゼー価格，総括原価方式，公正報酬率規制），アバーチ=ジョンソン効果，インセンティブ規制，ヤードスティック規制，プライス・キャップ規制，コンテスタブル市場，オープン・アクセス，民営化，フランチャイズ制，上下分離，社会的規制

1 自然独占への政策

自然独占とは

自然独占とは，市場需要を満たすために，1企業で生産するほうが複数の企業で生産するよりも費用を低くすることが可能であることをいいます。図14-1(A)のように，企業の平均費用曲線（AC）が右下がり（生産に規模の経済性がある）の部分で需要曲線と交わるとき，自然独占となります（この企業が実際に市場で P' の価格で X' の量を生産するということを意味しません。この企業にはそれが技術的に可能であるということです）。一方，図14-1(B)のように，平均費用曲線の右下がりの部分が需要量に比べて小さい場合には自然独占となりません。需要量が $2X'$ 以上ある場合，市場に2つの企業が存在しても，1つの場合と同じ費用で供給することができます。また，**Web Exercise** に収録した本章に対応する問題を解くとわかるように，平均費用曲線が右下がりでなくとも自然独占の場合があります。

自然独占になりやすい市場は，具体的には，通信，電力，鉄道，高速道路などのネットワーク産業があります。ネットワーク産業では，たとえば，家庭への電気や固定電話の供給を考えてみるとわかるように，ネットワークの構築にはまとまった費用がかかりますが，ひとたびネットワークが構築されると追加的供給（追加的な1軒の家庭への電気や電話サービスの供給のための配線）がわずかな費用で可能となります。固定費用が非常に大きいのに対して，限界費用が非常に小さいため規模の経済性が生じ，平均費用は生産量の増大に伴って低下します。

図 14-1 自然独占

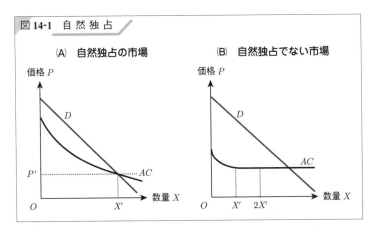

自然独占に対する政策

自然独占の市場では投資で先行した企業が市場を独占しやすくなります。生産量を拡大することで平均費用が低くなり，後発のライバル企業よりも価格競争力を得ることができるためです。市場が集中化すると，企業に価格支配力が生じるでしょう。限界費用を上回る価格を設定するため，（支払許容額に等しい）価格が限界費用を上回ることになり，（支払許容額が限界費用と等しくなる）効率的な生産量を実現することができません。そこで，政府が何らかの政策を行うことにより，経済厚生を改善できる可能性があります。このような政策には大きく分けて規制と公的供給の2つがあります。

規制政策は，特定の単独または複数の企業に営業権を与え，自由な参入が行えないように規制し，社会にとって望ましい行動をとらせるように，財・サービスの内容や価格，あるいは投資の大きさの決定に介入することです。参入規制により，ときには一切の参入を制限して，独占的営業権を与えることもあります。たとえば，日本の電力事業は，規制が緩和される以前は地域的に独占である10事業者によって供給されてきました。

第2節ではこのような伝統的な経済的規制について説明します。しかし、伝統的な経済的規制は必ずしも社会にとって望ましい結果を生み出していないという批判が起こり、規制緩和の動きが進んでいます。そこで、第3節と第4節では規制緩和の流れのなかで生み出された規制改革について説明をします。

　もう1つの政策である公的供給とは、政府自らや政府の機関である公企業が供給することです。日本では、都市交通や上下水道の多くが地方自治体によって運営されています。かつては電話（電電公社）や鉄道（国鉄）など、国有企業により運営されていたものもありました。近年では、やはり公的供給の非効率性が明らかになるにつれ、公企業を民営化する動きが進んでいます。そこで第5節では民営化について説明します。ただし、自然独占の市場で民営化した私企業に対しては、独占の弊害をもたらさないよう、新たな規制が必要になることに注意する必要があります。

　こうした自然独占に対処するための規制は経済的規制とよばれますが、規制政策には、このほかに健康や安全や環境などを守るための社会的規制があり、第6節で説明します。

> **ココをチェック！ [14-1]**
> 自然独占に対してどのような政策がありますか？

2　伝統的な経済的規制

最適な価格規制

　本節では、独占的営業権を与えたある企業に対し、社会全体の経済厚生の観点からどのように規制をすればよいかについて見ることにしましょう。もし

独占企業が自由な価格設定をすれば独占価格となってしまい，社会的に望ましくないので，政府が国民のために価格を規制することが必要であると考えられます。

固定費用が大きく限界費用が小さい企業にとって，限界費用は平均費用より小さくなります。このとき，費用曲線には，生産量の増加に伴って平均費用が低下するという関係があります。追加的（限界的）な費用が平均的な費用より低いと，追加的な生産により平均的な費用が下がるためです。このことに留意して，最適な価格規制について考えてみましょう。第1章で見たように，経済厚生が最大となるのは，支払許容額を表す価格が限界費用に等しくなるときです。図14-2の E^M はそのような状態を示しています。価格を P^M に規制し，需要量に応じた供給がなされると生産量は X^M となります。このように，「価格＝限界費用」となるような価格設定を**限界費用価格**といいます。

このときの総余剰を図で表しましょう。消費者余剰は $\triangle AE^M P^M$ となります。生産者余剰は収入 ($P^M E^M X^M O$) から限界費用曲線の下部の面積 ($BE^M X^M O$) を差し引いたものですから，生産者余剰はマイナスの大きさの $BE^M P^M$ となります。したがって，総余剰は $AE^M B$ となります。

しかし，このときには「価格＝限界費用＜平均費用」という関係が成り立ち，企業に $(OX^M) \times (E^M F)$ の大きさの赤字が生じます。そのため，企業が存続できるためには，この金額に相当する補助金が必要となります。限界費用価格は総余剰が最大となるので社会的に望ましいのですが，赤字額をいつも補助しなければならないという課題が残ります。さらに，後に述べるように，企業に効率化のインセンティブが働かないといった問題も生じます。

図14-2 限界費用価格と平均費用価格

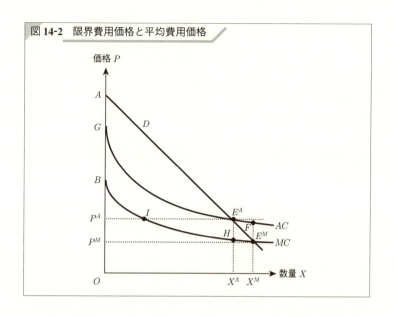

実際の価格規制

次善の価格規制として実際に伝統的に用いられてきたのが、平均費用に等しく価格を規制するという、**平均費用価格**とよばれるものです。

図 14-2 の E^A のように、価格を P^A に規制し、需要に応じた供給がなされると生産量は X^A となります。この価格設定は、価格と限界費用が等しくなく、効率性の条件が満たされなくなります。総余剰を求めてみましょう。消費者余剰は $AE^A P^A$ となり、生産者余剰は（収入 $[P^A E^A X^A O]$）−（限界費用の合計 $[BHX^A O]$）ですから、$IE^A H - BIP^A$ です。したがって、総余剰は $AE^A HB$ となり、限界費用価格のときと比べて $E^A E^M H$ だけ小さくなり、死荷重が生じていることがわかります。

このように平均費用価格は非効率ですが、企業は赤字を出すことがないので補助金を受けることなく存続可能となります。企業が存

続できるという条件のもとで死荷重が最小となるような性質をもつ価格を**ラムゼー価格**とよびますが，平均費用価格はラムゼー価格になっています。

平均費用価格による価格決定方式は実際には，**総括原価方式**とか**公正報酬率規制**ともよばれて用いられてきました。総括原価のなかには，原材料費，光熱費，輸送費，賃金費用等に加えて，資本コスト（資本の報酬）も含まれており，資本に対する公正な報酬を加えます。具体的にどのような大きさの報酬率が公正かを定めるのは難しいですが，理論的には，国債の利回りにリスクの大きさを考慮して割り増しした，資本市場で資本を調達できるような大きさとなります。そして，これらの費用に等しい収入が得られるように価格が設定されました。

このような価格規制は，死荷重が生じるとはいっても独占均衡の場合と比べて非常に小さく，政府が補助を行う必要もないために，実際の規制で多く用いられてきました。

価格以外の規制

これまで価格に関する規制について見てきましたが，価格以外についての規制もあります。1つは参入規制です。二重投資を避け，規模の経済性を享受するためには，企業数を制限する必要があります。

供給の権限を与えている企業に対して供給義務も課すことがあります。消費者が供給を拒絶されると困るためです。

また，供給義務と関係するのは投資です。いくらかの供給余力を加えた生産能力を確保することが求められます。退出も制限されることがあります。採算に合わないからといって突然市場から退出することも，社会に混乱を避けるために制限されることがあります。

平均費用価格規制の限界

平均費用価格による規制には，総余剰が最大にならないということ以外に，以下に述べるような限界があります。

第1に，平均費用価格規制は，企業から費用を削減しようというインセンティブを奪います。努力をして費用を削減しても価格が低下するだけであれば努力をしようという気が起こりません。

第2に，資本の報酬率を制限すると，報酬の総額を増やすために資本集約的な技術を用いることが考えられます。(資本の報酬額)＝(資本量)×(資本報酬率)という関係があるので，報酬率が一定であれば(そしてそれが市場における報酬率を上回っているならば)，報酬額を増やすために資本量(これをレート・ベースとよびます)を増やそうとします。これは，この点を明らかにした人の名前を用いて**アバーチ＝ジョンソン効果**とよばれます。

第3に，平均費用価格の原理によって価格を修正するには申請や承認に時間がかかり，しかも頻繁には行われないため，需要や費用の変化に対応して価格を迅速に修正することができません。そこで，価格と平均費用との間に乖離が生じる期間が発生します。

第4に，価格の規制は容易ですが，供給される財・サービスの種類や品質についての規制は容易ではないため，価格による規制で費用の低下を求められた独占企業は，財・サービスの種類を限定したり，品質を低下させたりして費用を削減しようとする可能性があります。実際問題として，詳細な規制をするのは困難なため，安全面での規制を除いてあまり細かな規制は行われていません。

第5に，利潤獲得の機会を奪われた企業は，消費者のニーズにあった新しい製品やサービスを供給しようとするインセンティブに欠けます。

第6に，今度は第4や第5の問題点とは逆に，価格規制を受け

た企業は価格以外のサービス競争を行うことがあります。これは，交通のように本来競争がある市場で価格競争を制限しているときに生じます。たとえば，航空の場合，価格の自由化以前は，便数を多くしたり，機内サービスを充実させたり，広告を多用するなどの非価格競争が行われていました。航空運賃の規制緩和が行われてからは，さまざまな料金とサービス（あるいは利用時の制約）の組合せが生まれ，利用者は自分に合ったものを選べるようになりました。

> **ココをチェック！[14-2]**
> 平均費用価格規制の利点と限界は何ですか？

3 規制改革① ～インセンティブ規制～

インセンティブ規制とは

第2節で述べたような伝統的な平均費用価格規制は，適切な規制が難しいうえに，企業が利潤動機に基づいて行動するインセンティブに欠けるという問題点があります。この問題を解決し，企業に費用を削減するインセンティブを与えるために，**インセンティブ規制**とよばれる新たな規制が行われるようになりました。代表的なインセンティブ規制には，ヤードスティック規制とプライス・キャップ（上限価格）規制とがあります。いずれも，当該企業の価格と費用とを直接的に関係づけず，当該企業以外の費用等の要因に基づいて価格を規制することにより，企業の利潤動機を働かせて効率的な経営が行えるようにしようとするものです。

ヤードスティック規制

ヤードスティックとは，「ものさし」「基準」という意味で，**ヤードスティック規制**

は，比較可能な同様の企業が存在するときにそうした企業の費用に関する情報を用いて規制することです。たとえば，電力・ガスや鉄道などの事業は，地域ごとに自然独占であるとしても，複数の地域に企業が存続することができます。そこで，A地域の独占企業aの価格を規制することを検討するときに，需要や供給の条件が類似したB地域の独占企業bやC地域の独占企業cの費用を参照し，効率性に優れた企業（たとえば企業c）の費用水準や業界平均の費用水準を尺度として企業aの価格を決めることができます。

企業aの価格が企業aの費用と直接的な関係がなくなると，企業aは努力して費用を節約すれば利益を得ることができるので，費用節約のインセンティブが生まれます。また，優れた費用構造の企業と同等まで費用を下げないと利益にならないので，その点でも効率化へのインセンティブになります。このように，ヤードスティック競争は直接的には競争していなくとも，他の地域の同種の企業と間接的に競争していることになり，それによって産業全体の効率化がもたらされます。

ヤードスティック規制がうまく機能するには，需要条件や供給条件が類似した企業がほかに存在することが重要です。それがなければ，あるいは会計的な扱いやこれまでの投資の経緯など，さまざまな点で条件が異なっていれば比較することも容易ではありません。また，規制当局が費用構造を知ることができることも重要です。対象となる企業数が少ない場合に，各企業が直接的ではなくとも自企業の費用情報が査定に用いられることを知っていれば，費用を過大に見積もる動機が残ります。

プライス・キャップ規制

プライス・キャップ規制とは，上限価格を決めてそれ以下で（あるいは上限価格と下限価格の範囲を決めてその範囲で），企業が自由

に価格を決められるという規制です。実際にNTTの市内電話料金などで採用されています。上限価格は，原則として，一般的な費用の変動率を示す（小売）物価上昇率から，その企業に対して目標とする費用削減率（生産性上昇率）を差し引いて定められます。プライス・キャップ規制も，各企業の価格をその企業の費用条件から独立にし，目標値を上回って費用を削減できれば企業に利益を与えるようにすることで，企業の利潤動機を効率化に生かそうとするものです。

しかし，この規制においても，企業の利潤率が高くなると，いずれは費用削減の目標値が高められることになるでしょうから，そのことを承知している企業に与えるインセンティブの大きさは，基準値の改定までの期間によって変わることになるでしょう。そして，企業の利潤率に一定の目標値を設定するようになれば，公正報酬率規制と本質的に変わらないことになります。そうした限界があるとしても，プライス・キャップ規制とヤードスティック規制は企業の利潤動機を刺激して効率化を推進する役割を有しています。

> **ココをチェック！[14-3]**
> インセンティブ規制にはどのようなものがありますか？ またそれらが企業に効率的な経営を促すのはなぜですか？

4 規制改革② ～参入促進～

参入促進政策　　第3節ではインセンティブ規制という新しい価格規制について説明しましたが，以下に述べるような，市場構造に関する規制緩和や新しい政策手段が

とられるようになりました。

　市場構造に関する規制緩和としては，参入の規制緩和があります。本来競争可能な分野で参入規制が行われていた場合は，価格規制に加えて参入規制を緩和することで，競争を促進し，市場成果を改善することが期待できます。

　ここで，**コンテスタブル市場**について説明しましょう。コンテスタブル市場とは，①サンクコストなしで参入・退出が可能である，②既存企業は現行価格を一定期間変更することができない，という2つの条件を満たす市場です。コンテスタブル市場なら，たとえ独占の市場であっても潜在的な参入者の存在が競争圧力として働きます。もし，既存企業のコスト水準が潜在的参入者と同等であれば，平均費用を上回る価格を付けることができません。なぜなら，価格が平均費用を上回っていると，参入企業が既存企業よりも低い価格で参入して利益を上げることができるからです。

　しかし，巨額の設備投資を必要とする自然独占の市場であれば，サンクコストが大きいでしょうし，参入が実際に生じる前に価格を引き下げることも可能となるでしょうから，単純に参入の規制緩和だけで競争を促進できるとはかぎりません。そこで，自然独占に対処する新しい政策手段が必要になります。

　そうしたものとしては，自然独占の部門をそれ以外の競争可能な部門と分離し，競争可能な部門に新規参入を促す一方で，新規参入者が事業を行ううえで不可欠な自然独占部門の設備へのアクセスを開放するオープン・アクセス制度の採用があります。たとえば，次項で説明するように，電力事業で，発電事業や電力の卸売や小売の事業に新規参入を促す一方で，既存大手電力会社の送配電網を開放することです。これは，同じネットワークを用いた産業内での競争（ネットワーク内競争）を促進するものです。

> **オープン・アクセス**

近年、**オープン・アクセス**という新たな規制改革が行われてきています。これは、産業のなかで、自然独占性を有するネットワークの部分と自然独占性がなく競争が可能な部分を分け、競争可能な事業を自由化して参入を促す一方で、ネットワークへのアクセスを新規参入企業にも公正な条件で開放し、既存企業と新規参入企業の間で競争できるようにしようとするものです。

たとえば、電力事業には、発電、送配電、小売の部門があり、日本では長い間、垂直統合された10の電力会社が地域ごとに独占的に電力供給を行ってきました。しかし、電力事業のうち、自然独占であるのはネットワークを構成する送配電網であり、発電や小売は自然独占ではありません。そのため、送配電と発電・小売を垂直統合することは必要ではありません。そこで、独立した発電事業者に参入を認めることが競争を促進するのに有効です。ただし、発電や小売をする事業者にとって送配電網は事業を行ううえで不可欠設備（エッセンシャル・ファシリティ）です。そこで、新規参入事業者も適正な料金を支払えば既存の大手電力会社の送配電網を利用できるような制度になりました。小売についても、とくに大口需要家向けは自由化して価格競争を促すようになりました。新規参入した独立事業者は電力を卸売することもできますが、買い手をみつけると、送配電網を通じて電力を直接的に小売販売することもできます。自由化された市場は徐々に拡大され、2016年には家庭用も含めて全面自由化されます。これにより、大手電力会社と独立事業者、さらに異業種からの参入も起こって顧客を奪い合う直接的な競争となり、新しいサービスが提供され、価格が低下する効果が期待されます。

通信事業について見ると、長距離電話網は自然独占ではないということで新規参入を認める一方で、各家庭と基地局をつなぐ市内電

話網(加入者回線ネットワーク)は自然独占であるということから,新規参入企業がNTTの設備を,適正な接続料金で差別的な扱いなく利用できるよう規制改革を行ってきました。

オープン・アクセスが有効に機能するために重要なのは,電力事業においては,独立系発電事業者が電力の送電を既存大手事業者の送電網に託すとき(託送)の条件であり,通信事業においては,新規参入事業者がNTTの電話網に接続するときの条件です。託送料金や接続料金などのアクセス・チャージが不当に高ければ事実上,新規参入事業者の経営が成り立たなくなります。逆に,料金が低すぎると,送配電網や通信網の投資費用が回収できないためネットワークへの投資が行われなくなります。

Case Study ⑬ 電力市場の改革

EUでは市場統合をめざすなかでエネルギーについても自由化を進めました。その際,送配電部門が新規参入する発電事業者や小売事業者に対して差別的な取り扱いをしないという競争政策,および投資インセンティブを確保することに配慮がなされました。まず,1996年に第一次指令を出し,発電,送配電,小売の会計分離を実施し,部門間での内部補助を禁止しました。2003年の第二次指令では,送配電を別会社とする法的分離を求めました。これは送配電を法人として独立させるものですが,持株会社のもとに置くことも許されていました。小売の全面自由化も求めました。2011年の第三次指令ではさらに送電部門の独立性を高めるため,所有分離(既存会社が送電会社の株式を売却)とするか,あるいは法人分離のままでも独立性を求めた組織(送電部門を自ら所有するTSO〔transmission system operator〕または自ら所有しないITO〔independent transmission operator〕)とし,系統運用の独立性に加えて送電網への投資計画を独立して策定できるようにしました。

イギリスではナショナル・グリッド社が送電網を運用しており,発

電と小売は6社寡占となっています。発電と小売が垂直統合されていきましたが，それは発電事業者が安定的な販路を確保でき，小売事業者も電力を安定的に確保できることによります。ドイツでは送電会社は4つの地域に分かれていますが，そのうち3つは所有分離されました。「送電料金を下げるべし，差別的な取扱いを止めるべし」という競争法上の要求に対応して，4大事業者のうち3社が送電部門を売却したためです。小売は4社寡占となっています。フランスでは，旧国営会社（EDF）が持株会社で送電部門を保有し，発電・小売でも約80％のシェアを有しています。

一方，アメリカでは複数の州にまたがる送電は連邦エネルギー規制委員会（FERC）が，配電と小売は州の公益事業委員会が規制を行っています。構造分離を家庭用小売りまで完全実施しているのが16州，部分実施をしているのが7州，残りの27州では垂直統合した電力会社が存在しています。完全実施しているのは北東部11州と中部のイリノイ，オハイオ，ミシガン，そしてテキサスとオレゴンです。ただし，垂直統合している場合でも送電部門の機能分離が義務付けられ，非差別的な運用をするよう規制されています。垂直統合しているのは中西部と南東部の諸州が多いです。送電網の運用はISO（independent system operator；州をまたがる場合はRTO〔regional transmission organization〕とよばれます）によって行われています。アメリカのISOはヨーロッパのTSOと違って送電網を保有せず，投資もISOに参加する電力会社が実施しています。

日本では1995年から制度改革が始まり，1999年に産業用需要の小売部分自由化（契約電力2000 kW以上）が始まり，その後範囲が広げられました（2003年に契約電力50 kW以上）が，60％以上の市場で自由化されたにもかかわらず，自由化された市場での新規参入者のシェアは3％台にとどまっています。2011年の東日本大震災・福島原子力発電所事故以降にようやく電力市場改革の機運が高まり，2013年には2015年の広域系統運用機関設立を決定し，2014年には2016年の電力小売の全面自由化を決定するとともに，2018年から2020年の間に法的分離による送配電部門の中立性の一層の確保をめざすこととなりました。

(参考文献) 舟田正之編［2014］『電力改革と独占禁止法・競争政策』有斐閣。山田光［2012］『発送電分離は切り札か——電力システムの構造改革』日本評論社。

規制緩和とネットワーク間競争　参入規制や価格規制を緩和することは，ネットワーク内競争を促進するだけでなく，異なるネットワークの間での競争（ネットワーク間競争）も促進します。たとえば，交通の規制緩和により，航空と鉄道と高速バスの間の競争が激しくなりました。また，電力とガスの規制緩和により，電力事業内とガス事業内での競争だけでなく，オール電化やコージェネレーション（熱電併給）を通じた電力会社とガス会社の間の競争や，電力会社によるガス事業への，そしてガス会社による電力事業への相互参入による競争が促進されました。

通信事業でも，携帯電話とブロードバンド通信の急速な発展により，固定電話，ADSL，光通信，ケーブルテレビ，携帯電話，衛星通信など多種多様なメディアによる競争が進んでいます。放送と通信の融合も進んでおり，これまで情報の送り手と受け手が，通信は1対1，放送は1対多の情報伝達手段でしたが，インターネットや携帯電話でテレビを見られるようになったり，ケーブルテレビで通信ができるようになったりして放送と通信が融合してきました。今後は，放送，通信という縦割りの政策ではなく，インフラとコンテンツというレイヤー（層）別の横割りの政策が必要となります。たとえば，稀少な資源である電波帯の配分において適正な政策が必要となるでしょうし，競争政策においても，ネットワーク内の水平合併の反競争効果が薄れる反面，垂直統合による排除の可能性に配慮する必要が出てきます。

交通やエネルギーや通信のように、ネットワーク間の競争が行われるときには、それぞれのネットワーク内だけを見た規制では不十分であり、代替的なネットワーク間の相互参入と競争を公正で有効に行えるようにすることが重要な課題になります。

> **ココをチェック！[14-4]**
> ネットワーク産業において、オープン・アクセスはどのような役割を果たしますか？

5 民営化

民営化の経緯

自然独占の市場では、民間企業が財・サービスを供給し、政府がその行動を規制するやり方と、公的部門が自ら供給するやり方があります。しかし、自然独占の市場は利用者の排除可能性があるので純粋公共財ではありません。したがって、公企業が自ら供給をする必要性は必ずしもありません。さらに、公企業の問題点に経営の非効率性があります。民間企業には利潤を求めて経営を効率化するインセンティブがありますが、政府には効率化するインセンティブが働きにくいのです。

そこで、日本では、1980年代に国鉄（現JR各社）や電電公社（現NTT各社）が**民営化**されました。最近では道路公団や郵政が民営化されました。日本の民営化の特徴は、電電公社や郵政公社のように業種で分離したり、国鉄や道路公団のように地域で分割したりというように、それぞれの業種や地域で巨大な独占的企業として民営化したことです。こうした民営化は、独占力を維持したまま、規模の経済性を生かすことができるので、企業の採算を高めるうえで

有効です。しかし、その反面、競争の促進という点では不十分なものとなります（通信では、その後NTTへの規制改革を通じて競争を促進しました）。

これに対して、欧州では、政府が入札により企業に独占的経営権を与えるフランチャイズ制度の導入が重視されています。これは、国有企業や公営企業のインフラ部分を運営部分と分離（上下分離）し、運営部分を入札によりフランチャイズすることです。欧州は、EU統合による域内の競争促進政策とあわせて、民営化を競争促進の手段としてとらえているという特徴があります。

フランチャイズ制と上下分離

フランチャイズ制とは、営業に関する権利を契約により授受するもので、与える側をフランチャイザー、与えられる側をフランチャイジーとよびます。第8章4節（193頁）で見たように、コンビニエンス・ストアや外食産業などでよく用いられる制度ですが、規制との関係で重要なのは、権利を与えるのが公的部門となる場合です。とくに、公的部門がネットワーク産業のインフラを所有し、消費者へのサービス供給を民間企業が行う**上下分離**（垂直分離）という手法を民営化において用いるときにフランチャイズ制が有効となります。

ここで310頁の図14-2を用いて、自然独占の市場においてフランチャイズ制度がどのようにして有効となるのかについて、デムゼッツの考えを紹介して考えましょう。いま、図14-2の平均費用曲線を有する企業が複数存在するとし、政府が特定の企業に、この市場に投資をして市場を独占する権利を与えるとします。ただし、ここでは上下分離せずに、権利を得た企業は自ら投資をしなければならないとします。そして、政府はどの価格でサービスを提供できるかについて各企業に入札を求め、最も安い価格を示した企業に独占

権を与えます。すると，企業は，P^A の価格を入札するでしょう。それ以上の価格を示せば正の利潤が生じますし，それ以下の価格を示せば利潤は負になります。正の利潤が生じるようだと，他社がそれ以下の価格を示すので，落札できません。このように，入札競争は，市場での価格競争を代替する役割を果たすことになります。

上下分離をしないまま価格入札により独占的経営権を与えることの限界は，需要や費用などの予測できなかった変動への対処の仕方にあります。需要が減少したり，費用が増大したりしたとき，企業は P^A の価格では事業を継続することができません。このとき，企業は政府に対し価格の再交渉を申し出るでしょう。政府が再交渉を拒絶して企業を倒産させることも可能ですが，市民生活に必要不可欠な事業であれば，そうしたことも簡単にはできません。結局，再交渉に応じざるをえないでしょう。情報に非対称性があるなかで再交渉があると，このような入札制度が効率性を達成できるかどうかはあやしくなります。

それでは，ネットワーク・インフラを政府が所有している場合はどうでしょう。このときには，当該企業との再交渉に応じるのではなく，新たな企業を決めるための再入札を行うことも可能となるでしょう。

政府がネットワークを所有して営業権をフランチャイズするのは，民営化の有力な手段になります。フランチャイズの権利を入札することにより，最も効率的な企業を選ぶことができます。一定期間の営業の権利を入札し，権利の取得に最も高い金額を支払う企業をフランチャイジーとするのです。もし地方の鉄道のように収益性がない事業の場合は，逆に補助金額を入札し，最も低い補助金額を提示した企業をフランチャイジーとします。一般的には，採算性のある事業であると考える企業の場合はプラスの入札価格を，事業に

補助金が必要であると考える企業の場合はマイナスの入札価格を書く入札制度にすれば，採算性の有無も事前に決めておく必要はありません。政府としては最大の補助金額さえ決めておけばよいことになります。

こうした入札で，もし市場を独占する企業が財・サービスの供給において高い独占価格を設定することを避けたいのであれば，価格規制としてプライス・キャップを用いるなどにより，利用者の最低の便益を保証することも可能です。ただし，このときには企業の営業権に対する入札価格は下がることになります。

なお，上下分離でネットワークを公的部門が保有する場合，その維持・管理，あるいは投資について効率的に行えるか否かの問題が残ります。効率的に行うことが重要であるとともに，非効率性が大きい場合には上下統合のほうが望ましくなります。

> **ココをチェック！［14-5］**
> ネットワーク産業の民営化で上下分離とフランチャイズ制を採用するメリットは何ですか？

Case Study ⑭　日本とイギリスの国鉄民営化

日本の国鉄は，自動車の普及の影響を受けたことや経営が適切ではなかったことから，1964年以降赤字を出し続けていました。85年度には国から6000億円の補助金を受けていながら，1兆8000億円を超える赤字を出すほどで，民営化の際には長期債務が37兆円にも達していました。82年に第二臨時行政調査会は国鉄の分割民営化を答申し，国鉄再建監理委員会のもとで87年に民営化が実施されました。国鉄は地域別の6つの旅客鉄道会社と，1つの貨物鉄道会社に分割されました。新幹線とJR貨物には上下分離が導入されましたが，

基本的にはJR旅客鉄道各社は，線路，駅，車両を保有する垂直統合された企業でした（新幹線は新幹線鉄道保有機構が所有し，JR本州3社が30年間にわたり線路を借りて営業することとなりましたが，JR東日本が株式上場する際に，新幹線事業の将来の不透明性を解消するために新幹線はJR本州3社に売却されました。また，JR貨物は，自社所有の線路をほとんど保有せず，各JR旅客鉄道会社の線路を借りて運行しています）。しかも，都市圏における私鉄との競争や，バスや航空との間での競争があるものの，鉄道においては地域におけるほぼ独占的な企業でした。人員削減など収益性を重視した経営により，JR7社は2005年度に5000億円の経常黒字を出すようになりましたが，大都市の駅開発や新幹線の整備が進む一方で，ローカル線が廃止されるといった面も有しています。

これに対し，イギリス国鉄の民営化の手法は大きく異なります。1994年からの改革では上下分離を採用し，鉄道インフラ（線路，駅，信号，橋梁，トンネル）を保有するレールトラック社を作りました。また，実際に列車を運行する25の旅客鉄道会社（TOC; train operating company）を入札により選びました。これは，どれだけの補助金で運営できるかを入札するもので，最小金額を提示した企業とフランチャイズ契約を結び，一定期間（通常は7年間）の営業権を与えました。TOCは線路使用料を払って線路を使用するだけでなく，車両もリースして営業をします。旅客輸送量は民営化まで減少していましたが，その後は大幅に増加しました。人口や面積を勘案するとイギリスは日本よりも密な鉄道網を維持し続けています。レールトラック社は完全民営化され株式上場しましたが，保守・メンテナンスの下請けへの丸投げといったレールの適切な維持管理不足と投資不足により，2000年のハットフィールド事故をはじめとする事故が続き，その補償金が増加したために破綻しました。02年には非営利企業としてネットワークレール社が設立され（レールトラック社を買収し），インフラ改善が図られています。そうした反面，TOCやネットワークレール社への補助金が再び増加しています。

（参考文献）　柳川隆・播磨谷浩三・吉野一郎［2007］「イギリス旅客鉄道における規制と効率性」『神戸大學經濟學研究年報』第54巻：59-84頁。

6 社会的規制

規制には，これまで述べてきた経済的規制に加えて，健康や安全の確保，環境の保全のための**社会的規制**があります。社会的規制は主として情報の非対称性と負の外部性に基づくものです。たとえば，医薬品や食品を購入したり，交通機関を利用したりするとき，消費者が提供される財・サービスの品質や安全性がわからない場合には，予期せぬ危険に遭って消費者が被害を受けたり，消費者が購入するか否かの適切な判断が下せず，効率的な取引が行われなかったりします。そこで，あらかじめ安全水準を規制して一定の安全性を保証することによって，消費者が安全性と情報の非対称性を問題にすることなく安心して購入することができるようになります。

また，第11章2節（239頁）の共有資源のところで述べましたように，環境を悪化させるなどの負の外部性に対する規制も社会的規制です。これには，公害を引き起こす騒音や汚水，大気汚染，産業廃棄物に関するものから，都市計画のように地域で負の外部性を引き起こす可能性のある場合も含まれます。

規制に対しては，経済的規制は原則自由・例外規制，社会的規制は自己責任を原則に必要最小限にするのが基本的な考え方です。実際，経済的規制は緩和されてきましたが，社会的規制は医薬品のインターネット販売規制が緩和される一方で，食品の安全性の確保のための規制が強化されたりもしています。どのような規制を強化あるいは緩和するのが適切かは，科学的な知見に基づいて国民がリスクへの態度を決めるという側面があります。また，社会的規制は消費者保護の名のもとに規制の恩恵を受けてきた既得権者がその既得

権益の維持のために反対して緩和されないことがあります。経済的規制では既得権益が維持しにくくなっているために，社会的規制を隠れ蓑にしようとしていることもあります。しかし規制を守るには企業にとってコストがかかり，行動の自由も奪われるので，必要であるべき社会的規制に対しても規制緩和の要求が生まれることもあります。必要最小限の規制を実際に実現することは重要な課題といえるでしょう。

> **ココをチェック！ [14-6]**
> 社会的規制はどのような市場の失敗に対応しますか？

練習問題

14-1 図 14-1(A)（307 頁）の平均費用曲線において，1 社で生産するほうが 2 社で生産するより総費用が小さくなることを示しなさい。

14-2 日本とイギリスの国鉄民営化について，上下統合型と分離型の社会にとっての利点と欠点を考えてみましょう。

14-3 規制緩和を企業にとってのビジネスチャンスととらえると，どのようなビジネスが考えられるでしょうか。

14-4 第Ⅱ部の第 8～10 章までに述べられた企業に関する理論は，規制改革や民営化にどのように活用できるでしょうか。

第15章 公共政策とミクロ経済学の新たな展開

> ***Introduction*** 本章では，これまで第Ⅲ部で個別に見てきた公共政策の役割を，最近のミクロ経済学の成果である情報の経済学，行動経済学，進化ゲーム理論などの視点も加えて整理します。第1節では公共政策のミクロ経済学的分析である公共選択論や新しい政治経済学について説明し，第2節では最近の公共政策の新たな動きである，地方分権，新公共経営，NPOについて，ミクロ経済学的視点から考察します。最後に第3節では，行動経済学や進化ゲーム理論の進展によってミクロ経済学の扱う人間像や制度観が広がったことで，公共政策についての考察がどのように変化したかを議論します。
>
> ***Keywords*** 公共選択論，レント・シーキング，ソフトな予算制約，中位投票者定理，政府の失敗，新公共経営，NPO，行動経済学，実験経済学，進化ゲーム

1 公共政策のミクロ経済学

効率性と公平性，再考

第4章で概説し第Ⅲ部で個別のトピックごとに見てきたように，現実の経済では市場メカニズムが機能するための諸条件が完全には満たされないので，個々の取引や経済活動のなかで常に何らかの市場の失敗に直面することになります。したがって政府の介入によって市場の失敗を補正することは，ミクロ経済学の視点から正当化される公共政策で

あるといえます。

　また，市場メカニズムの導くパレート効率的な資源配分は，当初の資源の分配状況に依存して決まるので，当初の分配状況に公平性の点で問題があっても，その問題が市場メカニズムによる効率的な資源配分によって解決されるわけではありません。ただし，市場はもともと資源の効率的配分のためのメカニズムなので，分配の公平性の問題を市場の失敗とはよべません。しかし，分配の公平性を維持あるいは改善することが市場メカニズムでは達成できないということは，逆説的ですがそれらがミクロ経済学の視点からは否定できない公共政策であるといえます。なお，本書では扱いませんが，景気刺激策としての財政政策や景気や物価の安定を図るための金融政策などのマクロ経済学的な公共政策もあります。

　第4章で述べたように，公平性の問題は経済学の対象ではないという考え方もありますが，市場の失敗のどのような補正においても，政府が市場に介入すれば関係者間で再分配が起こり，また間接的に他の市場での均衡も変化します。たとえば，交通量が多くて危険な狭い道路の拡張と高齢者が増えた地域の福祉サービスの増加という2つのプロジェクトの予算が同額で，しかしどちらかにしか予算を付けられない場合を考えてみましょう。このとき他産業も含めた雇用や所得に与える影響まで計算して，仮に金額で評価すると同じ効果が得られるとします。しかし，それぞれの公共サービスでどのような人が主に便益を得られるかは明らかに違いますから，どちらかを選ぶには何らかの価値判断が必要になります。このように，市場の失敗の補正の目標が総余剰最大化という効率性だけだとしても，現実には結果として特定の資源分配を選ぶという分配に関する価値判断をしなければなりません。

　逆に，分配の問題として議論されることの多い社会保障も，効率

性の視点で考えることは必要です。たとえば第11章, 第12章で説明したように, 社会保険における全員加入という制度化は, 非対称情報のため民間保険市場が十分に機能しないという市場の失敗を補完するシステムでした。また, 社会保険を含む社会保障全体も「ナショナル・ミニマムを保障するセーフティ・ネット」という公共財的側面に注目すると, ナショナル・ミニマムの水準, すなわち公共財の最適供給量を決めるという効率性の問題とも解釈できます。以上のように, 実際の公共政策を考える際に効率性か公平性かのどちらかだけで議論するのは困難です。

さらに, 第4章で述べたように, 政府は総余剰の最大化を目的とする単一の意思決定者ではありません。現実の公共政策の決定は, 異なる利害や意見を持つ, 政治家, 官僚, 各種の専門家, 利益団体, マスコミ, 世論（有権者）など多様な関係者の対立や妥協の産物です。しかし, 第12章で紹介したアローの一般不可能性定理が示しているように, 民主的な社会で誰もがいつも合意できるような意思決定制度はありません。このように, 効率性と公平性が分かちがたく, しかも公共的な意思決定では全員の合意を得にくいことから, 現実の最終的決定は, 何らかの政治的意思決定過程に委ねられることになります。

アダム・スミスなど経済学の創成期の学者は現実の政策についての政治経済学的議論を行っていましたが, その後数理的な理論の精緻化とともに, 経済学と政治学の分化が進んでいきました。ようやく20世紀半ばにブキャナンやタロックなどによって創設された（第4章でも紹介した）公共選択論において, 経済学でも政治的意思決定過程の分析が始まり, さらに近年ではゲーム理論や経済動学を取り入れた新しい政治経済学も発展しつつあります。本節の以下の3つの項では, こうした公共的意思決定の経済学的分析手法を使っ

た研究について見ていきます。

公共選択論と新たなミクロ経済学的視点

第4章で紹介した**公共選択論**では、現実の政策決定に関わる政治家、官僚、利益団体、有権者も、消費者が効用、生産者が利益を最大化するように、目的の最大化を図って合理的に行動すると考えます。しかしこうした政治的プレイヤーの目的や手段は多様なので、たとえば、政治家は選挙での勝利のために政策を選択し、官僚は自分の昇進のために所属する省庁の予算獲得に努力し、利益団体や有権者は自分の求める政策が採用されるように投票や献金を行う、というような仮説を立てモデル化します。

このようなモデルを前提にすると、政策の利益を受ける層は、自分たちに有利な方向へ政策を誘導するための献金や選挙活動など（**レント・シーキング**）に一般の有権者に比べて多くの資源（お金や時間）を投入するインセンティブを持ちます。レント・シーキングによって、彼らに有利な政策がつくられたり続けられたりする可能性は高まりますが、それ自体は社会的に無駄な活動であり、政策的意思決定を歪めることになるので社会的な非効率をもたらします。

また、政治家が選挙を意識して有権者の支持を求めるため、個々の政策プロジェクトの歳出は増えがちである一方、それに対する増税という負担増は有権者に不人気であるため主張しにくいという第12章で指摘した傾向があります。そのため当初の予算を超えて歳出が増えることになり、赤字に歯止めがかからない（**ソフトな予算制約**）という問題も起こってきます。

公共選択論では、こうした社会的非効率をもたらす公共的意思決定過程の仕組みを問題視し、レント・シーキングやソフトな予算制約を認めない一般ルールの立法化（**立憲的改革**）を提案します。なぜなら、ある特定の改革で既得権益を失うおそれのある層は、政治

家への圧力のための時間的・金銭的費用をかけるので、数は少なくても反対の声は大きくなります。しかし多数の有権者にとっては、個別の改革によって受ける利益は小さいので、既得権益層の反対を押しきってまで改革のために費用をかけて努力するインセンティブは生じません。したがって、社会全体の得られる利益が大きい立憲的改革を提唱することによって、多数の一般有権者の支持を得ようというのです。また立憲的改革は、総論的、抽象的であり、有権者のどの層にとっても、改革によって利益を受けるか損失を被るかわからない段階での提案なので、合意が得やすいとも考えられます。この点は第12章で紹介したロールズの「無知のヴェール」と類似のアイデアです。立憲的改革の具体的な例としては、均衡財政の立法化、貨幣供給のルール化、公共部門の一律削減などがあります。

しかし、現実には完全な「無知のヴェール」の状態は存在しないので推測に基づく利害計算がなされ、立憲的改革であっても既得権益層を説得して合意を得るのが困難になります。この点に関して、公共選択論の創始者の1人であるブキャナンは、合理的リーダーシップや経済的起源に基づく倫理という概念を提案しています。合理的リーダーシップとは、立憲段階で他の人々より多くの知識を獲得することに何らかの効用を得る（あるいは名声を求める）一部の人々が存在し、そのリーダーシップに多くの人々が追随することであり、これを仮定すると、社会的に効率性の高い立憲的改革が可能になります。また、経済的起源に基づく倫理とは、他のプレイヤーが協調的に行動することによってより高い効用を得られるプレイヤーが、他のプレイヤーに対して道徳的説得という費用のかかる行動をとることによって、他のプレイヤーも協調的行動をすれば高い効用を得るように利得構造が変わり倫理的行動を選ぶようになるというものです。

このうち（短期的な経済的利益だけにとらわれない）広い意味での利己的動機に基づく効用については、第6章、第13章で学んだ長期的帰結を考慮する無限回繰り返しゲームや、第7章で説明した非対称情報下での評判の確立やシグナリングといった最近のミクロ経済学の理論で説明できると考えられます。ゲーム理論や情報の経済学などのミクロ経済学の分析手法は、政府の活動に関連する関係者間の利害対立や相互依存関係、あるいはエージェンシー問題を分析する有効な手法であることもあって、次項で説明する政治経済学の分野で広く使われるようになっています。なお、リーダーシップや倫理的行動の説明としては通常の利己的動機と異なる効用の存在も考えられますが、その形成過程や存続理由についても、第3節で述べる行動経済学や進化ゲームの応用分野として、ミクロ経済学の研究対象になっています。

新しい政治経済学

新しい政治経済学では、公共選択論に加えて、選挙制度や政党制度など政治制度の分析が中心の合理的選択論（政治学）、マクロ経済学の動学的モデル（たとえば複数期間の効用の最適化）などの手法を統合して理論モデルを構築します。

たとえば、二大政党制の政治体制のもとで社会保障への支出の大きさを争点とする選挙が小選挙区制度で行われるとします。単純化のために、選挙区は1つ、有権者の数は（同点を避けるため）奇数、棄権はないと仮定します。また、有権者それぞれが社会保障支出の望ましい額に対する明確な好みを持ち、2つの政党のうち、自分の好みに近い政策を公約する政党に投票すると仮定します。

このとき、好みの社会保障支出額で全有権者を順序づけることができますが、全有権者の中位に位置する有権者（中位投票者）の投票する政党が、この選挙に勝って政権をとることになります。以上

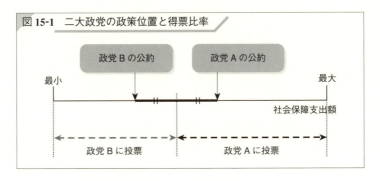

図 15-1 二大政党の政策位置と得票比率

のように，多数決の投票で中位投票者の好む点が選ばれることを**中位投票者定理**とよびます。

　この定理の成立条件や厳密な証明は省略しますが，その意味は図15-1 のように説明できます。この図中の線分は，有権者を社会保障への支出額の好みで最小額の人から順番に一列に並べたものと考えます。前頁の例で仮定した2つの政党を A，B とすると，図から政党 A のほうが高い社会保障支出を公約しているのがわかります。棄権はないと仮定しているので，まず政党 A よりさらに高い社会保障支出を望む有権者はすべて政党 A に投票し，政党 B の政策より低い社会保障支出を望む有権者はすべて政党 B に投票します。次に両政党の政策の間の社会保障支出を望む有権者は，両政党の中間地点から右は政党 A，左は政党 B に半分ずつの有権者が投票することになります。有権者数の過半数の支持を得た政党が勝ちますから，中位投票者の好む政策を提案した政党は，過半数プラス中間から相手の提案した政策との間を好む有権者の半数の票を得られるので必ず勝つことになります。それ以外の場合の勝敗は相手の出方によります。

　この結論は，政党の数が増えたり，棄権を認めたり，有権者の投票基準が複数あったり，選挙制度が変わったりすることによって当

然変わります。その場合に中位投票者定理のような明確な結論が出ることは少ないですが,それぞれのケースに応じて同様のモデル分析は可能です。

仮に所得が低いほど高い社会保障支出額を好むという(常識的な)想定をすると,相対的に低所得層が多ければ中位投票者の所得も低くなり,社会保障重視の政策が実行される可能性が高くなります。ここで均衡予算を前提にすると,社会保障支出が多ければ投資型の財政支出が少なくなり,経済成長に影響することも考えられます。このようにモデルを応用することで,たとえば選挙制度やさまざまな政治制度と経済成長率の関係を議論することも可能になり,実際こうした新しい政治経済学の分析手法を使った比較制度分析も行われています。

また,モデルを複数の世代にわたる政策選択ができるように拡張すると,選挙権のない将来世代は現在の政策選択への影響力が小さいので,その世代に不利な政策,たとえば公債発行による現在世代への社会保障支出の拡大,といった政策が採用されやすいという結論も導かれます(第12章2節の268頁を参照)。

このように,新しい政治経済学では,現実の経済政策の立案,決定,実施を,それぞれの段階で関わりのあるプレイヤーたちのゲームとしてモデル化します。そのモデルのなかで,プレイヤーの戦略(行動)やゲームの均衡を考察し,ゲームのルールである制度や慣習がプレイヤーの行動や均衡に与える影響を分析します。また,特定の制度のもとでどのような政策が選ばれやすいか,そのときの社会的厚生はどうなるか,といったことも考えます。

上述のいくつかの例は単純なモデルであるため,結論も常識的なものです。しかし,従来の経済政策はこのような政治過程を含まないマクロ・モデルに基づいて提案され,背景にあるプレイヤーのイ

ンセンティブや制度的要因までは十分に考慮されていたとはいえません。それに比べると、この新しい政治経済学の分析手法は、政策の選択・決定に影響を及ぼすプレイヤーや制度をモデルのなかに取り込むことで、より現実的な政策提案を可能にします。また、政策決定に反映されている要素とされていない要素をはっきりさせ、制度的な問題点が見えてくるというメリットもあります。

新しい政治経済学の課題

前項では新しい政治経済学の有用性を説明しましたが、政治的なプレイヤーの目的は、消費者における効用最大化や企業における利潤最大化と違って定量化しにくく、ゲーム・モデルを使うときは、多様なルールや複雑な政治環境をかなり単純化しなければならないのも事実です。たとえば政治家の目的は、多くの場合選挙での当選としてモデル化されますが、これが事実だとしても、どんな行動をとれば当選するかは定量化できませんし、選挙制度や立候補者の数によって最適な戦略も変わってきます。それ以前に、選挙での当選以外にも、政治的信条や経済的利益を目的とする政治家もいるでしょうから、そもそも目的関数を一般化できません。

有権者が何を基準に投票するかも不確かです。選挙結果に与える有権者の一票の影響は些細なものであり、有権者が時間や労力をかけて投票するのは合理的ではありません。しかし、現実には多くの人が投票所に足を運んでいます。このような個人合理性に反する行動には、利己的動機からは説明できないにもかかわらず、現実にはそれなりに行われてきた公共財の私的供給や共有地の維持と似たようなメカニズムが働いていると考えられます。ミクロ経済学的には、繰り返しゲームや進化ゲームを使った、協力関係や慣習的ルールの形成過程の研究と関連します。

官僚の目的については、ニスカネンが（他の目的があることも認め

つつ) 主張した「予算最大化」が有名です。官僚には企業の経営者の利潤最大化のような，誰もが認める明確な目的はありません。自分の理想とする政策を実現することが目的である人も，単に昇進競争に勝ち残ることが目的である人もいるでしょう。しかし，いずれにしても，現在所属する部局の影響力を高めることに貢献すれば，目標実現に有利になります。具体的には他の部局との予算獲得競争に勝つ，言い換えれば予算を最大化することが目的となるわけです。

このように，政策決定に関わる個々のプレイヤーのインセンティブは，従来の経済学で前提としてきた単純で利己的な合理的「経済人」という枠組みを超えるものです。この点については行動経済学，実験経済学，進化ゲームなどで研究が進められており，その成果の一部は第3節で紹介します。

> **ココをチェック！[15-1]**
> 「レント・シーキング」「ソフトな予算制約」とはそれぞれ何ですか？ また，なぜそれらが問題なのですか？

2 「政府の失敗」と分権化，新公共経営

政府介入の正当性と「政府の失敗」

前節では，公共政策が市場の失敗（すなわち効率性の問題）と公平性の問題に対する完全な解決策は提供できないという前提のもとで，そのような公共政策の形成過程について議論してきました。しかし前章までで見たように，少なくとも市場の失敗を補正してパレート効率的な状態に近づけることは，政府の活動として受

け入れられていると言ってよいでしょう。たとえば，不完全競争に対する競争制限行為の規制，環境規制，公共財の供給などは政府の役割として社会に定着しています。また，政府が（原則として）全員加入の保険（国民健康保険，国民年金，自動車損害賠償責任保険）を制度として提供することも，非対称情報による市場の失敗の補正やセーフティ・ネット確保のための公共政策として，その必要性は受け入れられていると思われます。

　しかし，不透明な決定過程やしばしば起こる不正，ずさんな実施・運営による問題のため，政策を担う政治家や官僚の評判は一般的にあまり芳しくありません。こうした「**政府の失敗**」の主な原因としては，独占の非効率性，非対称情報の問題（とくにエージェンシー問題），縦割り行政，レント・シーキングなどが考えられます。

　まず，中央政府は明らかに独占的なプレイヤーであり，地方政府（自治体）もそれぞれの地域では独占的プレイヤーであるため，民間企業のような競争圧力にさらされていません。次に非対称情報の問題とくにエージェンシー問題は，公共財の供給だけではなく成果を測りにくい政府活動全般にわたって問題となる要因です。さらに，各省庁，各部局間の相互不干渉のため，それぞれの分野で閉鎖的な縦割り行政が行われることもエージェンシー問題を引き起こす原因です。縦割り行政は，部門間で連携がとれないという非効率性も生みます。最後のレント・シーキングの問題は，公共選択論が主要な問題としていたように，利益誘導のための非生産的活動です。

　上述のように「政府の失敗」に対しては，さまざまな批判や不満が溢れていますが，現在はそれにも増して日本の危機的財政状態が，公共政策全般にわたって抜本的見直しを緊急の課題としています。第12章で見たとおり，バブル崩壊以降，財政赤字は急速に拡大してきましたが，さらに，少子高齢化の進行によって歳入減と

歳出増圧力は今後も深刻化することが見込まれています。したがって，非効率な結果を生む「政府の失敗」を見逃すゆとりはなく，次項以降で説明するようなさまざまな取り組みが試みられています。

地方分権

前項で「政府の失敗」の要因として挙げた独占の非効率性という点に関して考えてみると，国（中央政府）は，国際化の進展で他国政府との競争があるものの，依然として国内では独占的な存在といえます。しかし地方自治体の場合は，他の自治体と公共財・サービスの質や量の比較が容易で，住民の移動も国境を越える場合に比べればはるかに簡単です。したがって，公共サービスやその費用あるいは税に関して自治体間の競争も起こりえます。また，法律や政策を定める際に特定地域の事情に合わせられない国と違って，基本的にはその地域の事情だけを考慮すればいいので，地域のニーズに対応したサービスができます。当然国よりもその地方の必要性や要望をよく知っているので，非対称情報の問題も少なくなります。したがって，地方分権が「政府の失敗」への対応策の1つであることは確かです。

しかしこれまで日本の地方自治体は，法律的にも財政的にも中央政府のコントロール下にあり，中央の管理下で横並びのサービスを提供してきました。こうした手法は，まだ基礎的行政サービスが不足していた時代に全国一律の公共財・サービスを提供するには効率的でしたが，公共財・サービスに対する需要も多様化した豊かな社会では非効率なシステムです。とくに現在の厳しい財政状況では，限られた予算の範囲で，地域にあったサービスの内容や提供方法を探っていくほうが国全体としても効率的です。

ただし，現在の日本では地域間で財政力に大きなアンバランスがあり，財政力の乏しい地域は，中央政府からのサポートか，借金（地方債）という将来世代への負担の先送りによって，やっと基礎的

な公共サービスを提供できるという状況です。前者については，実質的には財源の豊かな地域から乏しい地域への再分配と考えられます。従来は中央政府という仲介者を通して間接的に行われていましたが，地方分権が本格的な税源移譲にまで進むと，両者の利害関係の顕在化は避けられません。ここでも効率化と公平性をいかに調整するかが課題となります。

Column ⑮　集積の経済学

情報の経済学の観点から地方分権が重要だといっても，人口減少が始まった日本では，地方によってはその存在自体が脅かされ，消滅が予想される市町村も少なくありません。「地方」が存続しないことには地方分権の議論も意味がありません。では，なぜ人口や企業が特定の地域（都市）に集積するのでしょうか。この問題をミクロ経済学の手法で考えるのが，都市経済学，空間経済学（あるいは新しい経済地理学）という分野です。産業の集積の効果については，すでに20世紀初頭にマーシャルが，知識の波及と進化，規模の経済や関連産業の発達，熟練労働者の十分な供給，などを指摘しています。また，マーシャルが専ら同一産業の集積を議論したのに対し，1990年代には経営学者のポーターが川上・川下の業界や金融機関，研究機関なども含めた「産業クラスター」の形成によって地域の発展を図ることを主張し，日本の経済政策にも大きな影響を与えました。

これまで都市経済学や空間経済学では，企業や人口の集積である都市が形成されるいくつかのメカニズムを明らかにしてきました。それらは大胆に一般化していうと，集積のメリットとデメリットのバランスで都市の規模や集積の内容が決まるというものです。集積のメリットを Duranton and Puga [2004] に従って整理すると，共有，マッチング，学習の3種類に分類されます。「共有」によるメリットとは，生産活動に必要な準公共財的な各種インフラなどのため存在する規模の経済（⇒ 第8章）や多様な中間財の投入の必要性から存在する範囲の経済（⇒ 第8章）から生じる便益を「共有」したり，個々の企業や労働者のリスク（たとえば，企業にとっては熟練労働者の突然の退職，労働者にとっては失業により次の職がみつからないこと）を多数で「共有」することでリスク分散を図る

ことです。「マッチング」によるメリットとは、多くの企業や労働者が集積することで、それぞれ最も利益を得られる相手と出会う（「マッチング」される）可能性が高くなったり、ホールドアップ問題（⇒ 第8章）も起こりにくくなるということです。「学習」によるメリットとは、起業家や労働者がそれぞれ既存企業や熟練労働者の経験から学ぶ機会が多く、その結果能力をアップする可能性が高まるということです。いずれも生産性を上げ、企業であれば利潤を労働者であれば所得を増やすことができます。他方で、集積によって住居費（地価や家賃）や通勤費（交通費や通勤時間）の上昇というデメリットも増加します。

地域ごとに、集積のメリットとデメリットのさまざまな組合せがあるはずですが、ここで述べたようなミクロ経済学的分析を通して、その地域にふさわしい政策を実行して集積を高める（あるいは消滅を防ぐ）ことは地方分権を成功させる必要条件といっていいでしょう。

（参考文献） Duranton, G. and D. Puga [2004] "Micro-Foundations of Urban Agglomeration Economies," in J. V. Henderson and J.-F. Thisse (eds.), *Handbook of Regional and Urban Economics*, Vol. 4, North-Holland.

民営化

地方分権だけでなく官民の役割分担の見直しも一種の分権化といえるかもしれません。たとえば第14章で学んだ規制改革の1つの流れは、競争による効率化を図ることであり、そのなかには政府や公企業が供給していた財・サービスの供給を民間企業に委ねること（民営化）もありました。近年民営化が決まった分野としては、第14章で述べた道路公団や郵政三事業（郵便、郵便貯金、簡易保険）のほかにも、介護サービス、公共施設の管理、駐車違反取締り、などがあります。また、このような民営化を進める包括的な枠組みとして、公共サービスを民間事業者と国や地方の行政機関とに入札で競わせる「市場化テスト」とよばれる制度も導入されました。「市場化テスト」の競

争入札では,価格と質を総合的に判断して優れているほうに供給を任せます。2006年の法制化以前からモデル化事業として公共職業安定所,社会保険庁関連事業,行刑施設などの一部で導入されています。

郵政三事業や介護サービス分野のように,公的分野とはいってもこれまでも独立した組織(郵政公社,社会福祉法人)によって運営されてきた分野では,大規模な民営化が進みつつありますが,それ以外の分野での民営化はそれほど進んでいません。これは,民営化する各分野で必要な法改正や民営化された場合の公務員の処遇などの合意を得にくい課題が多いためです。次節で紹介する制度の進化ゲーム的解釈では,関係者の長年の取引や付き合いのなかで,均衡(それぞれのプレイヤーたちの最適戦略の組)として定着した行動様式や慣習をルール化したものが制度であると考えられます。この解釈に従うと,制度を変えるには,大きな政治的変化や,長い時間をかけた変化の積み重ねが必要だと予想されますが,現実の動きもそれを裏づけているようです。この点については次節で改めて取り上げます。

新公共経営

本節の初めに「政府の失敗」の要因の1つとして挙げたエージェンシー問題など情報の非対称性については,それを解消するために,情報公開や政策事後評価が各分野で取り入れられています。また,非対称情報の一因である縦割りで部門間の連携がとれないという問題に対しては,従来も省庁単位では省内の調整を担う組織がありましたが,民間企業のマトリックス型組織や,政策課題ごとに省庁を超えたネットワークを組織する海外の改革事例を取り入れた取り組みが,先進的な地方自治体や中央政府の一部で始まっています。

非対称情報の問題が改善されて政策決定過程の透明性が高まれ

ば,「政府の失敗」の要因として挙げたレント・シーキングに対する抑制にもなります。最近の公共事業の入札で談合が減少し政策費用削減効果を上げているのは,公共事業削減による受注競争の激化が背景にあることは否めません。しかし,第 13 章でも紹介した課徴金減免制度のような,談合を維持しにくくする制度の導入や行政側の情報公開制度の拡大など,制度的に非対称情報の状況が維持しにくくなっていることも重要な要因だと考えられます。

以上のような制度・組織改革,前項で議論した民営化などの「政府の失敗」に対する改革は,1970 年代後半以降に,イギリス,オーストラリア,ニュージーランドなどで行われた行政改革が各国に広がったものです。各国での成功事例を基に徐々に体系化されてきたため,国によってあるいは時代によって,その意味するところは変化していますが,総称して**新公共経営 (new public management, NPM)**とよばれています。責任と権限の明確化,市場メカニズムの活用,サービスの受け手の視点による評価など,民間企業の経営手法を活用しているので「経営」とよばれていますが,政府の権限をできるだけ制限するという点では公共選択論と同様の発想です。また,民営化(あるいは「市場化テスト」)は競争促進政策の延長線上にあり,政策の事後評価や政策立案と執行の分離は非対称情報に起因するエージェンシー問題への対応策になっています。いずれも,ミクロ経済学的な裏づけのある政策といえます。

しかし,新公共経営も海外では 30 年以上,日本でも 20 年程度が経過し,その課題も明らかになっています。とくにヨーロッパでは,バブル後の不況が長引く日本と違い,経済危機からの脱出や新公共経営によって財政状況が改善したことで,見直しを進めるゆとりができたともいえます。課題としては,効率化の重視が格差の拡大を助長してきたのではないか,また,新公共経営は民間企業や

NPO といった多様なパートナーとのネットワークが重要になりますが，縦割りの官僚組織に慣れた公務員がそうしたやり方に適応できていないのではないかといった点が挙げられています。しかし格差の拡大は，第 12 章の *Column* ⑫（279 頁）でも取り上げたように，むしろ経済学全体（あるいは経済学を超えて）議論すべき大きな課題でしょう。また，多様なパートナーのネットワークとしての公共サービスの供給も，従来の経済学では扱ってこなかった供給形態であり，理論的にも新たに挑戦すべき課題といえます。

NPO

地方分権や「新公共経営」が広がるのと並行して，スリム化した政府の役割を代替，補完する主体としての **NPO**（non-profit organization; 非営利組織）の存在感も高まっています。NPO には政府や地方自治体の関連団体もありますが，多くは公共サービスに関わる主体（社会福祉や教育の関係者など）や地域住民が自発的に創り出したものです。しかし，行政サービスの代替，補完機能の担い手として，政府側が意識的に NPO の設立を促進するような法律を作り，税制や手続きの改正などを行ったことも確かです。豊かになった人々の価値観の多様化，社会の複雑化，高齢化の進行，など公共サービスに対する需要は増大するにもかかわらず，膨大な累積赤字と今後の少子高齢化の進行によって政府の財政難は長期化する見込みです。このような公共サービスの需要側の変化と政府の供給能力の低下を考えると，需要・供給両面で NPO の台頭は必然的な流れだといえるでしょう。

従来の公共政策のミクロ経済学的分析は，もっぱら政府を政策の担い手と想定していましたが，NPO はミクロ経済学的にはどう解釈したらいいのでしょうか。NPO を公共財・サービスの自発的供給ととらえると，第 11 章で説明したように，フリー・ライダーの問題から社会的には過少供給になります。NPO だけでは公共財・

サービスを供給しきれないのは事実ですから，このミクロ経済学的解釈で説明できるようにも見えます。また，NPOには既述のレント・シーキング活動を行う特殊利益団体のように，利己的動機に基づいて活動する組織もあります。しかし，利他的動機や地域・仲間意識など，従来のミクロ経済学が想定してこなかった動機に基づいて活動している組織も多いと思われます。そうした利他的行動，集団主義的行動（集団のために犠牲的行動もとる），互恵的行動（協力には協力，非協力には非協力）などについては，ミクロ経済学でも最近研究が進んでおり，次節でそれらの研究動向を見ていきます。

> **ココをチェック！[15-2]**
> 「政府の失敗」の例を2つ挙げ，失敗の理由も説明しなさい。

3 公共政策と新たなミクロ経済学の人間像，制度観

行動経済学

上述の新しい政治経済学がアダム・スミスの時代に未分化であった経済学と政治学の再統合の試みだとしたら，カーネマンやトヴェルスキーなどによってこの20～30年の間に発展してきた行動経済学も，やはりスミスの時代には未分化であった経済学と心理学の再統合の試みだといえるでしょう。ミクロ経済学が仮定する合理的な「経済人」のモデルが現実的でないことは，限定合理性の概念を提唱したサイモンをはじめ多くの人が指摘してきましたが，いまのミクロ経済学に代わる体系的な理論モデルはまだありません。また，合理的経済人モデルを擁護する議論として，「非合理的な行動は現実の経済でも次第に淘汰されていくので結果的には合理的行動が生き残る」，あるい

は,「理論モデルは有益な予測が可能かどうかによって評価されるべきであり, 合理的経済人の仮定はその基準に照らして何の問題もない」というような主張もあります。しかし, **行動経済学**という経済学の新分野では, 現実に人々がどのように行動しているのか, なぜそのような行動をとるのかを心理学や**実験経済学**（被験者による模擬取引やゲームなどの行動のデータを分析し, 経済理論・仮説の現実整合性を検証する新しい経済学の一分野）などの成果も取り入れながら, 従来のミクロ経済学のモデルでは説明できないさまざまな行動傾向があることを明らかにしています。ここでは, その例として, プロスペクト理論という（従来の期待効用理論と代替的な）理論と時間の割引率に関する双曲型割引という考え方を紹介します。

　まずプロスペクト理論では, 期待効用の効用関数に相当するものとして価値関数があり, この値はある基準からの差としての利得もしくは損失で測られます。価値関数では, 利得あるいは損失の増加による価値の変化分が逓減していくのは効用関数と同様ですが, 同じ額の利得と損失を比べると損失による価値の低下のほうが大きくなります。価値関数を測る基準を現状の価値とすれば, 既得権益が奪われる場合などの現状維持への強いこだわりが説明できます。また, その基準が長年の慣習的なものや, 最低賃金など法的根拠がある（と信じている）ものであれば, それを失うことは公正さを損なうと感じることになり, ロールズやセンの公理的議論とは異なる, 公正さについての心理的解釈を提供してくれます。

　もう1つの例である, 時間の割引率に関する双曲型割引という考え方も, 現状維持バイアスという点ではプロスペクト理論と類似のものです。経済学では, 異なる時点の価値を比較するときに, 通常は利子の計算と同じ複利計算で, 遠い将来ほど高く割り引く指数型の割引を使います。これに対して双曲型割引では,（通常の指数型

割引に比べて）現在に近い将来に対する割引率は高く，遠い将来に対する割引率は低くなります。時間の割引率に関するこの性質は，遠い将来の大きな利益（健全な財政）より近い将来の小さな利益（赤字削減の引き延ばし）を優先する傾向を意味し，財政赤字がなかなか解消されない状況をうまく説明します。

進化ゲーム

前項の例が，目先の利害にとらわれがちな人間の弱さを説明する論理であったのに対して，上述の利他的な NPO 活動の動機や，公共財の供給や共有地の保全に協力するような倫理的行動を説明する論理もいくつかあります。従来のミクロ経済学でも，利己的動機に基づく協力の可能性を説明するモデルは，第 6 章で説明した無限回繰り返しゲームにおけるトリガー戦略のように効果的な制裁をデザインするものや，第 7 章で説明した費用をかけて自分の評判を高めるシグナリングなどがあります。しかし，**進化ゲーム**の論理を使うと，競争において利他的動機や互恵的動機を持つプレイヤーの生き残る可能性があることや，グループのために犠牲を厭わないメンバーのいるグループが生き残りやすいことを説明できます。また，そのような動機に基づく行動が社会で慣習化することもモデル化できます。

進化ゲームは 1970 年代頃から生物学で使われ始めたゲーム理論モデルで，自然淘汰によって環境への適応度の高い行動様式をとるタイプの個体が優勢になるメカニズムをモデル化したものです。生物学的進化ゲームでは，プレイヤーは遺伝子に組み込まれた反応（これを戦略ととらえます）を無意識にプレイしますが，人間（社会）を進化ゲームでモデル化する際には，何らかのメカニズムで学習する限定合理的なプレイヤーを前提とするのが一般的です。

進化ゲームが注目されてきた 1 つの理由は，実験経済学での囚人のジレンマや交渉ゲームなどの現実的だと思われる実験結果が，

利己的プレイヤーを想定した従来の経済理論の予測する結果と異なり,それを進化ゲームで説明できたことです。もう1つの理由は,ゲーム理論の進展の過程で複数の均衡を絞り込む理屈があまりにも精緻化され非現実的になったことへの反省です。こうした背景もあり,進化ゲームの枠組みや,認知心理学で蓄積されてきたさまざまな学習モデルの応用が進みました。その結果,非利己的な効用を持つ人間が生き残るメカニズムや,慣習あるいは規範が形成されるメカニズムをモデル化できるようになってきたのです。

個々のモデルは比較的単純なものですが,進化ゲーム（あるいは心理ゲームや学習ゲーム）は,従来の合理的経済人のモデルとは異なり,より多様な人間行動をモデル化できるため,経済学を超えて社会科学のさまざまな分野で応用されつつあります（モデルの例については **Web App** ⑩ を参照）。

| 制度改革と制度の進化 |

ここまで本章では,公共政策に関わるプレイヤーの行動を,情報の経済学,新しい政治経済学,行動経済学,進化ゲームなどミクロ経済学の新しい考え方に基づいて考察してきました。本項では,そうしたプレイヤーがゲームをする枠組みである制度についてゲーム理論を使って考えてみます。

制度には,法律などで規定された狭義の制度と,その社会あるいは共同体のメンバーに共有される慣習や倫理観という広義の制度があります。公共政策で考える制度は通常狭義の制度です。したがって政策立案時に考えなければならないのは,意思決定に影響を及ぼすことができるのは誰か,彼らに許される行動の選択肢は何か,彼らが得る経済的精神的「報酬」は何か,といったことです。ゲーム理論の言葉では,プレイヤー,戦略集合,利得,ゲームの木という要素からなる「ゲームのルール」です。また,それぞれのプレイ

ヤーがある時点でどのような情報を持つかという情報構造も，結果を左右する重要な要素です。

　制度を「ゲームのルール」ととらえた場合，政策や制度改革を考えるには，望ましい目的を達成するにはどのようなルールを設定するのがいいかを考えることになります。情報の非対称性がない場合は，第6章で学んだ後ろ向き帰納法を利用して，どの戦略集合を選択させればいいか，そのためには利得構造をどう変えればいいかを計算して，プレイヤーを誘導する制度設計（メカニズム・デザイン）を行うことが可能です。より現実的な状況である非対称情報の場合でも，第7章で紹介したインセンティブ契約やオークションのように，特定の条件が整えば，所与の目標をある程度達成する制度設計が可能になります。

　しかし本章でこれまで見てきたように，「ゲームのルール」として狭義の制度を考えるとしても，制度改革のリーダーやその他の政治的プレイヤーの行動や利得について考察するには，メンバーに共有される慣習や倫理観という広義の制度に関する理解が不可欠です。広義の制度とは，ある状況下でどのような行動をとるのが適切かという，その社会での暗黙のまたは明示的な了解であり，歴史的な経験から次第に当然視され慣習化した行動あるいは思考のパターンです。ゲーム理論の言葉で言い換えると，「ゲームの均衡」ということになります。制度をゲームの均衡としてとらえる考え方は，まさに前項で議論した進化ゲームの考え方です。これによって，異なる歴史的初期条件，関連する他の制度との整合性などから制度が内生的に決定されるモデルを考えることが可能になりました。

　このような制度の見方をすれば，現在私たちが暮らしている経済社会の制度は，それぞれの時代の市場の失敗や分配の問題を，完全には解決できないまでも何とか解消しようと制度的に補完してきた

努力の積み重ねの結果です。これが進化の中身にほかなりません。

日本における従来の政治的意思決定過程の多くは,国や地方公共団体の担当省庁・部局が,政治家や関連団体あるいは世論（有権者）の意向にも配慮しつつ作った法律案・予算案を,（多少の修正はあるものの）ほぼそのまま国会あるいは地方議会で決定する,というものでした。そのような制度に基づいて遂行されてきた公共政策は,これまで第Ⅲ部の各章で見てきたように膨大な財政赤字の累積と少子高齢化の進行によって行き詰まっています。

本章で見てきたように,最近の地方分権や新公共経営という行政改革の方向は,非効率性の問題を解決するための公共政策としては,情報の経済学や新しい政治経済学など,新しいミクロ経済学の分析とも整合的な政策です。しかし,社会保障や地方分権の議論のなかで浮かび上がった課題が示唆するように,効率性を求めて変わりつつある現在の制度を,公平性の視点から補完する仕組みは進化の過程にあるといえそうです。本章で紹介した行動経済学や進化ゲームの議論が示すように,公平性という概念や社会の規範は時代や地域（文化）によって異なる心理的で相対的なものです。新たな分権的,効率的制度が構築されるなかで,新たな規範も形成されます。最近の格差や貧困についての活発な議論もその過程の一部と考えるべきでしょう。

> **ココをチェック！[15-3]**
> 行動経済学や進化ゲームにおける人間像は,どのような点が従来の経済学における人間像と異なっていますか？

練習問題

15-1 第1節の選挙に関するモデル（図15-1, 334頁）で，他の条件は変わらず，棄権を認めると，結論はどう変わるでしょうか。

15-2 地方分権がなぜ「政府の失敗」の対応策となるのか，説明しなさい。

15-3 「制度をゲームの均衡として考える」とはどのような意味か，説明しなさい。

文献ガイド

第Ⅰ部 市場の機能と限界：ミクロ経済学の基礎を学ぶ

　従来日本のミクロ経済学の教科書は本書第Ⅰ部の基礎的な理論の解説が中心でしたが，近年では本書第Ⅱ部のゲーム理論や情報の経済学も扱うようになってきました。本書と同レベルでは，マンキュー，スティグリッツ，クルーグマン等による米国の代表的な入門レベルの（数式を使わない）教科書（詳しくは Web 付録参照）が，本書の 2 倍以上の分量ということもあって，国際経済学あるいは労働経済学まで取り扱っています。

　また，本書以上に数式を用いず，ミクロ経済学の基本的な考え方を学ぶとともに本書第Ⅱ部で扱うビジネス・エコノミクスのエッセンスを紹介するものとして，**伊藤秀史 [2012]『ひたすら読むエコノミクス』**（有斐閣）があります。

　本書の次のステップである学部専門レベルでそのような範囲をカバーする教科書としては，**神取道宏 [2014]『ミクロ経済学の力』**（日本評論社）があります。なお，次のレベルに進むためには，ある程度の数学の知識が必要ですが，**尾山大輔・安田洋祐編著 [2013]『改訂版 経済学で出る数学——高校数学からきちんと攻める』**（日本評論社）など，経済学を学ぶ人向けに書かれた本で勉強するのが効率的です。

第Ⅱ部 組織における情報と戦略：ビジネスを読みとく

　第 6 章のゲーム理論と第 7 章の情報の経済学は，上述のように，最近の多くのミクロ経済学の教科書でも扱われています。また，これらは第Ⅱ部の他の章や第Ⅲ部の基礎理論なので，数学的なハードルを感じさせずに理論の応用例を平易に解説している，**神戸伸輔 [2004]『入門 ゲーム理論と情報の経済学』**（日本評論社）で足固めをしておくとよいでしょう。とくに，ゲーム理論では，**岡田章 [2014]『ゲーム理論・入門——人間社会の理解のために（新版）』**（有斐閣アルマ）も次のステップへと導いてくれます。

第8～10章の内容は企業の経済学や経営の経済学とよばれる分野です。これらについて学ぶには，小田切宏之 [2010]『企業経済学（第2版）』（東洋経済新報社），丸山雅祥 [2011]『経営の経済学（新版）』（有斐閣）がいいでしょう。さらに包括的なものとして，P. ミルグロム = J. ロバーツ [1997]（奥野正寛ほか訳）『組織の経済学』（NTT 出版），D. ベサンコ = D. ドラノブ = M. シャンリー [2002]（奥村昭博・大林厚臣監訳）『戦略の経済学』（ダイヤモンド社）の2冊があります。

第Ⅲ部　政府の機能と限界：政策を読みとく

　第11，12章で扱われる内容をカバーする分野は，「公共経済学」ですが，その学部専門レベルの教科書としては，林正義・小川光・別所俊一郎 [2010]『公共経済学』（有斐閣アルマ），J. E. スティグリッツ [2003/2004]『スティグリッツ 公共経済学（第2版；上・下）』（東洋経済新報社），須賀晃一編 [2014]『公共経済学講義——理論から政策へ』（有斐閣）などがあります。

　第13，14章に関連した話題は産業組織論で包括的に扱われます。初級者向けとして，競争政策については，泉田成美・柳川隆 [2008]『プラクティカル産業組織論』（有斐閣アルマ），規制政策については，山本哲三・野村宗訓編著 [2013]『規制改革30講——厚生経済学的アプローチ』（中央経済社）を挙げておきます。

　第15章の内容については，第Ⅱ部や第Ⅲ部の参考文献で触れられているトピックもありますが，多岐にわたるので詳しくは本書の Web 付録を参照してください。

索 引

● アルファベット

AC →平均費用
AVC →平均可変費用
FC →固定費用
HHI →ハーフィンダール＝ハーシュマン・インデックス
M&A →合併・買収
MC →限界費用
MR →限界収入
MU →限界効用
NPM →新公共経営
NPO **344**
SCP パラダイム **285**
VC →可変費用

● あ 行

新しい経済地理学　340
新しい政治経済学　333, 335
アバーチ＝ジョンソン効果　**312**
アローの一般不可能性定理　275
暗黙の協調　**291**
一位価格入札　169
一括税　262
一般均衡分析　**88**
インセンティブ規制　**313**
インセンティブ契約　**162**, 202
後ろ向き帰納法　**142**
益　税　260
エージェンシー費用　182, 201
エージェンシー問題　**160**, 201
エージェント　160
エッジワース・ボックス　**89**
応益負担　**258**
応能負担　260, **261**
オークション　**168**
　　イギリス型——　169
　　オランダ型——　169

オープン・アクセス　**317**

● か 行

会計上の利益　76
介護保険　277
外部性　103, **229**, 241
　　——の内部化　235
　　技術的——　229
　　金銭的——　229
価格競争　**122**
価格差別　**117**
価格支配力　110
価格の硬直性　105
価格メカニズム　**20**, 83
下級財　→劣等財
確実等値　157
家　計　3, 33
寡占市場　109, **119**
　　——の非効率性　129
課徴金減免制度　136, **294**, 295
合併ガイドライン　298
合併事業　190
合併の競争制限効果　297
合併の費用削減効果　297
合併・買収（M&A）　207, **296**
株価最大化　**198**
株式持ち合い　**207**
株　主　197
可変費用（VC）　63, 68
カラ脅し　141
カルテル　129, **286**, 289
環境税　233
環境の不確実性　**223**
関係特殊投資　184
監視費用　**199**
監査役制度　**204**
完全競争均衡　27
完全競争市場　**5**

完全情報ゲーム **134**
カンバン方式　189
完備情報ゲーム　**134**
機会費用　**76**
企　業　3, 56
企業結合　**296**
企業統治　→コーポレート・ガバナンス
企業の境界　177
技術的限界代替率　**59**
基数的効用　35, 154
規制政策　307
期待効用　**152**
ギッフェン財　**50**
機　能　276
規模の経済　103, 178, **180**
逆進性　268
逆選択　**160**, 165, 270
供　給　**3**
供給曲線　6, 16, 56
　市場——　18
競争政策　283
競争法　283
共有地の悲劇　**238**
共有資源　**239**
均　衡　**3**, 20
空間経済学　340
クールノー均衡　**126**
クールノー市場　110, **123**
経営者への規律づけ　**203**
経営の委託　**199**
計画経済　88
経済学上の利潤　**76**
経済厚生　**21**
経済主体　3
経済的起源に基づく倫理　332
経済的規制　308
契約曲線　**93**
系列取引　190
ゲーム的状況　133
ゲームの木　135, **137**
ゲームのルール　**133**
ゲーム理論　132
限界効用 (MU)　**8**
限界収入 (MR)　16, **112**

限界生産力　**59**
限界代替率　39, **59**
限界費用 (MC)　**12**, **63**
限界費用価格　**309**
限界変形率　**95**
限界利潤　**114**
現在割引価格　145
現状維持バイアス　346
源泉徴収　254, 262
公共財　104, **240**
公共選択論　102, 330, **331**
広　告　212
交差代替効果　**50**
厚生経済学の第1基本定理　**92**
厚生経済学の第2基本定理　**93**
公正取引委員会　283
公正報酬率規制　**311**
公的供給　308
公的年金　271
公的扶助　271, 272
行動経済学　345, **346**
公平性　6, **21**, 329
効　用　**8**, **35**
効用可能性フロンティア　**274**
効用最大化仮説　36
効用最大化の条件　44
功利主義　101
効率性　6, **21**
合理的リーダーシップ　332
国　債　268
コースの定理　**234**
固定資産税　257, 260
固定費用 (FC)　63, 66
コーポレート・ガバナンス　**203**
コミットメント　**149**
混合戦略　148
コンテスタブル市場　**316**

● さ 行

財政赤字　255
最低賃金　85
最適反応　**139**
再販売価格維持　**302**
サプライチェーン　226

サプライヤー・システム　188
参加制約　163
産業クラスター　340
産業組織論　284
サンクコスト　**185**
参入規制　311
参入阻止行動　**216**
残余需要曲線　124
死荷重　**28**, 229
事業継続計画　**224**
事業税　257
事業の多角化　**223**
シグナリング　**168**
資源配分　**4**
市場画定　**298**
市場化テスト　341
市場構造　284
市場行動　284
市場支配力　283
市場成果　284
市場の失敗　**102**, 329
市場不確実性　**223**
市場メカニズム　**83**
自然独占　118, **306**
実験経済学　**346**
実質賃金率　52
私的財　241
私的情報　243
私的独占　**299**
支払意思額　→支払許容額
支払許容額　**8**
社会的規制　308, **326**
社会的限界費用　229
社会的厚生関数　**274**
社会的ジレンマ　239
社会的余剰（総余剰）　21
社外取締役　**205**
社会福祉　250, 271, 272
社会保険　249, 270, 330
社会保障　**248**, 270
囚人のジレンマ　**135**, 239, 288
集　積　340
住民税　257
需　要　**3**

――の価格弾力性　**116**
需要曲線　6, 9
　個別――　**45**
　市場――　17, **45**
需要量　**45**
準公共財　240
純粋公共財　240
上級財　→正常財
上下分離　**322**
勝者の呪い　175
消費計画　35
消費者　3, 33
消費者余剰　**23**
消費税　257, 259
消費の限界代替率　**39**
情報の経済学　159
序数的効用　35, 153
所得効果　**48**
所得税　257, 268
進化ゲーム　**347**
新公共経営（NPM）　165, **343**
垂直的境界　**178**
垂直的公平　**261**
垂直的差別化　**211**, 212
垂直統合　186
スイッチング・コスト　121, 220
水平的境界　**177**
水平的公平　**261**
水平的差別化　**211**, 212
数量競争　**123**
スクリーニング　**168**
ストック・オプション　**209**
税　254
成果主義　163
生活保護　250, 271, 272
政策的独占　118
生産者余剰　**24**
生産フロンティア　**95**
正常財　**49**
制　度　348, 349
製品差別化　211
政　府　3
政府の失敗　**338**
設備投資　214

セーフティ・ネット **248**
セン (Sen, A.) **275**
先行者の優位性 **212**
潜在能力 276
戦略 **134**
戦略的行動 133
総括原価方式 **311**
操業停止点 75
双曲型割引 346
相対価格 42
総費用曲線 63
　　短期の—— 65
　　長期の—— 63
総余剰（社会的余剰）**21**
ソフトな予算制約 **331**
損益分岐点 75

● た 行

代替効果 **48**
短　期 **63**
炭素税 233
逐次手番ゲーム 135
地方債 268
地方消費税 257
地方税 257
地方分権 339
中位投票者定理 **334**
超過供給 19
超過需要 20
長　期 **63**
直接規制 233
積立方式 271
提　携 190
電波オークション 173
同時手番ゲーム 135
等費用線 **60**
等量線 **58**
独占均衡 **115**
独占禁止法 283
独占市場 109, **110**
　　——の非効率性 128
都市経済学 340
特許権 119
トリガー戦略 **143**, 146, 291

取引費用 179, **183**, 235

● な 行

ナショナル・ミニマム 271, 273
ナッシュ均衡 **139**
　　参入ゲームの—— 140
　　囚人のジレンマの—— 139
二位価格入札 169
二重マージン 303
二大政党制 333
ネットワーク外部性 121, **219**
ネットワーク産業 306
ネットワーク間競争 320
年功序列型賃金 164

● は 行

排出量取引（市場）233, 235, 236
配　当 198
ハイブリッド型取引 180, **187**
配　分 94
バックワード・インダクション →後ろ向き帰納法
ハーフィンダール＝ハーシュマン・インデックス（HHI）**129**
パレート改善 **278**
パレート効率的 **92**
範囲の経済 178, **182**
反トラスト法 283
反応曲線 **126**
比較静学 **7**, 28
比較生産費説 97
比較優位 **97**
非競合性 240
ピグー税 **230**, 232
ビジネス・フォーマット・フランチャイズ 192
非対称情報 104, **159**
非排除性 240
費用最小化の条件 62
標準規格 **219**
評　判 **144**
付加価値 3
賦課方式 271
不完全競争市場 5, 109

複占市場 **119**
不公正な取引方法 **301**
不当な取引制限 **293**
部分均衡分析 **88**
部分ゲーム 141
部分ゲーム完全均衡 **141**
プライス・キャップ規制 **314**
プライス・テイカー **5**
ブラックボックス 196
プラットフォーム・ビジネス 221
フランチャイズ制 **191**, **322**
ブランド **213**
フリー・ライド 240
プリンシパル 160
プリンシパル=エージェント関係 201
プロスペクト理論 346
分配 94
平均可変費用（AVC） 66
平均費用（AC） **13**, **65**
平均費用価格 **310**
ベルトラン均衡 **123**
ベルトラン市場 110, **122**
法人税 257, 258
包絡線 274
保険 250, 270
補償原理 **278**
ボーモル=オーツ税 233
ホールドアップ問題 **179**

● ま 行

マークアップ比率 116
マーシャル的調整過程 83, 84
民営化 **321**, 341
無限回繰り返しゲーム **143**
無差別曲線 37
無知のヴェール 276, 277
メカニズム・デザイン **168**
モニタリング費用 →監視費用
物言う株主 **207**
物言わぬ株主 207

モラル・ハザード **160**, 201, 239

● や 行

ヤードスティック規制 **314**
誘因両立制約 163
余暇 51
与件 7
予算最大化 **337**
予算集合 41
予算制約線 **42**
余剰 **21**

● ら 行

ライバル費用引き上げ **299**
ラムゼー価格 **311**
リカードの中立命題 269
利潤 **11**
利潤最大化の条件 73, 79
リスク愛好的 **156**
リスク回避的 **156**
リスク中立的 **156**
リスク・プレミアム **157**
立憲的改革 331, 332
利得 134
利得行列 135, **136**
リニエンシー →課徴金減免制度
略奪価格 **299**
リンダール均衡 **244**
リンダール・メカニズム 243
累進税率 268
劣等財 **49**
レモン市場 166
レント・シーキング **331**
労働供給曲線 **52**
労働需要曲線 79
ロックイン 185
ロールズ（Rawls, J） **275**

● わ 行

割引因子 146
ワルラス的調整過程 83

ミクロ経済学・入門〔新版〕
ビジネスと政策を読みとく
Introduction to Microeconomics
for Business and Public Policy, New edition

2008 年 3 月 10 日	初版第 1 刷発行
2015 年 3 月 25 日	新版第 1 刷発行
2024 年 4 月 30 日	新版第 7 刷発行

	柳_{やな}川_{がわ} 隆_{たかし}
著 者	町_{まち}野_の 和_{かず}夫_お
	吉_{よし}野_の 一_{いち}郎_{ろう}
発行者	江 草 貞 治
発行所	株式会社 有 斐 閣

郵便番号 101-0051
東京都千代田区神田神保町 2-17
https://www.yuhikaku.co.jp/

印刷・大日本法令印刷株式会社／製本・牧製本印刷株式会社
©2015, T. Yanagawa, K. Machino, I. Yoshino. Printed in Japan
落丁・乱丁本はお取替えいたします。
★定価はカバーに表示してあります。
ISBN978-4-641-22047-8

JCOPY 本書の無断複写（コピー）は、著作権法上での例外を除き、禁じられています。複写される場合は、そのつど事前に（一社）出版者著作権管理機構（電話03-5244-5088, FAX03-5244-5089, e-mail:info@jcopy.or.jp）の許諾を得てください。